读客中国史入门文库

顺着文库编号读历史,中国史来龙去脉无比清晰!

清朝生活实录

橘玄雅 著

北京日报出版社

图书在版编目（CIP）数据

清朝生活实录 / 橘玄雅著 . -- 北京 : 北京日报出版社 , 2025.3
　ISBN 978-7-5477-4722-3

Ⅰ.①清… Ⅱ.①橘… Ⅲ.①中国历史－史料－清代
Ⅳ.① K249.06

中国国家版本馆 CIP 数据核字 (2023) 第 220157 号

清朝生活实录

作　　者：	橘玄雅
责任编辑：	曲　申
特约编辑：	王晨睿　　赵芳葳
封面设计：	陈　晨
插画设计：	温海英　　王若愚
出版发行：	北京日报出版社
地　　址：	北京市东城区东单三条8-16号东方广场东配楼四层
邮　　编：	100005
电　　话：	发行部：（010）65255876
	总编室：（010）65252135
印　　刷：	天津联城印刷有限公司
经　　销：	各地新华书店
版　　次：	2025年3月第1版
	2025年3月第1次印刷
开　　本：	880毫米×1230毫米　1/32
印　　张：	12.5
字　　数：	265千字
定　　价：	79.00元

版权所有，侵权必究，未经许可，不得转载
凡印刷、装订错误，可调换，联系电话：010-87681002

目　录

1　背景常识篇

清代的北京城：天子脚下有啥新鲜事　　　　／ 003

清代北京城相当于现在北京二环路的范围，总体面积只有今天北京市的0.5%。它的形状酷似"凸"字，外城、内城、皇城、紫禁城层层嵌套。想穿越回去逛街？先得搞清楚京城的布局！

民族与户籍：曹雪芹是哪族人　　　　／ 014

曹雪芹原本是汉人，但其家族在清初被编入了八旗，属于旗人。虽然清代官方常称旗人为"满人"，但其中包含了满族、蒙古族、汉族等多个民族。所以，对于曹雪芹的身份更准确的描述是"旗人"，而不是简单的"汉族"或"满族"。

语言：清朝人说普通话吗　　　　／ 021

我们现在说普通话，其实是能和清朝人唠嗑儿的，而清代北京话的儿化音似乎比如今还要丰富！雍正崩溃"吐槽"："福建、广东方言，我完全听不懂啊！"于是他下令推广"官话"，免得大家鸡同鸭讲。

称谓：嫔妃自称"奴才"　　　　／ 032

千万别叫错啦！没有"皇阿玛"的称呼，皇子们一般称呼皇帝为"汗阿玛"或"皇父""父皇"。后宫娘娘在面对皇帝和太后时，一般自称"奴才"。所以根本没有什么"本宫""臣妾"之类的词汇！

2　生活基础篇

货币：清朝人工资有多少　　　　　　　　　　/ 045
猪肉1.94元一斤，帽子242.5元一顶，《朱子全书》388元一本，快来算算你的工资在清朝可以过怎样的生活！

北京的住宅：清朝房价大揭秘　　　　　　　/ 060
曾国藩刚上京城时租了一个四间房的小跨院，月租4000文。
道光二十一年，搬到一所有十八间房的住宅，月租10000文。
道光二十四年，换成一所有二十八间房的住宅，月租30000文。

交通工具：清朝人也打车出行　　　　　　　/ 073
马：清朝官员一般骑马上下班。要是能在紫禁城里骑马，那可是皇帝钦赐的"VIP待遇"。
车：北京城中最流行的交通工具，但因为置办成本高，一般人还是选择打车出行，这也算是"古代版出租车"了！

奴仆与雇工：清朝"打工人"的辛酸和奋斗史　/ 081
清代官宦人家的奴仆各司其职：洒扫、服侍、管账。奴仆一旦卖身，主人就对他拥有了所有权，违抗命令？小心挨鞭子！

3　八旗子弟篇

八旗：正黄旗并非最高贵　　　　　　　　　/ 093
别被"正"字骗了！其实八旗中，镶黄旗排第一，正黄旗排第二。然而，这个排序是根据各旗旗主的行辈以及得旗先后而排定的，跟旗人的身份高低没啥关系。

旗人的姓和名：和珅其实不姓和　　　　　　/ 104
清代满洲人有个习惯——隐去姓氏，用名字的首字当"假性姓氏"。因此和珅虽姓钮祜禄氏，但没人叫他"钮祜禄大人"，而是"和相""和致斋""和中堂"。所以我叫和珅，请以我的"名字"呼唤我！

八旗旗人：旗人也未必能享清福　　　　　　　　／ 114

跑马圈地、分配房产、国家发钱、提笼架鸟，这就是理想中清朝旗人的生活？不，八旗兵丁也很苦哇！福利并非人人有份，补不上缺的旗人也只能打零工糊口，生活并不轻松！

皇族："躺平"的最高境界　　　　　　　　　　／ 125

清代皇族享受钱粮补贴，有体面的生活，还有法律上的特权。但拥有爵位的人很少，多数皇族只是闲散宗室，靠"祖上光环"过活，打不得骂不得，生活全靠"皇恩浩荡"！

4　后宫生活篇

后宫制度：后宫入职记　　　　　　　　　　　／ 139

想成为清宫"职场"的佼佼者？后宫主位的入职流程可不简单！想要入宫，从八旗选秀到内务府选秀，再到藩邸入宫、蒙古王公之女，甚至汉妃还有其"内部操作"，路径虽多，但每条路都充满挑战。

外八旗选秀：从"待选"到"入宫"的千层套路　　／ 150

八旗女子的选秀之路可不简单！从身份审核到报名待选，再到参选时的"记名"与"撂牌子"，过程烦琐，礼仪严格，真可谓步步惊心。不过，若能被选为后宫主位，身份就能瞬间飞升！

后宫的生活：嫔妃侍寝可不是"脱光了用被子裹起来" ／ 161

别被清宫剧骗了！其实选秀落选的秀女更开心——毕竟，谁愿意在深宫中度过一生？嫔妃侍寝其实是在养心殿后殿等皇上翻牌子，翻到牌子的嫔妃留下和皇帝一起就寝，其他嫔妃就可以回自己宫里享受自由的夜生活啦！

宫女：逃出宫廷的三个小妙招　　　　　　　　／ 171

除了"满岁出宫"外，宫女还有三种"非正常出宫"方式：①病：宫女如果生病，可以选择出宫或是留下；②罪：犯点儿小错，就可能被逐出宫；③笨：针线不好、好吃懒做、不通礼仪等。这么看来，"装笨"或许是出宫的最好方法。

5　婚姻家庭篇

婚前须知：清朝备婚攻略　　　　　　　　　　　　　/ 183
清朝人如何"脱单"？结婚年龄、满汉通婚、门当户对，样样有讲究；嫡庶问题、妻妾制度、继配进门，婚前须知一网打尽！

婚礼：你听过半夜结婚的吗　　　　　　　　　　　　/ 205
满汉婚俗都有其各自的"仪式感"，满式婚礼讲究排场，按习俗夜半发轿；汉式婚礼注重礼节，三书六礼、凤冠霞帔。

主妇的生活："宅斗"什么的也太小儿科了　　　　　　/ 224
清代贵族主妇从"晨昏定省"到"内宅管理"，每日工作事无巨细，不仅要侍奉长辈、治理宅院，还得负责家族交际。现实中的主妇们可没那么多时间"宅斗"，她们忙着撑起整个家族的颜面！

6　饮食文化篇

饮食习惯：一天吃六七顿不嫌多　　　　　　　　　　/ 235
清代北方普遍实行早、晚两餐制。必须是"正经饭"才算"餐"，其他小打小闹的都叫"点"。早上来个早点，中午加个午点，傍晚再来个晚点，夜里还有夜宵，如果全都"点"了的话，一天可以达到六七顿！

贵族的饮食：皇帝碰到爱吃的菜也不能多吃几口吗　　/ 243
据说皇帝吃饭"每样不能超过三口"，生怕被别人摸清了喜好。其实翻开《膳底档》，皇帝的口味早就暴露无遗——乾隆不爱海鲜，光绪则是个"海鲜控"，慈禧偏爱鸭肉。要是哪个太监敢跟皇上说"这盘儿肘子您吃了四口啦，以后再也不能上这道菜了！"，估计他早就死了千八百回了。

席面与特色菜品：真正的满汉全席都吃啥　　　　　　/ 255
清代席面分"汉席"和"满席"：满席主打烧烤，汉席偏爱羹汤。到清中叶，"吃货"们两派美食糅合，创造了"满汉席"。所以，真正的"满汉席"可不是现代餐饮业搞的那套天价固定菜单，而是清代"吃货"们的"混搭"智慧。

消遣饮食：乾隆也爱喝奶茶　　　　　　　　　　　/ 268

清代宫廷盛行喝奶茶，不过，清代奶茶习惯加盐熬煮，而非加糖。奶茶不仅是清宫内的日常饮料，还是宴会中的重要角色。乾隆就是"奶茶控"，他还有一堆御用奶茶具，足见其对奶茶的喜爱。

7　官私服饰篇

服饰基础知识：清朝时尚指南　　　　　　　　　　/ 279

清朝的服饰制度充分体现着满洲特色与汉文化的交融。朝服、吉服、常服、行服，样样有讲究。想避免"混搭"尴尬？快来学习清朝的"穿衣法则"！

朝服：一年要穿几次朝服　　　　　　　　　　　　/ 286

朝服不是"上朝的衣服"，而是清代最隆重的礼服，主要用于重大典礼和祭祀。不过连皇帝一年之中使用朝服的机会也不过十余次而已。

吉服：吉服和朝服有啥不一样　　　　　　　　　　/ 324

在清代，吉服是庆典标配，主要用于一般的喜庆仪式、典礼和祭祀。在使用场合的重要程度上，吉服仅次于朝服。

常服与行服：工作和社交场合的穿搭模板　　　　　/ 343

常服与行服是清代服饰中满洲特色的代表。常服用于严肃场合、日常办公及丧期，行服则专为远距离出行、狩猎、行军打仗设计，方便骑射。

发式与便服：如何"梳"出身份，"穿"出时尚　　/ 364

清朝人日常穿搭讲究可大了：从皇帝的"如意帽"到皇后的"凤钿"，从男性的"辫穗儿"到旗人女性的"两把头"，从扳指到护甲……说到清朝的发式、便服、配饰，真可谓花样百出！

汉装与其他知识：清代汉族女装的极致宿命感　　　/ 380

由于被划入官方服制，男性服饰多向满洲风格靠拢，然而汉族女装则完全没有官方约束，比较完整地保留了明代传统。与满族女装紧衣窄袖的风格不同，清代汉族女装呈现出上下两截穿衣和宽袍大袖的特点。

① 背景常识篇

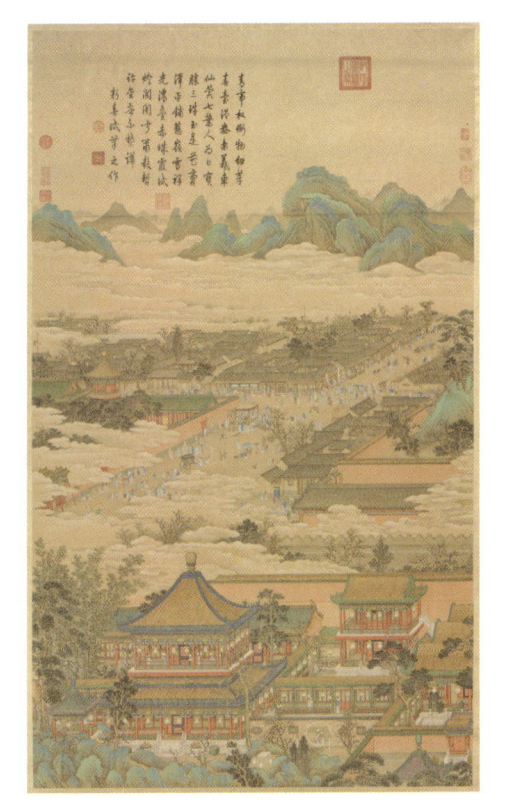

清　丁观鹏　太簇始和轴（台北故宫博物院藏）

此画属十二月禁御图之一。乾隆十三年（1748）七月初九，乾隆帝交下御制十二个月诗十二首，命丁观鹏、余省、沈源、周鲲四位画家，依据诗意作画。"太簇"对应元月。此画为元月之时，建福宫的新春景象。

此画以紫禁城建福宫（西花园）之延春阁为画中主题，描绘城内外的新春景象。上方有凸形垛口的紫禁城墙，城外即景山，左面大街为景山西街，街左为大高玄殿。大高玄殿门外清代官式"三间四柱七楼式"牌楼是北京市街最精巧的。

清代的北京城：
天子脚下有啥新鲜事

北京是清代的首都，当时的北京城没有今天的高楼大厦，更重要的是，它跟今天的北京城比要小得多，只有今天北京东城和西城两个区那么大，相当于现在北京二环路的范围，总体面积只有今天北京市的0.5%。今天北京市的很多名胜古迹，如颐和园、圆明园，在清代都属于"京郊"。因此，在清代的时候，"北京"和"北京人"的范围其实很小。

清代北京城整体呈现"凸"字的形状，这个"凸"字大体上可以分成两部分，两部分之间由一道城墙区分开来，北面部分是一个正方形，南面部分是一个扁扁的长方形。

北面那个正方形的城，清代人管它叫作"大城""内城"或者"北城"，从明成祖朱棣迁都北京开始就是北京城的主体部分，朝廷的各个衙门也都是建在内城里。内城的四面，除了南面有三座城门外,其他三面都是两座城门,合称为"九门"。这九门都是人们日常出入城经过的地方,但是它们各自还都有独特的寓意或功能。其中,北面靠西的是德胜门,清代用兵,发兵的时候喜欢刻意地走这个门,取"得胜"之意,因此它也被称为"军门";北面靠东的是安定门,与德胜门相对,清代用兵,收兵的时候喜欢刻意地走这个门,取"安定"之意。西面靠北的是西直门,今天的西直门有复杂的立交桥,而明清两代的帝王均取用京西玉泉山的水,这水就是每天从西直门运入宫廷的,所以它也被称为"水门";与西直门相对,东面靠北的是东直门,在清代南方物资多通过运河运到北京,通济渠的北端通州就是在北京的东面,所以东直门就成了木材的集散地,也被称为"木门"。再往南看,内城正西的门是阜成门,据说其门洞内刻有梅花一枚[1],"梅"通"煤",是专运煤炭的门,与京西产煤吻合;与之相对,内城正东的门是朝阳门,据说其门洞内刻有谷穗一束,是专运粮食的门,与粮食多由运河运输相吻合,清代北京城的官方粮仓禄米仓和海运仓也在朝阳门内。至于南面,靠西的是宣武门,民间称之为顺治门;靠东的是崇文门,民间称之为哈德门、海岱门,这两座门一东一西,一文一武,遥相呼应;而正南的大门,叫正阳门,明代原称丽正门,清代人习惯称之为"前门"。

在这四面九门的包围之中,大概在整体中央偏西的部分,隐

---

[1] 也有说法是城楼北侧镶有一块刻有梅花的汉白玉石。——作者注(本书注释均为作者注)

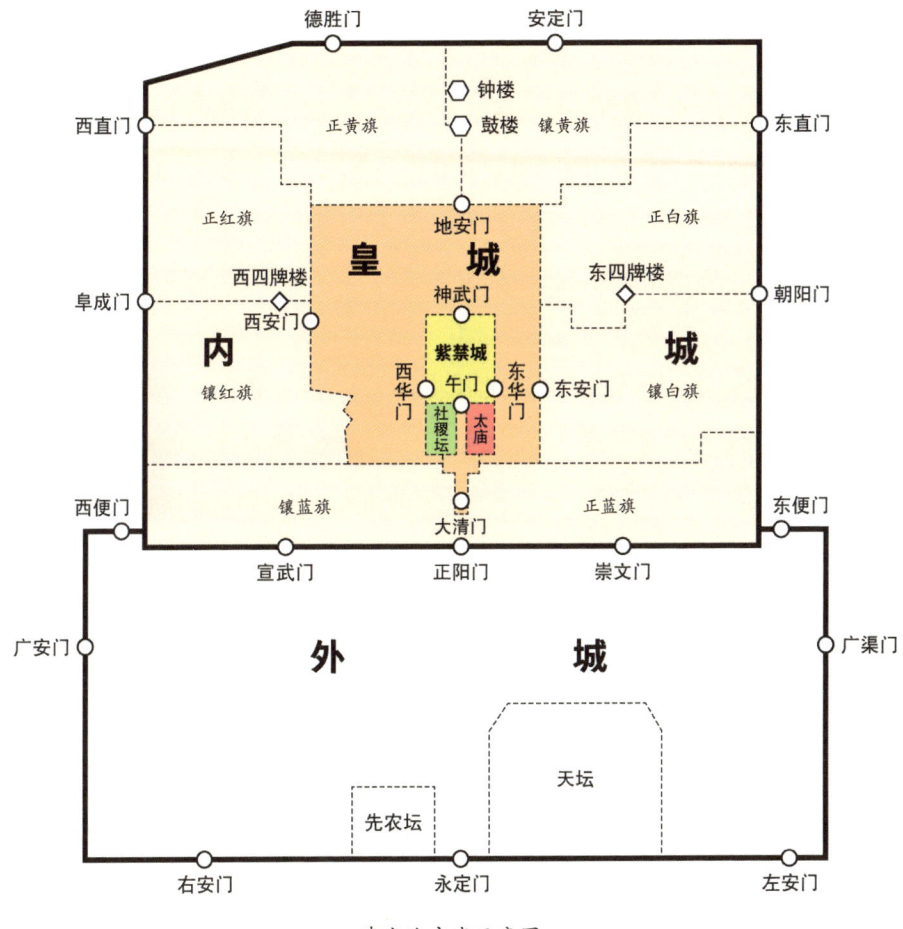

清代北京城示意图

约还能看到一个小号的城，那就是"皇城"。皇城大致也是由四面城墙组成，但西南墙却缺了一个角[1]。四面四门，北面的门原名北安门，清代改名为地安门，民间称之为"后门"，东西两面的门分别叫东安门和西安门，南面的门原名大明门，清代改为大清门。皇城之内的建筑，除了一些小店铺和寺庙、道观外，其他的主要是隶属于宫廷的一些衙门和仓库以及北海、景山等"御苑"。清代管理宫廷事务的部门为内务府，其属下的衙门也多设于皇城内。顺便一提，皇城的主要居民是内务府所属的包衣，也就是上三旗的包衣旗人。

皇城中心靠东，在整个北京城的中轴线上，还有一个更小的城，那就是"紫禁城"，也就是今天的故宫。作为传统意义上的"宫廷"，不用多说，那是皇帝一家的住所，也是朝廷的核心。除了当值的大臣、兵丁、太监、太医之外，其余的人均不能在里面居住。紫禁城也有东西南北四个门，北面神武门，南面午门，东面东华门，西面西华门。从整体来看，内城包围着皇城，皇城包围着紫禁城，足以体现紫禁城的守卫森严。

说完了北面的内城，我们再来看看南面的那一部分。内城的正阳门、崇文门、宣武门三门，在清代被称为"前三门"，是连接北京城上下两个区域的分界线；由这"前三门"向南，有一个扁扁的长方形的城，清代人管它叫作"外城"或者"南城"。这个外城是

---

1 据说是因为迫于宗教压力，没有把西南角的庆寿寺划在其中。庆寿寺双塔位于今日西长安街北、西单以东，20世纪50年代因拓宽西长安街而拆除。

在明嘉靖年间修建的，据说当时是计划在内城的外面再修出一圈正方形的城来，结果考虑到施工难度和财力，就先盖了南面一段作为试验品，后来干脆将南面一段和内城连接起来，就形成了这么一个外城。

清代的外城一共有七座门，这其实没有算上内外城的连接部分，将"前三门"划给了内城，但是因为外城比内城要宽，所以外城的北墙另有两座门，也就是"凸"字腰部的两侧，西面的叫西便门，东面的叫东便门，这两座门体积都不如其他城门大。外城的东面和西面，则各有一座门，西面的是广安门，原名广宁门，因为清代道光皇帝名叫旻宁，需要避讳"宁"字，就改为广安门，民间则管它叫彰仪门；东面的是广渠门，民间管它叫沙窝门。最后，南面还有三座门，靠西的叫右安门，民间称之为南西门，靠东的叫左安门，民间称之为江擦门，正中的则叫永定门。

总体算来，清代北京城就这么大，民俗所谓"内九外七皇城四"，就是一个记住北京城门的好口诀。

清代刚入关的时候，内城和外城都是旗人和民人[1]混居的，不过后来清代统治者发现，旗民混居容易引起各种矛盾，不利于管理，故而在顺治五年（1648）八月，清廷下达了一道上谕，如此说道：

---

[1] 民人，指以汉族为主的非旗人，具体清代的民族区分以及称呼，请见后面章节。

> 京城汉官、汉民原与满洲共处。近闻争端日起，劫杀抢夺，而满、汉人等彼此推诿，竟无已时。似此何日清宁？此实参居杂处之所致也。朕反覆思维，迁移虽劳一时，然满汉各安，不相扰害，实为永便。除八旗投充汉人不令迁移外，凡汉官及商民人等，尽徙南城居住。

简单说，就是在顺治五年八月，清代统治者决定让之前"从龙入关"的八旗旗人居住在内城，而让民人都搬到外城去居住。正如上谕中所说的，让整个内城的民人搬迁，其实是很麻烦的，所以朝廷具体规定道：

> 其原房或拆去另盖，或贸卖取价，各从其便。朕重念迁徙累民，著户、工二部详察房屋间数，每间给银四两。此银不可发与该管官员人等给散，令各亲身赴户部衙门当堂领取……凡应迁移之人，先给赏银，听其择便，定限以来岁岁终搬尽。[1]

意思是说，从内城搬迁到外城的民人，按照房间数量，给予银两补偿。规定先给银两，然后在第二年年底之前搬迁。所以大约在

---

[1] 与上一条同出自《大清世祖章皇帝实录》顺治五年八月辛亥条。

顺治六年（1649）的年底，内城的民人就全都搬到了外城，这就是清代的"旗民分治"政策，也有学者称之为"满汉隔离"政策。

民人从内城迁出后，八旗便在内城分布居所，清代统治者详尽地将八旗分布在内城之中。其中，内城之北为两黄旗，正黄旗在西，镶黄旗在东；内城之东为两白旗，正白旗在北，镶白旗在南；内城之西为两红旗，正红旗在北，镶红旗在南；内城之南为两蓝旗，正蓝旗在东，镶蓝旗在西。然后旗人根据身份，如"一品官，给房二十间。二品官，给房十五间。三品官，给房十二间。四品官，给房十间。五品官，给房七间。六、七品官，给房四间。八品官，给房三间。护军、领催、甲兵，给房二间"[1]，获得自己的房屋。

这种房屋的分配甚至具体到了八旗最小的建制——佐领。以镶白旗为例：

> 镶白满洲、蒙古、汉军三旗，与正白旗接界之处，系自豹房胡同向南至单牌楼。与正蓝旗接界之处，由皇城根向东至大城根。满洲官兵，自正白旗接界处，由东长胡同东口循大街向南，至院府胡同东口，为头参领之十七佐领居址。自院府胡同东口至长安街牌楼，为二参领之十六佐领居址。[2]

---

1 出自《八旗通志（初集）》。
2 出自《八旗通志（初集）》。

所以，如果仅以制度而言，根据一个旗人的家住在哪里，就能知道他是什么旗，什么参领、佐领。应该说，在制度设置之下，那时的内城就好似一个大军营一般。另外，随着民人和旗人居住地点的区分，清代官方也对北京城的日常管理作了详尽的规定，比如规定民人平日可以进入内城，但是到了晚上必须从内城离开，不得在内城过夜。同时，还禁止在内城开设戏院、赌场等娱乐场所，可以说清代统治者在制度上对内城的管理相当严格。

不过，虽然有一堵城墙隔开了旗人和民人的居住区域，但是日常生活中还是可以互相走动的，走个几天几月还没事，走个几年几十年，就无法阻挡旗民交流以及混居的大趋势了。

首先，八旗旗人多数以当官或当兵为职业，内城的各种服务行业都需要民人去充实，从挑水、运煤到商铺、店家，自然以民人居多。在这种情况下，很难要求在内城开店的民人每天关了店铺后都回到外城居住然后次日清晨再赶过来，所以"民人不得在内城过夜"这条禁令没多久就成了一纸空文。

其次，清代统治者虽然严格规定了八旗旗人按旗居住，但是没有考虑到还有房屋买卖这档事。康熙年间就已经有不同旗的旗人互相买卖房屋的情况，后来就发展到了旗人跟民人互相买卖房屋。虽然到了晚清，旗人还基本以住在内城的为主，但是住在外城或者郊区的旗人也有相当的数量[1]，而且，随着房屋买卖和店铺的开设，居

---

1 住在外城或郊区的多数为贫穷的旗人。

住在内城，甚至居住于皇城的民人也越来越多，所谓"旗民分治"也只是大面儿上还维持着。

最后，虽然清代统治者在理想上想严肃内城氛围，所以不允许在内城开设戏院，可是大家都有寻欢作乐和好逸恶劳的心态，从乾嘉时期开始，内城便有违禁开设戏院、赌场的情况，到了晚清越来越多，官方基本无力整治。当然，内城的娱乐设施再怎么说也属于"违禁开设"，规格不可能太大，主要的娱乐服务行业还是在外城。

在清代京城的大街上、胡同里，不光能看到周围的商铺、人家，还能看到很多木质的栅栏门放在各个胡同口，这其实就是清代北京的城市管理制度。我国古代大多"军警不分"，军队一般也在城市安全方面发挥作用。清代北京城就是由三个官方机构按区域管理的，分别是内城的步军营、外城的巡捕营和五城兵马司。其中前两个营在康熙朝中期划归为同一个高官来统领，那位高官叫提督九门步军巡捕五营统领，也就是民间所谓的"九门提督"。

具体到京城的各个地方，其基本的军事管理单位叫作"汛"，如皇城内有九十汛，内城城墙上有八十七汛，内城城内有六百二十五汛，等等。每一汛有步军十二人看管，负责地面安全，类似于今天的派出所。

汛之下，则有栅栏和堆拨。栅栏如其名，是木头做的，一般放置在胡同的出入口，也就是大街的两旁。清代北京城内共有栅栏两千余座，北京有个地名叫大栅栏，就是因为廊房四条的栅栏特别大，于是便形成了这种特殊的地名。至于堆拨，也叫堆子，一般设在城里的重点区域，比如闹市区之类的大街上，经常是一两间单独的房子，房外有兵器架，上面放有长枪，十分显眼，以凸显其官方的身份。栅栏和堆拨类似于今天的执勤点，都有固定的兵丁看守，白天时巡街泼水，到了晚上则打更看守。

与之前的朝代一样，清代也有宵禁制度。古代将晚间分为几个"更"，晚七点开始起更，也叫定更，七点至九点为一更，九点到十一点为二更，十一点到次日凌晨一点为三更，凌晨一点到三点为四更，凌晨三点到五点为五更。一到起更，内外的城门各自关闭的同时，城内各个栅栏也都关闭，任何人都不允许无故行走。顺便一提，其中正阳门会在三更天的时候暂时开启一次，但是规定"只许进不许出"，即只许外城人在此时进入内城，但是内城人不许在此时出城。实际上是为了让外城居住的朝廷官员能够提前入城准备上朝，并且让个别"流连在外"的旗人能够偷偷回城，民间称之为"倒赶城"。

清代制度规定：

> 京城内起更后闭栅栏，王以下官民人等不许任意行走……至夜行之人，除奉旨差遣及各部院差遣外，其因丧事、生产、问疾、请医、祭祀、嫁娶、燕会者，该直宿官兵详问事故，记其旗分[1]佐领姓名住址，

---

[1] 旗分即八旗的份额，拥有旗分即成为八旗的小领主。太祖的嫡子都拥有大量旗分，是八旗的大领主。另外，对于皇太极的出身问题，参见杜家骥《清太宗出身考》。

开栅放行，按汛递交，不得羁留。若系无故夜行，王以下官及妇女均询记姓名，送至其家，对邻佑说知被获时刻，民人即羁候，均于次日呈报步军协尉，转报步军统领，将无故夜行之王公及各官等请旨交宗人府、部院查议。旗人鞭五十、民人笞五十。[1]

也就是说，除了有正经公事外，私事可以有婚事、丧事、生育、看病、祭祀、宴会等理由，但是都要详细地登记才行，一旦被证明是无故夜行，就要受到"鞭五十"或"笞五十"的严厉处罚。在此背景下，清代人有着比较强的时间观念，到了晚上，需要提前归家或者寻找借宿、留宿地点，以防被巡街官兵抓住。

1　出自《钦定大清会典事例（光绪朝）》。

民族与户籍：
曹雪芹是哪族人

我们今天用身份证、户口本作为身份的证明，其中记载了我们的姓名、民族、住址等信息。而在清代，民族、户籍与今天有着相当大的区别。

虽然中国历史上有过一些类似民族的概念，比如"华夏""戎狄""蛮夷"等，但是这些概念在当时还是以文化为核心，而并非严格的血缘意义。像先秦楚国之君，就经常以"蛮夷"自诩，认为自己与"华夏"相异。我们今天"汉族""满族"等民族的准确概念，还是现代逐步形成的。因此，如果简单地使用今天的民族概念去分析清代人，就很容易出现错误。

比如网络上经常有关于"曹雪芹是哪族人"的讨论，有人说是汉族人，有人说是满族人，但这两种说法放到清代其实都不算准确。以上一节提到过的顺治五年八月上谕为例，其中指出：

> 京城汉官、汉民原与满洲共处。近闻争端日起，劫杀抢夺，而满、汉人等彼此推诿，竟无已时。似此何日清宁？此实参居杂处之所致也。朕反覆思维，迁移虽劳一时，然满汉各安，不相扰害，实为永便。除八旗投充汉人不令迁移外，凡汉官及商民人等，尽徙南城居住。

这段文字里，清代官方说的是"满洲"和"汉人"，就是把"满""汉"对应并称，按照我们现代的民族概念，就是"满族"和"汉族"。而实际上，根据下文，这里的"满洲"等于"八旗旗人"，"汉人"等于"汉官及商民"。这就是清代民族概念与今日有异的一个缩影。

大体上，在清代的概念中，民族是融入户籍之中的。清代户籍分为数个种类，中原地区主要有四种，称为"四籍"，即"民籍""商籍""灶籍""军籍"，这四类也被统称为"民人"。[1]民人以汉人为主，故而也经常被官方称呼为"汉人"。当然，民人内部也有其他民族，如回族，私下他们也有区分。不过一般来讲，就都叫作"民人"。

四种户籍之中，民籍最为常见，是普通中原人民的户籍种类，户籍一般写为"某省某地"，跟籍贯相同，归户部管理。第二种是

---

[1] 清代户籍制度基本延续明代，其中还有一些户籍，如匠籍，在顺治二年（1645）被废除，故而不列在本书之中。

商籍，在清代，一般的商人都属于民籍，而商籍是专门为一些盐商及其子弟设立的。这是因为古代科举跟现在的高考一样，必须在户籍所在地进行考试，也就是所谓"原籍应试"原则。而盐商作为一种有政府特权的商人，长期在外做生意，居处不固定，因此就特许他们拥有一种特殊的户籍，可以在非户籍所在地参加科举。第三种是灶籍，这个名字听起来就跟煮东西有关，其实是专门从事盐业生产的人的户籍。古代为了确保盐的产量，将从事盐业生产的人的身份世代固定下来，禁止他们去从事别的职业，所以才有这种特殊的户籍。第四种是军籍，也叫卫籍。清代继承了明代的卫所制度，它有点儿类似于军区制度。一个军区内的军人及其后代世代都在这个军区内当兵或生产，所以军籍和民籍是分开的，属于兵部管辖。以下图为例，图片为张佩纶和沈祖懋的朱卷履历，相当于当时的同学

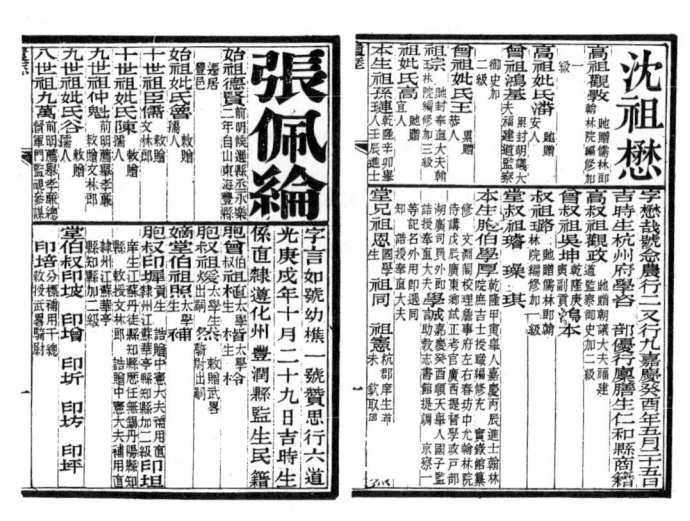

张佩纶、沈祖懋朱卷履历

录，可见左侧的张佩纶为直隶遵化州丰润县民籍，右侧的沈祖懋则是浙江省杭州府仁和县商籍。

除以汉人为主的"民人"之外，清代常见的户籍还有"八旗旗人"和"蒙古旗人"。

八旗旗人，即是户籍在八旗系统之中的人，他们的户籍一般写为"某旗某佐领下"。清代八旗制度内有各种民族的人，如满族、蒙古族、汉族、锡伯族、达斡尔族、朝鲜族等，他们一般被统称为"旗人"。清代官方用词中，也经常直接把旗人称为"满洲""满人"，这大概是因为旗人以满族为主体[1]。很多人都知道，八旗分成满洲八旗、蒙古八旗以及汉军八旗，但事实上，这并不意味着蒙古族一定被分入蒙古八旗。比如道光皇帝的孝静成皇后，她姓博尔济吉特氏，是明代著名的蒙古贵族达延汗的后裔，其祖先名叫琐诺木，原是兀鲁特部的贝勒，在清初归入清廷，就被编入正蓝旗满洲，而并非蒙古八旗。因此，像前面说的曹雪芹，他原本是汉人，但是其家族在清初被编入八旗，属于旗人。而在清帝退位之后，旗人的民族由其家族自行申报，既有按照自己本来民族申报的，也有原为满人改报汉族、原为汉人改报满族、原为蒙古人改报满族等情况，总之较为复杂。这也是由古今民族概念差异造成的。

然后是蒙古旗人，一般也被统称为"蒙古人"。清代在蒙古地区建立了一种行政制度，将蒙古的各个部落拆成若干个"旗"，然

---

[1] 清代官方行文中的"满人"，有的时候专指八旗里的满洲人，大多时候则通指"旗人"，具体要通过文本内容来分辨。又及，清代的"满人"全称为"满洲"或"满洲人"。

后在数个"旗"上设立"盟",因此称为"盟旗制度",比如卓索图盟,便是由喀喇沁左旗、喀喇沁右旗等六个旗组成。需要特别指出的是,"蒙古盟旗"和"蒙古八旗"是两个完全不同的制度,蒙古盟旗是在蒙古游牧的蒙古人,受盟旗制度管理;而蒙古八旗主要跟其他旗人一起居住于城市,受八旗制度管理。清代人所谓的"蒙古人",一般专指蒙古盟旗之人。以人物来说,清初顺治皇帝的孝惠章皇后博尔济吉特氏,是出身科尔沁左翼中旗的蒙古盟旗人;而清中后期道光皇帝的孝静成皇后,虽然同样是姓博尔济吉特氏的蒙古族人,却是出身正蓝旗满洲的八旗旗人。因此,前者的婚姻可以被视为"满蒙联姻",而后者则不可以。以下图为例,图片为阿鲁特氏崇绮朱卷履历,可见他是正蓝旗蒙古旗人,属于八旗旗人,而并非蒙古盟旗之人。

除了上面列举的户籍之外,其实在清代社会还有几种特殊的户籍,主要有以下三种。

第一种是如"乐户""丐户"等特殊户籍。他们或是明朝罪臣之后,或是从事如作作等当时为人所贱视的职业,而被划归为贱民,世操贱业。这种贱民在当时全国

阿鲁特氏崇绮朱卷履历

各省,特别是汉地省份内,有相当的数量。针对这种情况,雍正皇帝从雍正五年(1727)到雍正八年(1730),陆续将各省的贱籍"开豁",规定在"开豁"三四代之后,这些人的后代便可以作为普通民人享有良民的身份。

第二种是附户,也叫"家人"。清代"家人"这个词并不是指家族、亲属,而是指家仆、家奴。如下面一条史料:

> 各省遇有应行迅奏事宜,原许其填用火牌,由驿驰递。至寻常奏折,自有弁役、家人,可以赍送,兼程专达,并未尝稍有稽延。[1]

是说各省地方官的普通奏折,可以让官差或者"家人"呈送,这里的"家人"就是家仆、家奴。这些家奴没有独立的正式户口,只附在自己主人的户口之内,不属于良民的范畴。雍正皇帝推行的"消除贱籍"政策并没有惠及他们,不过一般而言,他们可以通过"赎身"的形式成为良民[2]。

第三种则是雇工。雇工在现代人眼中完全没有什么低贱的属性,但是在古代,雇工虽然拥有自由民的身份,但是他受雇于雇主,和雇主有主仆之分,所以古代律法上一般将雇工算作一种介乎良民和贱民之间的身份,特别是长期的雇工。另外,清代因为经济

---

[1] 出自《大清高宗纯皇帝实录》乾隆三十一年十月戊午条。
[2] 当然,良民也可以通过卖身的形式成为附户。

的发展，经常有"打短工"的情况，不能跟传统的长期雇工相类比。所以，清代对于雇工的认定较为复杂，而且在法律上，根据所犯罪行的不同，判定标准也不同[1]。总之，清代雇工，不仅有身份介于良民和贱民之间的"长工"，还有身份为良民的"短工"。

---

[1] 清代判刑，以户下人、雇工人、凡人为三个等级，前者重，后者轻。

语言：
清朝人说普通话吗

雍正帝曾经批评汉语的方言口音，特别是南方个别省份的方言口音，他说道：

> 朕每引见大小臣工，凡陈奏履历之时，惟有福建、广东两省之人仍系乡音，不可通晓。夫伊等以见登仕籍之人经赴部演礼之后，其敷奏对扬尚有不可通晓之语，则赴任他省又安能于宣读训谕、审断词讼皆历历清楚，使小民共知而共解乎？[1]

意思是，雍正帝"吐槽"说："我召见大臣，到了大臣发言的

---

[1] 出自《大清世宗宪皇帝实录》雍正六年八月甲申条。

时候,只有福建和广东两个地方的人,官话完全说不好,说的都是方言,我完全听不懂。这些人都做到这么大的官了,肯定都是在礼部练习过召见礼节的,话还说成这样。要是到了别的省当官,说话、判案、宣读之类的,当地人怎么可能听得懂啊!"正因为有这样的问题,雍正帝兴起了"推广官话"运动,以南方省份为主要对象,在这些地方建立了很多教授官话的学堂,希望不同地方的人交流时可以使用官话,相当于我们今天的普通话。

不过嘛,毕竟那时候的社会交通、交流都不像现在这么方便,人的活动范围也相对小得多,所以雍正帝推广官话的活动最终没有达到理想的效果,只是对一小部分官宦人家产生了影响而已。那些并非官宦世家出身的新晋官员,如果上京参加交际,还是经常会被嫌弃"土语难改"。

顺便一提,清代有个衙门叫鸿胪寺,主要负责朝会礼节等工作。它有一个重要的职能,就是在正式大典和朝会上"唱赞",也就是负责赞礼唱名的[1]。清初的时候,鸿胪寺对唱赞官员的要求是必须出身于"直隶、河南、山东、山西四省",到了乾隆十七年(1752),乾隆帝表示,"山东、河南、山西三省……该生等声音各别,土语难变,学习唱赞时,虽极力教演,究难合式"。于是只剩下了"近居京师"的直隶。由此便知,清代统治者还是比较偏向于北京及其周边口音的。

---

1 鸿胪寺分成鸣赞官和序班。鸣赞官均为旗缺,故而均为旗人担任,自然都是北京音。序班则是民缺,这里专讨论序班。

严格来讲,清代汉语,就算是清代的北京话,跟今日的北京话也是有些许区别的。不光在一些用词上有所区别[1],而且在发音上,虽然没有了入声,但是清中叶之前,尖团音的区分还是比较明显的[2],这点也与今日不同。不过一般来说,用当时的北京话和今天的北京话是可以交流的。

除了汉语之外,清代还有满语的问题。网络上有很多关于满语的文章,有的说我们现在说的汉语就是由满语演变而来的,有的说东北话或北京话就是满语,其实这些说法都是错误的。如果您走在清初北京内城的街上,可能会有兵丁对您说:

阿哥,西葛布嗳?哈喇嗳?鸭巴伊尼雅尔吗?

这句话的意思是"先生,您名叫什么?姓什么?是何地之人?"而如果没专门学过满语的人,可能只能听懂"阿哥"这个词而已。简单说,满语并不是汉语方言,而是一种跟汉语截然不同的语言,就连基础的语法系统都是不同的,比如汉语的基础语法是"主谓宾"结构,如"我打他",而满语的基础语法是"主宾谓"结构,即"我他打",二者之间差异很大。

至于一些人说满语对汉语的影响,其实在现代汉语中,东北

---

[1] 比如清代北京话的儿化韵似乎比今日北京话的儿化韵用得要丰富。
[2] 比如清代官方的满文字典里对汉字标音,"卿"即标为"king","青"则标为"cing"。

和北京方言的个别词汇的确是从满语过来的，"萨其马"等名词就不说了，比如北京土语里有一个词叫"咔哧"，指的是用小工具挖的动作，它的原型就是满语的"kūwacarambi"[1]。由于满语的音变，这个音从"夸差"变成了"咔哧"。但是除了词汇之外，满语对汉语也就没什么其他影响了，毕竟汉语的受众群体远比满语广。

说完了满语再说满文。由于汉字跟汉语是长期绑定在一起的，所以人们可能会认为"语言跟汉字一直是绑定在一起的"，但实际上并非如此。对满族的祖先而言，使用文字的历史比较曲折。金代女真人参考契丹文的写法，借用汉字的元素创造了女真文来表达女真语。但是这种女真文特别复杂，流传也不是很方便，到了明代初期，女真人里懂得这种文字的人已经不多了。到了后金崛起时，基本上已经不用这种女真文了，取而代之的是蒙古文。后来清太祖努尔哈赤起兵，专门授意使用蒙古文的字母来拼写满语，之后又做了一些拼写规则上的修改，就形成了"满文"。以右图为例，

满文"hūwaliyasun"示意图

1　本书中满文均采用穆林德夫式转写法，"kūwacarambi"的词根为"kūwaca"，音为"夸差"。

是一个满文词汇的示意图，这个词由上至下有五个音节，分别是"hū""wa""li""ya""sun"，即"hūwaliyasun"，意为"平和""友好"。

所以说，满语一直都在流传，但满文是后金时期才有的，而且满文其实是一种拼音文字。顺便一提，满文是竖体文字，而且是从左往右写，跟现代汉字的书写方向一致。

接下来就是满语的使用问题了。清代将满语称为"国语"，从官方诏命、部阁档案，到民间买卖契约，乃至于小说文集，均有用满文翻译或写成的。但是清代官方并不强迫旗人之外的人学习满语、满文。而在旗人社会中，满语的使用其实是根据具体时间段的不同而变化的。

入关前的后金政权基本上是满语的天下。努尔哈赤和皇太极等人虽然都会一些汉语，但是说得并不怎么流利。而且，对于他们而言，只有满语才是第一语言，汉语是后来才学的。故而无论是日常还是朝会，他们都主要使用满语，另外有专门的汉语翻译在旁协助。

入关之初的顺治、康熙二帝时期，随着入关既成事实，满洲人开始正式学习汉语。到了康熙朝中期，他们基本上都具有了双语的能力，但是满语还是经常作为第一语言使用，特别是在宫廷中，如康熙帝从很小的时候就开始学习汉语和汉字，汉文化修养比较深，但是他留下来的史料多数还是满文的。另外，在这个时期内，朝廷上的基本语言习惯形成，即"见什么人说什么话"原则。简单说，当皇帝跟旗人出身的大臣交谈时，他们之间就要说满语[1]，当皇帝跟蒙古盟旗出身的大臣交谈时，他们之间说蒙古语，而跟民人出身的大臣交谈时，自然就说汉语。这种原则虽然看上去特别简单方便，但是细想想也挺混乱。如果同时召见旗人、蒙古和民人大臣，那语言得多乱……不过话说回来，清初的民人大臣，若想受到宠信，特别是想要跻身中枢的话，多多少少要学一些满语、满文，比如像张廷玉这样的中枢名臣，就自称"得清书奥妙，同习之人实无出余右者"[2]。

到了雍正、乾隆二帝时期，情况发生了变化。由于"入关后一代""入关后二代"等的诞生，开始出现了个别旗人不会说满语的情况。比如乾隆帝在乾隆四十年（1775）十月辛巳的上谕中说：

> 昨日，恒亲王弘晊之子永皓承袭郡王。谢恩时，经朕询问，竟不能奏对清语。

意思是说，恒亲王弘晊去世，他的儿子永皓要降袭为郡王。依照惯例，袭爵之人要入宫面见皇帝谢恩，皇帝会适当问几句话，对

---

[1] 汉军旗人一样要说满语，到了晚清依然如此。光绪帝还曾经特别申斥说"汉军人员引见应口奏清语履历……汉军世历旗籍，国语理宜熟谙"。
[2] 清代朝廷不要求汉人会满文、满语，但是对于某些职官，由于有翻译满汉文档的职责，故而需要给他们"培训"一下满文。比如清代庶吉士由于有起草诏书等职责，入选后要培训三年，其间就要学习满文。如果三年内不能学会，会因"不谙清文"而不能留馆，给仕途造成不良影响。

答之后即可退下。身为旗人，谢恩及对答均要使用满语。而永皓竟然不会满语，遭到乾隆帝的批评。有鉴于此，雍正、乾隆二帝经常训导八旗，要求八旗旗人"勤学国语"，并且将"可以国语"作为一条重要的任职验证标准，在召见旗人大臣的时候，经常用满语向他们问话，如果不能回答，就申斥、降职，甚至于免官、夺爵。在这种政策下，旗人学习满语的意识也小有提升。

至于一些网络文章，说乾隆朝之后就没人会满文了，连皇帝都不会了，这类说法其实并不正确。在嘉庆、道光两朝之后，官方虽然还在屡屡重申"国语骑射"政策，但效果的确大不如前，不会满文、满语的旗人也越来越多，这是事实。但也并没有到"没人会"的地步，至少朝廷里的高等官僚基本还会，皇帝更是会的。光绪二十年（1894），光绪帝有这样一条上谕：

> 谕内阁：本日召见委散秩大臣兴泰，奏对谢恩，清语甚属生疏。经朕询问，据称未经学习清语。兴泰著开去委散秩大臣，回旗读书。[1]

这条上谕说的是有个叫兴泰的大臣，被任命了新的官职，所以去向光绪帝谢恩。清代要求，旗人被皇帝召见时，呈报履历、谢恩都要使用满语，估计兴泰努力背了半天，还是磕磕巴巴的，就被皇

---

[1] 出自《大清德宗景皇帝实录》光绪二十年正月庚子条。

帝发现了，下场就是丢了官，让他回去读书。由这条上谕可知，光绪帝是懂满语的，而且一般的旗人大臣也都会一些满语，这才有了兴泰这个特例。

此外，清末有个人叫苏勋丞，在新陆军中当兵，晚清时曾在宫内任守卫。他在中华人民共和国成立后写文史资料，记述宫中的见闻，提及有一次他们给光绪帝抬轿子，回忆道：

> 三十里路，一个钟头跑到，把跟随的兵士跑得汗如雨下。光绪还嫌不快，手拍轿窗，一个劲儿地催："加步！加步！伊里加步！"（原注：这是满语，意即"走！走！快走！"。）我头一回跟他走不习惯，恰巧又是热天，跑到万寿山几乎晕倒。[1]

光绪帝所喊的满语，转写成字母，就是"yabu! yabu! ili yabu!"，译为"走！走！快走！"。可见光绪帝的满语能力还是不错的。

顺便一提，在晚清宫廷中，已知对满语比较生疏的是慈禧太后。我们看两条上谕：

> 谕军机大臣等：嗣后内外臣工，应进安摺，著敬

---

[1] 出自苏勋丞：《我所见到的慈禧和光绪》。

书三分，于两宫皇太后及朕前呈递。其应进皇太后安摺，一分敬书"慈安端裕康庆皇太后圣安"字样，一分敬书"慈禧端佑康颐皇太后圣安"字样。其应用清字者，俱用清汉合璧。又谕：嗣后京外各衙门，遇有清字奏事摺件，均用清汉合璧式样。[1]

这一条上谕的时间是同治十三年（1874）十二月十一日，为光绪帝继位的第七天所下，这时正由慈安和慈禧两位皇太后垂帘听政。

谕军机大臣等：嗣后京外各衙门，凡有照例应用清字奏事摺件，均著用清汉合璧。其各衙门应用清字引见排单，亦著书写满汉合璧呈递。[2]

这一条上谕的时间是光绪二十四年（1898）八月十九日，为光绪帝戊戌变法失败的第十四天所下，这时慈禧太后刚刚重新"训政"。由此可见，慈禧太后至少对满语、满文不是特别熟悉。顺便一提，宣统帝虽然在《我的前半生》中说自己满文不佳，但是故宫中保有他的英文单词课本，其中英文单词的发音均是用满文来标记的，可见其满文能力并不像他自称的那么差。

---

[1] 出自《大清德宗景皇帝实录》同治十三年十二月庚辰条。
[2] 出自《大清德宗景皇帝实录》光绪二十四年八月庚子条。

至于民间，至少从雍正朝开始，汉语基本就作为旗人的第一语言使用了。不过相对地，年代越靠前，在口语中听到满语词的概率就越大，而且由于清代中期旗人多数是满汉双语都懂的，所以他们经常混用，比如下面一段子弟书《螃蟹段儿》[1]：

那一日，yobo age baita akū de出门去。（那一日，戏谑的阿哥无事出门去。）

udu ginggen螃蟹be udafi拿到家。（买了几斤螃蟹拿到家。）

boode dosime，放在盆子里。（进了家来，放在盆子里。）

belci一见说："哎呀，ere可是ai jaka。"（癫婆子一见说："哎呀，这可是什么东西。"）

age injeme说："erebe休问我。"（阿哥笑着说："这个休问我。"）

"bi inu ferguweme，不认得它。"（"我也好奇，不认得它。"）

这种"满汉兼用"的习惯，大概道光朝之后才逐渐少见，但是个别词儿说满语还是旗人社会的常态，特别是有些事关机密的话，

---

[1] 括号内为汉译。

有的时候还要专门用满文来讲。比如小说《儿女英雄传》里描写安老爷跟安公子交流圣旨之意时写道:

> 安老爷此时见了他,不是前番那等闭着眼睛的神气了,便先问了问他这番调动的详细,公子一一回明。提到见面的话,因是旨意交代得严密,便用满洲话说。安老爷"色勃如也"的听完了,便合他说道:"额扔基孙(霍窝)扔博(布乌)杭哦,乌摩什鄂雍窝孤伦寡依扎喀(得恶)斋斋(得恶)图于木(布乌)栖鄂(珠窝)喇库。"公子也满脸敬慎的答应了一声"侬孥"。[1]

这一段文字生动地描写了"满汉兼用"的场景。

---

[1] 出自《儿女英雄传》第四十回。这段文字中,安老爷说的话为:"ere gisun holbobuhangge umesi oyonggo, gurun guwai jaka de jai jai de tuyembuci ojorakū."然后安公子回答:"inu。"汉译为:"此事关联甚重,再也不可表露给他人。""是。"

称谓：
嫔妃自称"奴才"

现代人对清代称谓的了解多源自清宫戏和戏曲舞台，而事实上，清代的称谓习惯跟艺术表达具有较大区别。原本，称谓就是一个复杂的问题。从对象上讲，称谓要分成三类：自称、对称和他称。自称是大家如何称呼自己，相当于"我"；对称是大家如何面对面地称呼别人，相当于"你"；至于他称，则是大家如何提及他人，相当于"他"。清代的自称、对称、他称一般界限分明，大多是不能混淆的。除去对象之外，称谓还有时效、身份等限定，是一门大学问。

以下，我们以身份为区别，谈一下清代的称谓。[1]

---

[1] 称谓是一门大学问，本书中只列举了一些常用称谓。由于有关称谓的记载比较散乱，恕本书不能一一注明每个称谓之来源。从时间上讲，除个别标明清初使用者外，基本为清中后期的用法。

皇帝

皇帝的自称一般为"朕"或"我"。其中"朕"比较偏向书面语,"我"则更多地用在日常口语里。特别是在满语的场合,由于满语是不分"朕"和"我"这两个字的,所以皇帝都以第一人称"bi"自称,即满语的"我"。如果是面对太后或者太上皇,皇帝的自称一般为"我""臣""子皇帝臣""臣我"。

对称方面,太上皇或太后作为长辈称呼皇帝,一般直接就叫"皇帝",而不叫"皇上"。这是因为"皇帝"是一个较为平等的对称,而"皇上"有主上的含义,是一种自谦的对称。皇子们一般称呼皇帝为"汗阿玛"或"皇父""父皇"。至于清宫戏里常见的"皇阿玛",目前似乎没见到相关的记载。而后宫和大臣称呼皇帝,一般叫"皇上",旗人出身的大臣以及后宫、宫女、太监等则可以称呼皇帝为"主子",满语为"额真",修饰一下就是"圣主"之类的。晚清宫中的太监、宫女等还习惯称呼皇帝为"老爷子""万岁爷"。

皇太后

皇太后的自称一般也是"我",书面语上有"予"的记载,偶尔也自称为"朕"。口语上,清初孝庄太后等,都是自称"bi",即满语的"我"。据说慈禧太后日常说话自称"咱家",这个词有"zá jiā"和"zǎ jiā"两种念法的记载。至于"哀家"这个词,似乎只出现在戏曲舞台上,目前没见过清代太后这样自称的记载。

对称方面，皇帝和皇后一般用满语称太后为"额涅""太后额涅"，"额涅"是满语"母亲"的意思，晚清则用满式汉语称呼为"额娘""皇额娘"。宫中的太监、宫女以及晚辈一般称其为"太后主子""老祖宗"，背后则称其为"佛爷""老佛爷"，有的他称则为"老家主"，这应该是"主子"的变化称谓。

比较特殊的，是晚清慈禧太后让光绪帝和皇后（后来的隆裕太后）称呼她为"亲爸爸"，也有的记录为"皇爸爸"。这个称呼可能是由"姑爸"这个亲属词汇引申而来的，晚清时，北京八旗旗人社会中，十分流行用男性称谓来称呼女性，这种风潮被称为"女以男论"。

后宫

后宫在面对皇帝和太后的时候，一般自称"奴才"，这是基于清代八旗制度的影响。就算是皇后，面对皇帝时也要自称"奴才"。另外根据一些记录，私下场合或许还可以自称为"吾""我"之类的。至于清宫戏里什么"本宫""臣妾"之类的词汇，目前并没见过相关记载。

后宫之间，一般以姐妹相称，但是在正式场合则要称皇后为"主子"，因为皇后是后宫之主。而皇子、皇女等一般称呼后宫为"某额涅"，如"皇后额涅""某妃额涅"等。太监、宫女跟后宫对称时，一般称自己的直属主人为"主子"，称其他的后宫为"某妃主子""某主子"。后宫们在他称时，一般统称为"主位"，具体的,则可以称之为"某妃主子""某主子""某娘娘"。

顺便一提,现在清宫戏里盛行的"小主"称呼,其实在宫里并不怎么使用。清代仆人对年轻的主人,特别是主人下一辈的小主人的称呼一般为"小主儿","小主"一词可能就脱胎于此。但是比较重要的是,这个称呼主要用于他称,如果在对称时使用,很可能遭到后宫主位的不满,认为对她不够尊敬。

已故帝后

如果是已经驾崩的皇帝,皇子、皇女便称呼他为"皇考",也可以仍旧按照在世时的习惯,称呼为"汗阿玛"。其他人则可以称呼他们的庙号、谥号。比如康熙帝的谥号为"合天弘运文武睿哲恭俭宽裕孝敬诚信中和功德大成仁皇帝",一般简称为"仁皇帝",庙号则为"圣祖"。故而康熙帝故去后,可以称呼其为"圣祖仁皇帝""仁庙",有时又尊称为"圣祖老佛爷""康熙佛爷"。已故的皇后也是如此,一般称其谥号,如"孝献皇后""孝圣宪皇后"等。

当然,作为常识,谥号和庙号都是人去世之后才获得的,故而绝对不能作为自称或对称。

皇子皇女

皇子皇女一般对皇帝、皇后等自称为"儿臣""子臣"。彼此则以兄弟姐妹相称。太监、宫女以及大臣等,对他们或以爵位称呼,或以"阿哥""公主""格格"来称呼。

宫女太监

宫女、太监一般对主人自称为"奴才"。宫女之间,一般对称为姐妹。太监之间如果平级,则互相称呼为"某爷"。若不平级,则低级者称呼高级者为"师父",或称呼其身份,如"某首领""某总管"。至于宫里的主人们,一般直接叫宫女的名字。对于太监,他们将高等太监称呼为"某总管""某首领""某回事",关系近的则称为"某谙达"。

需要注意的是,一般不能管太监叫"太监",他们特别不喜欢这个称谓。而且千万不能管太监叫"老公",这对他们而言是个带有侮辱性的词汇。另外,宫里的人有时把个别宫女尊称为"某姐",但是这只是私下的称呼,当着后宫主位时,就只能叫宫女的名字。

高等皇族

高等皇族中,如亲王,一般自称"我",偶尔自称"本王"或"本府",通常是作为书面语使用。面对帝后的时候,则自称为"奴才"。

高等皇族之间,或直接按照爵位称呼,如"礼亲王"。若是同在近派宗支之内,则以行辈称呼。另外,也可以以字号等进行称呼。下人对高等皇族,一般称为"爵位+爷",如"王爷""贝勒爷""公爷"等。

他称时，则只能称其为"某亲王""某贝子"，尤其忌讳在帝后面前称其他高等皇族为"爷"。

大臣与官场

清代大臣面对皇帝时的自称特别复杂，很多人只知道"汉人称臣、旗人称奴才"，其实不是那么简单。大体上，清初的自称不严格，"臣"或者"奴才"都可以，从乾隆朝之后变得特别严格，总结起来一共有三条规定：（1）民人出身的文职大臣，无论公事私事，均自称为"臣"；（2）旗人出身的文职大臣，公事自称"臣"，私事自称"奴才"；（3）凡是武职，无论是旗人还是民人，也无论私事还是公事，一概自称"奴才"。

至于大臣之间的对称，可以称呼职官，也可以称呼字号。如和珅，可以称之为"和中堂""和相""和大人"，也可以称之为"和致斋""致斋"。清代人对于各种职官有各种别称，经常使用在书面或者口语上，一定要注意区分。如果您不知道对方的官职，则直接称呼姓亦可，如和珅，即称呼为"和爷"；若知道他的排行，则可以称呼为"和二爷""和四爷"等。顺便一提，对于满蒙大臣，一般是以他们名字的第一个字作为"假姓"使用，而不使用他们的满洲、蒙古姓氏。如和珅姓钮祜禄氏，清代人是不会称呼他为"钮祜禄大人""钮中堂"的。关于这点，详见后面章节。

另外，需要注意的是，清代"大人"这个称呼是有特定用法的。首先，对有显要爵位的人一定要称呼爵位，比如见到恭亲王，就直接叫"恭王爷"。如果是大学士，一定要称呼为"中堂"。如果是统兵的将军，则一定要称呼为"将军"。这三个称呼都比"大人"要高，所以不要用低一级的"大人"去称呼他们。其次，可以被称呼为"大人"的，只有京官里的内大臣、都统、内阁学士、尚书、侍郎、正卿和地方官里的督抚、学政、织造、司道、提督、总兵、副都统、城守尉。一些小京官，只有在本衙门内可以被属下称为"大人"。至于其余官员，还是按照职官来称呼为好，比如"县大老爷"这样的品级就离"大人"远着呢。

清代官场涉及的称谓很多，有的还跟科举有关，故而有"年兄"之类的称谓，如果细细讲起来十分繁杂。有兴趣的话，可以找几本清代官员的笔记读读，会学到很多相关的称呼。

汉式家庭

家庭称谓之中，一般性的称谓，自称都是"我"。对长辈的对称则都是"您""你"，长辈对晚辈的对称则是称呼小名或者叫"你"。他称就是"家父"之类的词汇，这些就算到今天还是能用到的。当然，这只是北京城里的现象，各地还有一些自己的特色称谓。

而且，身份比较高的人家，家庭内使用的就很可能是一套特殊的称谓，也就是《红楼梦》里的那套以"爷"和"奶奶"作为基础的称呼。这套称呼并非《红楼梦》创造的，而是清代汉式世家的普遍称谓。

具体来说，这套称呼是以家中成年男性[1]作为基准辈进行称呼的，成年男性同辈人被称为"爷"，配偶则被称为"奶奶"。往上一辈，男性被称为"老爷"，配偶则被称为"太太"。再往上一辈，男性被称为"太老爷""老太爷"，配偶则被称为"老太太"。而基准辈的下一辈男性，被称为"小爷""少爷"，配偶则被称为"少奶奶"。

由于是以某一个辈分作为基准而进行称谓衡量的，所以在《红楼梦》中，贾宝玉虽未成年，却已经是"宝二爷"，这就是因为他不但有一个已故的亲兄贾珠，还有同辈的堂兄贾琏，都属于成年的"爷"的辈分。而贾蓉虽然娶了妻室，却终究比贾宝玉等小了一辈，只是个"小蓉大爷"。

满式家庭

旗人的家庭称谓，在清初主要还是用满语，到了清中期之后，跟汉式贵族的称谓进行了一些合流，又在一定程度上保留了旗人的特点，这里主要说一下满式称谓和汉式称谓不一样的地方。

对于父亲，晚清之前一般都用满语叫"阿玛"，晚清则有叫"爸爸""老爸"的，不过传统家族还是以叫"阿玛"为主。对于母亲，清初一般用满语称为"额涅"，清中后期开始叫"奶

---

[1] 如何界定"成年"，各家习惯不同。有的人家认为成婚即成年，有的人家则不然。

奶""额娘",辽东的旗人还有叫"讷讷"的,个别人家还叫"阿家"等。但是一般情况下,忌讳使用"娘"这个字称呼嫡母,这是因为在清代旗人家中,"娘"这个字要么是称呼父亲的妾室的,要么就是称呼仆妇的。而对于庶母,则要看家里的习惯,有的叫"某奶奶",有的叫"某娘",有的叫"姨",不一而足。

其他的亲属,祖父用满语称为"玛法",晚清也叫"爷爷"。祖母在清初用满语称为"玛玛",清中期以来一般都称为"太太"。伯父在清初用满语称为"阿穆吉",清中期以来一般都称为"某大爷"[1],如二伯父,即是"二大爷"。伯父的配偶伯母,在清初用满语称为"阿穆",清中期以来一般都称为"某大大",如"二大爷"的妻子,即是"二大大"[2]。叔父在清初用满语称为"额齐克",清中期以来一般都称为"某叔叔"或"某爹",如三叔父,便称为"三叔叔"或"三爹"。叔父的配偶叔母,在清初用满语称为"欧克",清中期以来一般都称为"某婶儿"。至于姑姑,在清初用满语称为"姑"[3],清中期以来一般都称为"某姑姑"或"某姑爸"。这也是基于晚清"女以男论"的影响。至于姑姑的丈夫姑父,则称为"姑父"或"姑爷"。

---

[1] "爷"字读轻声。
[2] 最后一个"大"字读轻声。
[3] 满语中的姑姑一词即"gu"。

仆役

清代仆役的统称为"家人",这可不是什么血亲的意思。

仆人面对主人时,均自称为"奴才"或"奴婢"。他们互相之间一般用民间的称呼,尊称也就是"某爷""某管事"而已,不需多说。但是有时有上下级关系,比如使女对其上司的仆妇就要称呼为"姑姑"。

至于主人称呼他们,如果是不怎么有头脸的仆人,则直接叫名字,或者称呼其亲属关系,叫"某某家的"或"某某的谁",甚至直接叫姓氏,"张""王"就可以。如果是使女的话,则直接称之为"丫头""使唤丫头"。如果是有一定地位的仆人,比如是自己长辈的贴身仆人之类,就不能这么叫。如果是得力的仆妇,称呼为"老妈"。有身份的使女,称之为"丫鬟",甚至"某姐""某姑娘"。如果是太监,最高的称谓是"某首领""某谙达",其次的尊称则是"伴儿"。

② 生活基础篇

清　徐扬　日月合璧五星联珠图　局部（台北故宫博物院藏）

乾隆二十六年（1761）正月初一，观象台钦天监观测到"日月合璧，五星联珠"的天文异象，预示这一年"海宇晏安，年谷顺成"，徐扬奉命绘图记录此千载难逢之吉兆。

新年元旦文武官员进京朝贺，市井百姓也纷纷出门拜年。画中详细描绘了胡同合院、牌楼城门，另有冠帽服饰、交通工具、商铺店面等丰富形象，完整呈现了北京的城市面貌及风俗习尚。

货币：
清朝人工资有多少

与我们今天使用的纸币或网上银行不同，清代使用的货币种类较为复杂，且根据时段不同，流行的种类也有不同。大体来讲，清代的官方货币有四种，其中两种贯穿于清代整个历史，另外两种基本上到晚清才有。

第一种：银子

相信大家从各种戏曲或电视剧中已经知道清代人用银子作为货币。清代的大宗交易，一般都是用银子来计算的。在使用银子的时候，一般的单位是"两"，在"两"之下则有"钱""分"等单位，换算比例为1两等于10钱，1钱等于10分。

根据一块银子重量的不同，民间有着不同的叫法，大致有四种：（1）元宝，也叫"宝银""大锭"，一般来讲，重量是每锭

同治年银锭（台湾历史博物馆藏）

50两，由于其外观一般是马蹄形，故而也被称为"马蹄银"；（2）小元宝，也叫"中锭"，一般来讲，重量是每锭10两，形状不一；（3）锞子，也叫"小锭"，一般来讲，重量是每块1两至5两不等，形状以小馒头形为多，也有其他不同的形状；（4）散碎银子，民间称之为"福珠""滴珠""瓜子"等，一般来讲，重量都在1两以下，形状不拘。

清代人身上一般带着的银子，主要就是锞子或者散碎银子。一些电视剧中，土豪从衣服袖子里拿出一两块大元宝的场景，其实很难发生在现实生活当中。仔细算算，一块"大锭"元宝就是小4斤的重量[1]，两块就是近8斤，带在身上会是怎样一种负担呢，而且日常生活中很少会有场合需要这么多银子。

话说回来，清代使用银子其实挺麻烦的，因为银两很难衡量价值，需要临时称重，找个钱还不方便，特别是清代银子的价格计算特别复杂。

1　清代1两约为今日37.2克。

大家或许听说过"库平多少两"这种说法,这是计算银子价格复杂的第一点——标准不明。清代管多少重量算一两叫作"秤法",但其实秤法并不统一,常见的有库平两、海关两、广平两、漕平两[1]等。其中库平两是国库收支时使用的标准单位,所以清代以库平两计算的居多。另外,人们手里的银子并不是纯银,这就是银子复杂的第二点——成色问题。大家或许也听说过"纹银多少多少两",但其实"纹银"并不存在。简单来说,"纹银"是清代官方判断银子成色的一种虚拟标准,而实际生活中我们能用到的银子,成色通常比它高。常见的成色,有"二四宝""二五宝""二六宝""二七宝"等,所谓"二四宝",是指这样50两重的一个元宝在流通的时候要"申水二两四钱",也就是指"二四宝"一锭实际上等于52两4钱的"纹银"。所以,要是拿着一锭"二七宝",就等于拥有了"纹银"52两7钱,交易的时候需要详细换算。

第二种:铜钱

我国古代几乎历朝都是以铜钱作为主要货币,在清代也一样,一般小宗的交易都是用铜钱来计算的,而且铜钱跟银子比起来简单一些,所以更受欢迎。

清代的铜钱,由官方所造的叫作"制钱",而各地也有私

---

[1] 其中海关两是海关关税所用,广平两是广东地方专用,漕平两是漕米改征折色后所用的标准。

铸的铜钱，成色不一，跟制钱不一定等价，这里主要以制钱作为讨论对象。制钱的单位一般为文，也就是一枚制钱是1文钱，又将1000文称为"吊"或"贯"。另外，清代还短暂发行过"大钱"，也就是面额比1文钱要大，如咸丰朝即有"当四钱""当五钱"乃至"当千钱"。[1]与制钱被称为"通宝"不同，"当四"到"当五十"的大钱被称为"重宝"，"当百"到"当千"的大钱被称为"元宝"。

乾隆通宝
（台北故宫博物院藏）

咸丰重宝当五十
（台湾历史博物馆藏）

咸丰元宝当百
（台湾历史博物馆藏）

---

1 同时，"大钱"在一些文本上也指代制钱，要结合前后文来看。

但是，清代使用铜钱也并不像我们今天使用纸币一样简单，因为还要考虑到"钱法"。所谓"钱法"，指的是以多少文铜钱算作1吊。清代官方的钱法是以1000文铜钱作为1吊，这种钱法同样称为"制钱"，但各地流行的钱法却与"制钱"不同。当时的人将全国各地的钱法归纳为"长钱""中钱""小钱"三类。其中，"长钱"又叫"老钱"，与"制钱"一致，是严格按照官方规定的以1000文铜钱作为1吊的钱法，主要流行于中南各省；"小钱"是以较小额度计算的钱法，如东三省将1文铜钱呼为10文，以100文铜钱为1吊，故而称为"十小钱"；"中钱"是介乎"长钱"和"小钱"之间，以较大额度计算的钱法，最具代表性的"中钱"是在北京城内外流行的"京钱"，该种钱法将1文铜钱呼为2文，以500文铜钱为1吊。因此，如果在清中后期的北京城里买东西，店家说这个东西价格是3吊，其实默认是采用"京钱"的钱法，代表着1500枚铜钱，而不是3000枚铜钱。

不仅如此，清代银价也在不断变化，银钱比例亦随之变化。在官方规定的"制钱"钱法内，应该是以1两银子兑换1000文的制钱，但是民间银价和钱价一直在变动，各地价格也不同。以北京的价格来讲，大体清初制钱较贵，1两银子经常只能兑换800制钱左右，从乾隆朝中期开始，银价逐渐上升，在嘉庆朝已经打破1∶1000的比例，特别是在道光朝，因为外国贸易的影响，银价暴涨，1两银子甚至能换到2000多制钱，后来才逐步稳定，到了同治朝之后，直到清帝退位，1两银子兑换的制钱数一般在1100至1800之间。

第三种：银圆与铜圆

提到银圆，让人联想到的是民国大洋或者外国货币，但其实清代也有银圆。众所周知，清代时，中外已经有了一定的交往，外国人在与清朝交易时，就经常使用银圆。说到底，"哪国的银子都是银子"，而且由于外国银圆上有各种纹饰，有的清代人还格外喜欢用它。当然了，上面画的东西，清代人多数不认得，以至于给钱币上的某些欧洲国王起名叫"大髻""小髻"之类的。这种洋银圆在清初就流通于南方，北京也有一些，如著名的和珅和大人被抄家的时候，即有"洋钱五万八千元"。

银圆——云南省造光绪元宝库平七钱二分（台湾历史博物馆藏）

银圆——浙江省造光绪元宝库平三钱六分（台湾历史博物馆藏）

铜圆——光绪元宝户部当制钱20文（台湾历史博物馆藏）

到了晚清，光绪十三年（1887），张之洞奏请朝廷允许铸造银圆，之后全国各地便开始私铸，成色不一，形制混乱。至光绪二十七年（1901），朝廷正式发行自己的银圆，每枚银圆"重库平七钱二分"，也就是1（银）元等于0.72两银子，后来又有了5角、2角、1角等面值，并且还有了作为辅币的铜圆，规定1（铜）元等于10文制钱，后来又有了1文、2文、5文、20文等面值。

第四种：钞票

钞票即是纸钞。清代官方对于钞票的发行特别谨慎，似乎是借鉴了前面几朝历史的经验[1]，一般不到迫不得已的情况，尽量避免发行钞票。具体来说，晚清之前一共发行过两次钞票，第一次是顺治八年（1651），发行"钞贯"，用了十年左右就废止了。第二次是咸丰三年（1853），当时大清风雨飘摇，迫不得已发行钞票，一种叫"大清宝钞"，即以制钱为单位的纸币，面值如250文、500文、1000文、2000文等，后来还有50千文和100千文的。另一种叫"户部官票"，是以银两为单位的纸币，面值

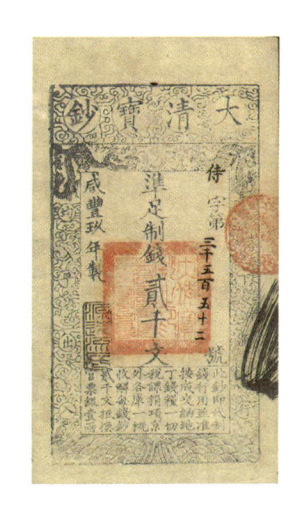

大清宝钞

---

[1] 中国古代发行钞票，多数以泛滥贬值而告终。

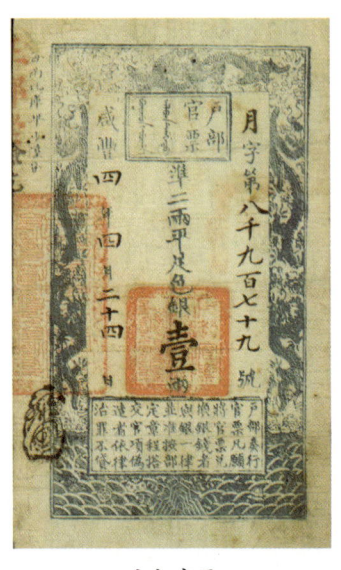

户部官票

如1两、3两、5两，乃至于50两等。后来"宝钞"和"官票"都发生了贬值，所以在咸丰末年便开始清理，不再使用。

后来则是外国银行纷纷进入中国，如麦加利、汇丰、花旗银行等都发行以银圆或银两为单位的钞票，清代人才逐渐认同纸钞。到了光绪二十三年（1897），各地开始印制纸钞。光绪三十一年（1905），朝廷设立"户部银行"，逐步发行"银两票"和"银圆票"。

以上四种，就是清代最常用的货币。至于金子，它并非官方规定的货币，在日常生活中，也基本不作为货币在交易中使用。但是金子一直都属于贵重金属，在一些特定的场合，可以作为等价物或者某种价格的体现来使用。此外，清代有银票，还有钱票[1]，不过银票和钱票都不是清代官方的纸币，而是一种私人的信用票券。换句话说，晚清北京城有知名的"四大恒"[2]钱、银庄，他们可以发行自己字号的钱票、银票，只要盖上他们商号的朱红大印，便是以他们商号为信用源在市场上流通。但是因为非官方，所以信用源只能凭

---

1 银票、钱票如其名，银票以银两为单位，钱票以制钱为单位。
2 "四大恒"是指恒利、恒和、恒兴、恒源四个大钱庄。

自己的信誉立足，并不确保万无一失，一旦钱票、银票或损或失，均不可挂失、补领，这也是钱、银庄的一个大宗收入源。比如有这么一则故事：

> 当时，某枢臣好积四恒票，百金一纸，万金为一束，叠置平正，朱印鲜明，时于灯下取出玩弄以为娱乐。已而不戒于火，屋中成束之四恒票并付祝融，四恒家乃大获利市。[1]

意思是说当时有位高官，积攒了"四大恒"的银票，每张一百两，一百张成一束，生平最大的爱好就是晚上把这些成束的银票拿出来赏玩。结果不小心家里着火，成束的"四大恒"银票都被烧没了，由于银票不存，"四大恒"因此获得暴利。

网上还有一个经典的问题，是"清代一两银子值现在多少钱"。其实这个问题真的很复杂。对于古代的物价，到底应该以什么作为中介物进行换算，学者们也有争议。有的认为用大米，有的认为用银价。这里我们以生活最基本品——大米作为中介物进行换算。

首先，在《中国货币史》中，可以得到清代每一个时间段的大米价格，其中有大米和银子、大米和铜钱，以及银钱比例的种种数值。从中可以查到，道光二十一年（1841），大米每公石合

---

1 出自夏仁虎《旧京琐记》。

制钱3871文，合银84.13公分[1]。根据相关数据的换算[2]，得出当年每斤大米售价为0.0151两银子或25.8文制钱[3]。这一年，曾国藩正好在北京居住，其账簿内提及买米信息，为"米百斤两千三百文"，即23文/斤，基本和换算相符。同时，将今日[4]普通大米的价格以人民币2.5元/斤进行对比的话，最终结果为：在以北京城大米价格作为中介进行计算的前提下，1841年，1两银子相当于人民币166元，1文铜钱则相当于人民币0.097元。

在此基础上，我们再选择清代其他10个时间点进行同样方法的计算，结果如表2-1所示。

表2-1：清代不同时期银两铜钱换算人民币数据表

年代	银两/公石大米	1银两/人民币（元）	制钱/公石大米	1文制钱/人民币（元）
1684	0.87	431	604	0.625
1722	0.89	423	719	0.521
1737	1.01	373	853	0.439
1776	1.53	245	1347	0.278
1800	1.98	189	2750	0.137
1828	1.96	191	2524	0.149
1841	2.27	166	3871	0.097

1 数据出自彭信威《中国货币史》。下文所提粮价等，如不特殊注明，均是出自此资料。
2 根据彭凯翔《清代以来粮价的历史解释与再解释》一文中的单位换算，彭信威书中1两等于37公分，1石等于1.0355公石。又及，依据邓云乡《清代三百年物价述略》，清代每石约为150斤。因1石约等于1公石，估算时忽略不计。
3 在以银子或铜钱购买大米时，价格各有误差，故而最终结果只与当时银钱比价相接近，而不完全吻合。
4 即2015年11月初的物价。

（续表）

年代	银两/石大米	1银两/人民币（元）	制钱/石大米	1文制钱/人民币（元）
1852	1.72	217	2914	0.129
1873	1.75	214	2991	0.126
1887	1.45	258	2311	0.162
1898	2.42	155	3449	0.109

算出来之后，让我们再来看看曾国藩当年在北京生活时的物价水平如何[1]，详见表2-2。

表2-2：曾国藩账簿反映物价换算表

款项	清代价格	换算结果	款项	清代价格	换算结果
房租（18间）	10000文	970元	小帽冬帽	2500文	242.5元
尖靴一双	2500文	242.5元	皮靴二双	2000文	97元/双
肉二斤	40文	1.94元/斤	腌肉十斤	1000文	9.7元/斤
鱼三斤	160文	5.17元/斤	猪舌十二条	400文	3.23元/条
烧鸭子（烤鸭）	500文	48.5元	猪油三斤	420文	13.58元/斤
香油五斤	560文	10.86元/斤	剃头钱	80～200文	7.76～19.4元
门帘	1000文	97元	帖	2000文	194元
《朱子全书》	4000文	388元	《子史精华》	4000文	388元

再看看当时京官的官方收入。清代京城文官的官方收入主要是本俸、恩俸[2]以及禄米，另外还有一些补贴。刨去补贴不算，再将

---

1 出自张宏杰《给曾国藩算算账》中所引曾国藩账簿记录。
2 京官恩俸本身是雍正朝对个别京官的特殊福利，到乾隆朝全面规定为在京文官俸禄加倍，即为恩俸。

禄米折算为银两[1]（清代官方给禄米的定价一般比市面上的米价要便宜，这里姑且以道光二十一年（1841）曾经用过的每石一两三钱银子的比例来计算），大致收入如表2-3所示。

表2-3：清代官员俸禄换算表

品级	年俸银	年禄米	年总收入	换算
文正从一品	180两	180斛[2]	477两	6598.5元/月
文正从二品	155两	155斛	410.75两	5682.04元/月
文正从三品	130两	130斛	344.5两	4765.58元/月
文正从四品	105两	105斛	278.25两	3849.13元/月
文正从五品	80两	80斛	212两	2932.67元/月
文正从六品	60两	60斛	159两	2199.5元/月
文正从七品	45两	45斛	119.25两	1649.63元/月
文正从八品	40两	40斛	106两	1466.33元/月
文正九品	33.1两	33.1斛	87.715两	1213.39元/月
文从九品	31.5两	31.5斛	83.475两	1154.74元/月

再比较一下当时其他职业的一般工资，详见表2-4。

表2-4：清代各职业收入换算表

职业	每月收入	禄米	换算
闲散宗室	3两	每年42斛2斗	877.45元/月
闲散觉罗	2两	每年21斛2斗	522.62元/月
八旗高级兵种	4两	每年46斛	1077.62元/月
八旗普通兵种	3两	每年46斛	911.62元/月

1　清代禄米是陈米，一般官员领到之后都转售出去。
2　清代大米1石等于2斛。

(续表)

职业	每月收入	禄米	换算
轿夫（雇佣）	1000文	无	115元/月
一般家内男仆	500文	无	57.5元/月
一般家内仆妇	750文	无	86.25元/月

敏锐的读者应该已经发现了问题。虽然我们以大米本位计算出了货币购买力的数值，但是其实这种数值是相当不科学的。从根本上来讲，古代粮价和现代粮价可能本身就缺乏可比性，以我们今日的收入来说，购买一斤大米，可能是十分简单的事情，而在清代，以大多数人的收入而言，购买一斤大米消耗的货币量，可能就占了他们收入的很大比例。换言之，因为在同等收入下，古今粮价水平截然不同，故而以大米作为中介物进行货币之间的比较，其实意义不大。[1]

不过，无论如何，我们可以大概得到一些结论：

1. 在清代买粮食还是挺贵的，一斤大米比一斤肉还要贵。

2. 相比于粮食以及肉类的价格而言，针织品，如鞋帽、门帘等，价格要比现在高很多。

3. 清代的房价以官员的收入来讲也算小贵[2]，不过官员租住的房

---

[1] 因"一两银子到底相当于多少人民币"这种问题经常被提及，故而本书之中权且以大米本位进行了计算，所得到的结果只能以大米等价作为中介前提，如果结合其他消费品，特别是结合当时的收入来看，这种计算方法很不可取。但是，限于目前资料和方法两方面的不足，加之笔者能力有限，暂时无法进行更为科学的推定，故而特注于此。

[2] 根据张宏杰《给曾国藩算算账》一书统计，曾国藩在北京时先租千佛庵的四间房，月租金4000文，后来住棉花胡同六条的房，每月8000文，1841年住绳匠胡同的十八间房，月租金10 000文，之后又搬到前门的二十八间房，月租金30 000文。

屋，肯定跟一般市井小民租住的房屋不同。

4．从表格中可以明确看出，在清代，相对于生活必需品而言，书、帖等文化用品的价格极高，可见当时价格比例和我们今日有很大区别。

至于清代要如何购买物品，其实大概有三种交易渠道。

第一种是所谓的"小商贩"。可分为摊贩和行商两类，也就是现在所谓的"摆摊儿的"和"串胡同的"。摊贩自然是以在人员流动比较多的街上摆摊儿的居多，不过清代贩卖同一大类商品的摊贩，经常扎堆儿做生意。如崇文门外有"花市"，贩卖真假花卉的摊贩多在此处，同理，就有了"菜市""衣服市"等。而行商，多数是串胡同叫卖，坐在家里就能听到他们的吆喝声。

第二种是所谓的"商业区"。清代跟我们现代比较接近，没有特别早期的那种专门划定的商业区域。走在清代北京城的大街上，两旁一般都是各式各样的商铺，也正因为这样，清代的"铺面房"价格尤其贵。不过，清代北京城也有特别著名的商业繁华区，其中人气最旺的是正阳门外[1]、东四牌楼以及西四牌楼这三个地点。正阳门，是连接内城和外城的重要通道，它不仅是民人大臣上朝的必经之路，也是当时北京最繁华的商业区域，而东四牌楼和西四牌楼则都在内城。故而，虽然三处都很繁华，但相比之下，正阳门外除了东四牌楼、西四牌楼所有的各类商号，还有更多的娱乐和风月场

---

[1] 正阳门外即正阳门以南。

所。略输于正阳门、西四牌楼和东四牌楼的,则是皇城往北的地安门大街、皇城东西的东安门外和西安门外,也都是各类商号集中的地点。以上这些都属于"坐商"的范畴,是各种有名的商号,类似于现在的"专卖店"。

第三种是所谓的"集市"。清代北京的集市多数是以寺院、道观等宗教场所为地点,以"庙会"的形式来办"集",故而也称"庙市"。不同于"坐商"的专卖店性质,"集"上各种摊位丰富多彩,低端、高端商品也同时供应,有一种百货商店的感觉,故而尤其在民间受到欢迎。其中,小型的寺院道观,一般一年办一次庙会,而大型的寺院道观,则一般一个月办一次甚至一个月数次。这些大型寺院道观还会自动将各自的举办日期岔开,以便大家参加。如晚清时,北京四大集市为"逢三之土地庙,四、五之白塔寺,七、八之护国寺,九、十之隆福寺"[1],热闹非凡。

顺便一提,现在我们出门买东西,一般都直接付款,而清代经常是以记账甚至于赊账为常态,以阶段性付款如月付或年付为多,每次都直接付款的情况反而较少,直接付款甚至会被当作一种"不亲近"的表现。这是由于清代人员流动性有限,以"熟人社会"为主,因此以记账、赊账为常态,这一点和现在很不相同。

---

1 出自夏仁虎《旧京琐记》。

北京的住宅：
清朝房价大揭秘

我们在第一章"背景常识篇"中讲过，从制度上讲，清代北京城内，旗人一般居住在北城，民人一般居住在南城。至于做生意，无论是旗人还是民人，南北城皆可。传统上认为，清代北京城里，北城的住宅普遍比南城的好，但这也不是"黄金定律"。北城的深宅大院的确比较多，房子也比南城的更加整齐。但北城还有一些"犄角旮旯"的房子，比如城墙边上，比如城池的角落，那种地方虽然也有一些好房子，不过很多人还是不喜欢那里[1]。至于要在北城开买卖，最好还是以商业区为主，像西四、东四、西单、东单都是好地界[2]。

---

[1] 清代北城有很多房属于"官房"，如王府等即是如此，所以有时居住地点不能由主人自选，而是根据分配的官房位置决定的。又及，边边角角的地区，如北京城的西北角，被称为"穷西北套"，即是著名的贫民区。
[2] 这些地界到今天仍然是北京的重要商业区。

在南城的话，则要分地方。如果是做官为宦的，一般会在正阳门外置办房屋，因为这里距离正阳门近，出入朝廷比较方便，弊端的话就是这里也是重要商业区，房价稍微贵一些。如果是专门做生意，一般会住在崇文门外，清代中期以来，南城商贾多住在此处。另外，如果是进京赶考的学子，则一般住到宣武门外。清代北京城内有一种机构，专为某一地的官僚、缙绅以及学子聚会、住宿服务，即著名的"会馆"。这些会馆多数开设在宣武门外，所以宣武门外也就成了各地进京考试的士子们聚集的地方，同时也是著名的文化交流区域。

此外，北城的旗人世代居京，因此居住地相对固定。而清代南城的民人，流动性比较大。如果是来北京做官的，其实租房子远比买房子更合适。当然要是做生意，或者准备在北京长期发展的，那还是买房子比较稳妥。

清代北京城内住宅的价格也各有区别，豪门大户的住宅，成千上万两银子都是有可能的。有点儿经济基础的，想要过个小门小户的独立日子的，几百两银子也是足够的。要真是穷到不行的，再便宜也是有的。

晚清名臣曾国藩刚上京城来的时候孤身一人，租住在菜市口南横街千佛庵里面，大概是一个小跨院，四间房，月租4000文。到了道光二十一年（1841）前后，他的家眷从南方来京，还住四间房就不合适了，于是搬到了绳匠胡同的一所住宅，十八间房，月租10 000文。而到了道光二十四年（1844），曾国藩不仅升官了，还添人进口，一家人加上所用的奴仆共有二十口，于是再次搬家，搬到前门内碾儿胡同西头路北的一所住宅，有二十八间房，月租30 000文[1]。

至于买房的，我们可以看一些史料。

> 乾隆三十七年，椿树头条胡同西头路北某院，东瓦房三间，西瓦房三间，共房六间，价格二百三十两。乾隆四十九年，某胡同某院，西房四间，北房一间，东灰房二间，共房七间，价格三百两。嘉庆二十一年，鼓楼斜街口内路北某铺面房[2]，门面三间，后房两间半，共房五间半，价格三百两。同时同地路南铺面房，门面一间，后罩棚一间，共房二间，价格二百两。道光十一年，本司胡同某院，瓦房三间，价格一百二十吊。道光十九年，东四牌楼北十一条胡同西口内路南某院，正瓦房三间，倒座灰房二间，西厢房二间，共房七间，价格三百吊。[3]

应该说，买房还是相对较贵的。

---

[1] 出自张宏杰《给曾国藩算算账》中所引曾国藩账簿记录。
[2] 铺面房，即临街的门脸房，可以做生意用，所以价格较贵。
[3] 出自邓亦兵《清代前期北京房产交易中的问题》引中国社会科学院近代史研究所图书馆藏清代房契。

旧时计算房屋，一般习惯用计算开间的方法。简单说，古代的房子以木质为主，其必须要立柱来支撑，而从外观上讲，房屋面阔方向每两根柱子间的距离，即称为"一间"。比如下图中，就是所谓的"面阔三间"，一般即称为"三间"。所以像上面道光十九

明间内部透视

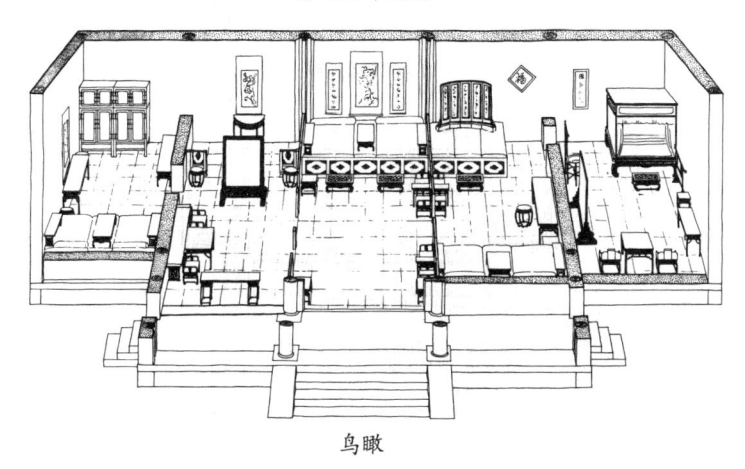

鸟瞰

清代北京房屋内部示意图
（出自刘敦桢主编的《中国古代建筑史》）

年（1839）东四牌楼北十一条的院子，准确来说即是"一共三所房子，北面一所是面阔三间的瓦房，南面一所是面阔两间的灰房[1]，西面一所是面阔两间的瓦房，以开间算起来，一共七间"。

当然了，这个间数其实跟大小无关，有的房子特别大，一间的面积很可能就比那些小房三间的面积大，所以具体问题具体分析吧。

顺便一提，"四合院"这个概念，在清代其实很难见到。清代北京的住宅一般是以"所""处"作为量词，然后以"院"来进行具体划分的。所谓院子，一般指的是一个独立空间。如果在这个独立空间之中，东西南北四面都有房，清代人习惯上称之为"四合房"，这也就是"四合院"一词的出处。同理，三面有房的即是"三合房"，两面有房则直接说南北房之类的。而且清代有钱有地位的人所住的房屋，绝不是一个四合房就能够的，他们以一个四合房或一个三合房为一"进"院子，可能整个宅子会由数进乃至十余进院子组成，所以用"四合院"来总体称呼清代北京的住宅并不合适[2]。北京的这种住宅院子，一般来讲都是一院一户的独立住宅。个别的，一个院内会有很多户不同人家，这种院子被称为"杂院"。清代北京城的"杂院"并不多见，但是进入中华人民共和国之后，"杂院"逐渐成为北京四合院的主流，独门独户的则极为少见了。

---

1 灰房即用石灰抹顶，比瓦房廉价。
2 关于"四合院"一词，朱家溍先生亦多有论述。

作为例子,我们可以看一所在内城学院胡同的宅子[1]。

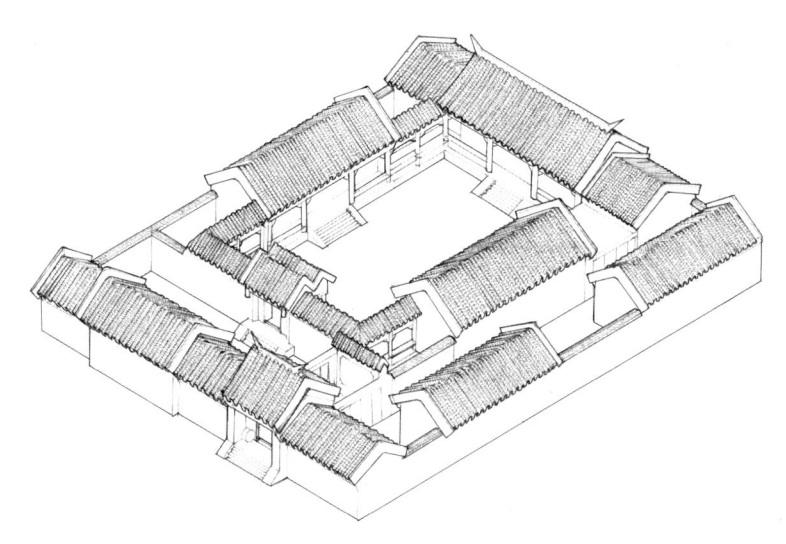

学院胡同宅院示意图

学院胡同是东西走向,这所宅子在胡同北面,宅子的门口是金柱大门[2]。电视剧里,这些宅邸门口上方都会有一个大匾额,上书"某某府"之类的字样,其实在现实中基本是没有的。历史上,"某某邸""某某宅"之类的门牌出现得很晚,大致直到民国时期才逐渐流行。除了清代的官宦人家常在各家的灯笼上用这些名

---

1 这所宅子原位于北京市西城区学院胡同39号,具体结构图见郑希成《老北京民居宅院》,引到本书中时有少许改动。又及,这所宅子现在已经不存在了。
2 金柱大门,是清代建筑中常用的几种大门样式之一。清代住宅的大门依照住宅主人身份的不同,样式也有不同。从高到低为府邸专用的府邸式大门(开间和进深跟正式房屋一样大,有三间或五间不等的开间),高等官僚专用的广亮大门(门外有半间房的空间,门的房梁裸露,故亦叫"广梁大门"),普通官宦人家用的金柱大门(比广亮大门略小),一般人家用的是蛮子门或如意门。

号，住户基本是没有这些门匾的[1]。这是因为四合院基本是独立院落，讲究的就是独立空间，并不需要告知别人居住者的身份。正是因为这样，告知友人自己的住址，也就成为清代人一个重要的交际环节。

不过话说回来，清代人经常从一个宅邸的大门以及建筑的外观就能分辨出这是一个什么样的家庭。另外还要注意，"府"这个字是不能够乱用的。古人很注意尊卑关系，对于房屋有府、邸、第、宅等称呼。以清代来讲，"府"是对高等爵位者住宅的称呼，一般只有亲王、郡王和公爵才能用。而"邸""第"两字的区别不是很大，一般用来称呼官宦人家的住宅。至于商贾、平民住的房子，再好也就是叫"大宅门"，不能叫"府"。又如上马石，清代规定，只有亲王府、郡王府、贝勒府、固伦公主府、和硕公主府的门前才能放置上马石或上马桩，"其贝子以下，不得安设者，不得滥行僭用"[2]。与之类似的，还有顺治九年（1652）规定，除了高级宗室之外，无论多大官，住宅的彩画只能用五彩杂画，柱只能用素油，门则用黑饰。后来又进一步规定，二品以上官员的房子，正房才可以用望兽。三品以上官员的房子，台阶最高不能超过二尺。四品以下官员和庶民的房子，台阶最高不能超过一尺……总之，官方的规定是很细致的。然而，自从唐代以来，这种仪制方面的规

---

1 关于门匾，《红楼梦》里有描写贾家门匾的内容，其应该为一种文学渲染。清代只有个别人家有"进士第"之类的恩荣门匾，也从不书写姓名。以上关于门匾的诸多问题，俱见朱家溍先生《故宫退食录》里的相关讨论。
2 出自《钦定大清会典事例（光绪朝）》。

定，都是"上有政策下有对策"，民间经常僭越，只要别人不举报，朝廷又不故意找碴儿，就都没问题。

走进金柱大门，并没有觉得豁然开朗，而是一个小过道，正面是一面刻着花纹的墙。这是因为古人忌讳外人窥视宅内生活，所以刚一进门，是不能直接进入宅院的。过道的左右两侧，各有两扇屏风门，如果从右边过去，是一个狭长的院子，一共有八间房，那都是仆人住的以及厨房之类的，从左边进来才是正经的院子。

左边进来的第一进院落叫"外院"。这个院子，只有南面有房，北面则是个门。这个小巧别致的门叫垂花门[1]，一座宅院的内外分割就靠它了。清代人特别讲究内外之分，只要是条件允许的情况下，一定要在住宅里分出"内"和"外"来。"外院"是公务、交际的场所，"内院"是私人生活的场所。外人不得随便进入内宅，内宅的女眷也不能随便离开内宅，起到这种分水岭作用的门被称为"二门"，这也就是所谓"大门不出，二门不迈"的由来。至于南面的房，这种门开在北面的南房，一般被称为倒座房[2]。这家的倒座房一共有五间，中间的三间房比较大，两旁两间则小一些。这种倒座房，一般可以作为门房使用，也可以用来接应客人并且看门守卫，还可以用作小客厅，接待一些身份差距较大的客人，另外还可以作为学房，因为教师也属于"外人"，只能在"外宅"上课。至于这五间房具体怎么用，其实十分随意。

---

1 一种檐柱不落地的小门。
2 清代以坐北朝南为正，故而以向北面开门的南房为"倒"。

接着过了二门进入"内院",一进来就可以看到这是个十分整齐的院子,有点儿符合现代人心目中"四合院"的样子。其中,院子北面有北房三间,两旁各带两间耳房[1],院子西面和东面各有三间厢房。从北房两侧的耳房开始便有走廊连接着厢房,然后又从两侧的厢房直接顺着墙连接到二门,整个院子都能通过走廊连接,这就是所谓的"抄手游廊"[2]。

这样的内院布局,一般来讲,北面的三间正房,中间的明间[3]作为客厅,然后两边的暗间则作为卧室使用。东西厢房,根据需要不同,可以用作子女的卧室、餐厅、书房等,根据需要和意愿来划分便可。至于耳房也一样,可以用来居住,不过因为有的耳房比较小,所以经常被作为仓库使用。

这所宅子大概属于比较富裕的人家或小官僚阶级,格局本身不大。顺便一提,其实清代人在使用四合院的时候,一般没有特别死板的规定,特别是没有现代人认为的那种"一定要"如何如何的规定。比如现代人说四合院的门必须开在东南方,其实就未必。首先门开在东南方的四合院的确很多,这是因为北京的胡同以东西走向为主。但是有些四合院本身就不是坐北朝南的,有的院子坐西朝东,所以门开在哪里都是有可能的。同时,什么人"必须"住在哪

---

1 耳房,指在正房两侧的小房子,犹如正房的耳朵一样,故名"耳房"。
2 抄手游廊的本意是方便雨雪天的移动,是否拥有抄手游廊,经常作为评判一个宅邸精细程度的标准之一。
3 以面阔三间的房子为例,一般只有中间一间有门,这一间便被称为"明间"或"外间",而东西的两间则被称为"暗间"或"里间"。

里，也不是特别死板，比如《红楼梦》里，王夫人就在正房东面的耳房起居。所以现代人对四合院做的那些"定律"，放到清代，越是在大宅子里越对不上。

看完这所宅子，我们再看一所大官的豪宅。这所宅子在皇城内的中老胡同[1]，是瑾妃和珍妃的本家兄弟志锜的宅邸。

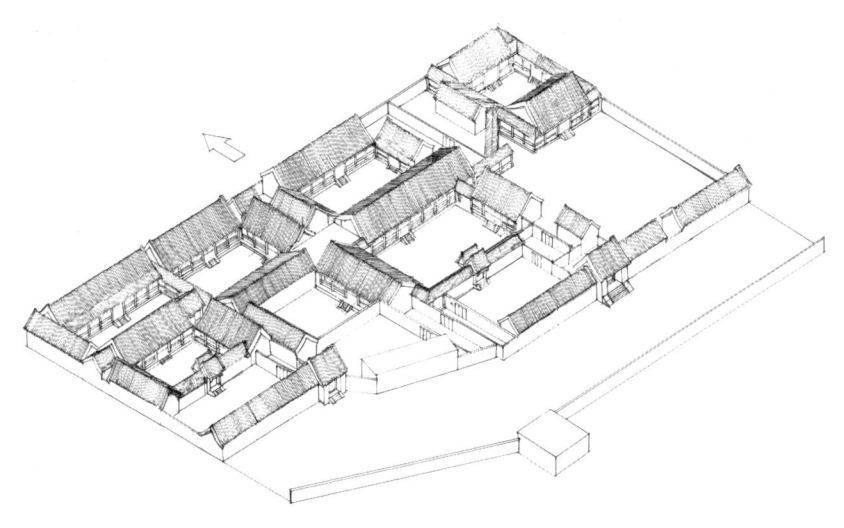

中老胡同宅院示意图

中老胡同一样是东西走向的，走着走着，就走到这处宅邸的大门了，广亮大门，气派非常。进了大门，依然是一个过道，依然是

---

[1] 这里使用的宅邸为中老胡同32号，在光绪朝后期，是瑾妃和珍妃的本家亲兄弟志锜所购置的。他塔喇氏后人一直在此居住到20世纪40年代，后被日本人霸占。后来则成为北京大学的教工宿舍。今已不存。书中所引结构图以及具体房屋的使用，参考自唐小曼《珍妃和她的娘家》，其中结构图有些许修改。

对着一面画着花纹的墙，向左过屏门，便到了第一进院子——"前院"。这个前院，从过道向左进来的门是在东南方，靠北一点儿还有另外一个小门，与靠北的门对应，西面也有个门。南面是五间倒座房，靠东的两间是门房，靠西的三间则是男仆的住处。

从"前院"往北，过垂花门的二门，便看到了一个被抄手游廊包围的院子，这是"主院"。北房五间，是志锜和其嫡妻所用的大客厅。西厢房三间，是在民国时期被"西洋化"的，有木地板和取暖设备，是志锜的第三侧室居住所用，还附建有新式浴室。与之相对的东厢房也是三间，是志锜的第一侧室居住所用。再往北，北房五间的东面又接出来两间房，那是志锜的书房。一直顺着抄手游廊往北走，便进了"后院"。后院里，北房五间是志锜家族的祠堂，比较冷清。西厢房三间是志锜嫡妻的女仆居住所用，东厢房三间则连着主院的北房和接出来的书房，是志锜和嫡妻的卧室。

从大门开始，到前院、主院、后院这三进院子所组成的一组，是志锜和其妻妾的居住区域，我们可以把它叫作"主区"。从主区通过抄手游廊，可以再往东或西移动。

从主区后院往西，就到了一个新的院子，这院子只有北房、东房和南房，北房五间，中间三间明间是志锜第三子唐海桓的客厅，东西各一间的里间则是唐海桓与嫡妻，还有其女儿的卧室。东北角盖有厕所。东厢房三间，中间一间是餐厅，北面南面各一间是唐海桓两个儿子的卧室。南房是五间倒座房，由唐海桓的妾室与其子女居住。从这个院子往南，是一个废弃了的小花园，附带西厢房作为仓库。抄手游廊到这里也封死了，但实际上其南方还有一进院落，是连接主区前院的，不过这时唐家这个院子基本荒废着，用来给志锜第二子唐海炘养鸽子。

这三进院子，是志锜第三子唐海桓一家在使用，我们可以把它叫"西区"。但其实其中荒废了两进，只有最北面一进在使用，如果以后有需要的话，收拾收拾还可以用。

从"西区"再往西，还有一组院落，也就是"西西区"，同样是南北三进院子，是志锜第一子唐海澜一家所用的。最北一进只有北房和西厢房，北房五间，三间是府里内部的教室[1]，两间是女佣的住处，西厢房五间则是仓库。中间一进，北房五间是唐海澜子女的住处，西厢房三间是唐海澜之子唐曾荫的住处，东厢房三间，两间是餐厅，一间是唐家一位很有地位的老仆妇的住处。南面一进只有倒座房五间，其中两间是唐海澜一家的厨房。

东区是一个很大的花园，花园里有各种假山亭台，在大花园的南面，靠东有几间房，是志锜第二子唐海炘的西式休闲房，靠西的两间则分别是唐海炘一家和唐海桓一家的厨房。再看大花园的北面，有南北各五间房组成的一进院落，那是唐海炘与其生母，即志锜第二侧室居住所用。同时，唐家的戏台也盖在这周围。

这所宅子，有房子的院子就有十个，但是如果把大花园算成一个大院子，再把各种过道似的小院子也算上的话，就有十七个院子

---

[1] 这时唐家年轻一代已经上了新式学堂，这里的教室是专门为他们在寒暑假里读书所设。

了。而如果以房子来计算的话,则有一百多间。可以发现,这些院子以及房子的布局未必都符合现代人所谓的四合院规律,甚至很多院子都不是整齐的四合房。但是人家一座宅院体制如此庞大,仅仅住一个院子的一般人根本无法与之相比。

交通工具：
清朝人也打车出行

在电视剧中，经常看到朝廷官员坐着轿子上朝，下朝还坐着轿子离开的场景，但其实清代坐轿子的官员并不多。这是清代统治者明确进行的官方限制，跟官员出身的民族也有关系。

最早在清代刚入关的时候，旗人官员多数骑马，民人官员多数乘轿，统治者也没有太关注这些事情，只是规定民人武职官员在京城内不可乘坐轿子[1]。到了乾隆朝，乾隆帝结合当时的"国语骑射"政策，开始广泛注意官员们的交通工具问题。他说道：

> 闻得满洲大臣内乘轿者甚多。各部院大臣乘轿，
> 乃系向来体制。至武职大臣等操演官兵、教习马步骑

---

[1] 为顺治九年（1652）规定。

射,非文职大臣可比。伊等位分既尊,自应遵照旧制骑马,以为所管辖人等表率。若自求安逸,则官兵技艺安望精熟。再闻,年少宗室公等平日亦皆乘轿,伊等不过间日上朝,自应练习骑马。似此希图安逸,亦属非是。此关系我满洲旧习,著严行禁止。[1]

意思是,乾隆帝劝导旗人官员说,你们里面部院一级的高官,由于身份相关,可以坐轿子。至于武职的高官还坐轿子而不骑马,自己都这么文弱,如何要求兵丁呢?另外,皇族的王爷贝勒们也一样,应该多练习骑马。[2]

这个上谕下达之后,官员们纷纷改坐车。乾隆帝知道后,十分无语,申斥道:

前因王等与部院满洲大臣俱各偷安坐轿,竟不骑马,朕曾降旨禁止,此特令伊等勤习武艺,不至有失满洲旧规,非谓王大臣等不可坐轿也。今闻王大臣内有坐车者,坐车与坐轿何异?……嗣后只准王等与满洲一品大臣等照常坐轿,其余概令骑马。再,都统等不可坐轿,业经禁止,今坐车行走者有之……都统既

---

[1] 出自《大清高宗纯皇帝实录》乾隆十二年十二月庚辰条。
[2] 至于民人大臣,雍正四年(1726)和乾隆五年(1740)都重申过,民人大臣凡为武职,无论在京内、京外,均应骑马。

有训导官兵之责，理宜习勤表率，岂可偷安？此次训谕之后，倘都统与部院二品以下堂官等再有坐车者，御史等指名参奏。朕必将违禁之人治罪，断不轻贷。[1]

意思是，朕叫你们不坐轿子，是让你们去骑马，结果你们都改坐车，这跟坐轿子有什么区别？既然你们都会找方法规避，那就干脆直接规定必须骑马。因此就形成了清代的制度：旗人官员除亲王、郡王与一品文职可以乘轿外，其余均骑马；民人武职官员骑马，其余均可乘轿；另外，年及六十岁的官员，无论旗、民，如果实在不能骑马的，才可以改乘轿子[2]。

顺便一提，清代有一种殊荣待遇，叫"紫禁城里骑马"。清代紫禁城里，除了皇帝一家不大受管制外，只有亲王、郡王和贝勒可以在紫禁城里骑马，其余的旗、民官员，都要有"恩赏在紫禁城骑马"的殊荣才可以。比"赐紫禁城骑马"再高一等的，就是"赐紫禁城肩舆"。根据清代规定，亲王、郡王和贝勒这三种本身就是可以在紫禁城骑马的高级别皇族，以及其他被恩赏过紫禁城骑马身份的旗、民官员，凡是旗人六十五岁以上，民人六十岁以上，可以改乘肩舆。肩舆其实就是一把椅子，两边拴上木杆，由双人抬行。极个别的，还有"恩赐四人抬小轿"的，一般人望尘莫及。

以下，我们简单说一下不同的交通工具。

---

[1] 出自《大清高宗纯皇帝实录》乾隆十五年六月癸未条。
[2] 武职大臣则为七十岁。

马

清代贵族的宅邸里大多有自己的马圈，有的还有专门养马的一批人员。应该说，在会骑马的前提下，骑马出行是最为方便的。一匹不怎么讲究的马，价格大概几十两银子，配上一般的骑具，加上喂马的草料，也不会有太多的花费。不过如果追求好马，那可就十分昂贵了。清代北京旗人很多，而旗人崇尚养好马[1]，世家大族经常将马匹的好坏作为自己府邸的"门面"，也竞相攀比，故而好马的价格基本是天文数字。此外，从清初到清末，旗人女性都可以骑马出行。虽然晚清这种情况少了一些，偶尔出现一个骑马的旗人女性大家也会多看几眼，但是当时人们并不认为她们这样是不守礼的行为。

车

车跟马不同，不需要事先学习，所以清代北京城中最流行的交通工具就是车。当时经常见到的车有四种，一般是根据身份的不同来使用的。

身份最高的车在民间称为"方车"，这种车体积很大，门朝前开，动作也很慢，还有一个显著特点，就是它的轮子是红色的，所以制度上管它叫"朱轮车"。这种车在朝廷的规制中是给高级别皇族的女性乘坐的，车内坐的不是公主、格格，就是福晋等。所以一

---

1 清代有一些旗人甚至在爱马死后，将它葬在自己坟地的边上。

般官员在大街上看到这种车，都会尽可能躲远一些。[1]

次于朱轮车的，原本还有一些官方规定的"黑轮车"，是专门给官员的妻室乘用的，不过似乎这种制度并未推行，因为一般官员的妻室都是乘用民间的车型，方便自由。

至于民间的车，依照其体积的大小则有"长辕车""大鞍车""小鞍车"三类。

"长辕车"，有人怀疑是官方的"黑轮车"，因为它和"朱轮车"都是车轮位于整车最后部，相当平稳舒适，行进速度却特别慢，赶车人也不是坐在车前，而是在路上随行。但是也有人认为"长辕车"是一种特殊的车型，因为根据晚清的记载，它基本上是由男性高官乘坐的左右开门的车。[2]

而"大鞍车"和"小鞍车"就十分常见了，根据体积大小可将二者进行区分，外观上都是门朝前开，车轮位于整车的中部，故而它们的行进速度较快，但是较为颠簸，赶车人则跨在车沿上驾驶。在使用车的时候，一般只需要一头骡或者马，加上一位赶车人即可，如果经常用车，考虑到动力问题，还可以多加一头骡或马作为备用。赶车听上去容易，其实大概算得上是个"技术工种"，雇一位赶车人，月薪大概要几两银子，再加上车和骡马的钱，一年怎么也要二百两银子左右，一般人根本置办不起。所以清代北京人经常

---

[1] 这种车由于典制过高，行动不便，到了晚清已经很少使用，经常改用其他方便的车型。清末民初，北京城内最常见的朱轮车就是荣寿固伦公主所乘坐的。
[2] 对于长辕车的记载散乱且矛盾，本书中姑且略加论述，具体尚待今后研究。

"打车",即临时雇用一架车到某地,北京市内的话,大概打一次"车"也就只要几百文,远比置办一套划算。

轿

清代官员的轿子又称"官轿",大致有两种,一种为夏日所用的"明轿",另一种为其他季节所用的"暖轿"[1],又叫"暗轿"。如其字面意思,夏季的轿子由木头制成,通体雕饰,上半部有窗,透风通气。其他季节的轿子由各种布缎遮盖,上半部虽然有窗,但是一般被遮蔽住。清代官方不仅对乘轿人的身份进行了规定,如亲王、郡王可以用八人抬轿,三品及以上可以用四人抬轿,四品及以下只能用两人抬轿,还对不同轿子各个部位的细节进行了规定,如规定"暖轿"顶部的材质与颜色、轿身各部位的颜色等。

电视剧中,官员们坐的轿子,几个人抬着走就完了,其实远不是那么简单。

首先,抬轿子的轿夫一般都要找专业的人员,都是精壮的小伙子,具有抬轿子的技术,才能让轿子平稳舒适,佣金自然不便宜,大概一位轿夫月薪要一两银子。其次,由于轿子是用纯人力来抬的,人总有累的时候,所以一般用轿子出门的时候,要同时带两班或者三班轿夫以进行替换。在甲班抬轿的时候,轿子后面跟着一辆或几辆车,乙班和丙班就坐在里面休息。最后,由于清代的轿夫都

---

[1] 女性因为隐私的问题,只能乘坐暖轿。

是精壮的小伙子，每天工作相对轻闲，所以经常兄弟几个就地开设赌局，以至于争强斗狠，有点儿黑社会的色彩，很容易闹出事来牵扯到大臣自身。所以清代坐轿子的人相对较少，有些人偶尔坐轿，也是临时雇用。

对于这些交通工具，其实清代人早已有所总结。何刚德《春明梦录》里说：

> 要其坐轿坐车，则以贫富论，不以阶级分也。缘坐轿，则轿夫四人必备两班三班替换，尚有大板车跟随于后，且前有引马，后有跟骡，计一年所费，至省非八百金不办。若坐车，则一车之外，前一马，后或两三马足矣，计一年所费，至奢不过四百金。相差一倍，京官量入为出，不能不斤斤计较也。余初到京，皆雇车而坐。数年后，始以二十四金买一骡，雇一仆月需六金。后因公事较忙，添买一跟骡，月亦只费十金而已，然在同官汉员中，已算特色。盖当日京官之俭，实由于俸给之薄也。

简单说，光绪朝的时候，坐轿子一年至少要花费八百两银子，坐车的话一年最多也就花四百两银子，说白了，都是要看银子多少的。如果真的资金匮乏，其实还有比"小鞍车"等级更低的交通工具，比如独轮手推车，北京人给它起了一个"亲切"的外号，叫"独轮王八拱"[1]。不过乘坐这种独轮车其实也需要一点儿技术，毕竟它只有一个轮子，平衡很不好掌握。而且这种车，在北京城外可以作为赶路所用，因为价格便宜，一些囊中羞涩的官员也会乘用它，但是在北京城内，基本上就只有平民用了，作为一个官员或者稍有身份地位的人，肯定不希望在城内被同僚们看见自己坐在这种乡土气息浓重的小推车上，他们宁可徒步赶路，也不愿意坐这种车。

---

[1] 之所以称之为"王八拱"，是因为这种手推车体积不算大，底盘又低，所以戏谑地形容为王八拱车。

奴仆与雇工：
清朝"打工人"的辛酸和奋斗史

由于古时生产力低下，科技水平有限，因此清代比较体面的人家，大多会用仆人。毕竟男主人每天出门当差赚钱，女主人则要负责交际活动，家里烧火做饭、洗洗涮涮、缝缝补补，的确需要仆人来帮忙。这些仆人有些是雇佣来的，有些则是纯粹的奴仆。

我国古代历代都有蓄奴的习惯，到了清代也是一样。一般来讲，官宦人家以及地主人家，多少都会蓄奴，而其中以北方的旗人世家和南方的民人大地主尤甚。单说北京的旗人吧。顺治十四年（1657），八旗里一共有男丁391 868人，其中家奴为237 338人，占八旗男丁的60.6%。换言之，平均一个男性旗人就拥有1.5个家奴。当然，家里越有钱，家奴的数量就越多。家里很穷的话，自然也就用不起家奴了¹。

根据清代法律制度，仆人可以分成两大种，即"户下人"和"雇工"²，而在他们内部，还可以各自细分成几种。

户下人，清代一般称之为"家人""家仆"，旗人的户下人则被称为"包衣"³或"包衣阿哈"，也简称为"阿哈"⁴。他们中的一部分是传统意义上的家奴，没有自己的独立户籍，依附在主人的户籍之下。他们由主人养活，听主人的安排，包括婚配，都没有自主权，以侍奉主人为己任。户下人的来源多种多样，有的是战争俘虏，有的是卖身还债，有的是生计无着，有的则是因为获罪而成为奴仆。不过，无论来源如何，清代区分户下人内部时，经常用到三个词，即"红契""白契"和"家生"。

所谓红契，是指清代的一部分户下人，他们的户籍在朝廷户部进行了登记确认。因为登记确认之后，其户口契约上盖上了户部的红色大印，这种"白纸红印"就是"红契"一词的由来。清代的红

---

1 出自安双成《清初编审八旗男丁满文档案选译》引顺治十四年十月十八日户部尚书车克等为编审八旗男丁事题本，当时八旗共有满洲男丁四万九千六百九十五，蒙古男丁二万六千五十三，汉军、抚西拜唐阿、台尼堪七万八千七百八十二丁，满洲、蒙古包衣尼堪二十三万七千三百三十八丁。
2 "户下人"和"雇工"都是清代法律上的正式称呼。清代法律上对人的划分，一般为户下人、雇工人、平人三等。
3 清代"包衣"一词指两种人：其一为"包衣旗人"，是隶属包衣旗分的旗人，他们拥有独立的户籍，属于良民，只服务于高等级皇族，如曹寅即是包衣旗人。其二为"旗人包衣"，是旗人的家奴，没有独立的户籍，附庸在主人的户口之下，任何旗人都可以有包衣家奴，如刘全即是和珅家的包衣家奴。故而，虽然同为"包衣"，但二者的区别很大。
4 阿哈，即满文aha，为奴仆之意。

契家奴,主要都是旗人贵族的陈家奴[1],多数是入关之前就已经开始在主人家服务的,"效力已久",主仆关系最重,所以地位比较特殊。根据清代的规定,家奴可以被主人允许"开户",即允许其从户下人的身份独立出来作为自由民。而红契家奴"开户"是最为困难的,只能由主人特批,不可"赎身"。

与红契相对的是"白契",顾名思义,户口契约上没有户部盖章的户下人,就是"白契"。清代户下人中,红契的比例较少,绝大多数旗、民家内的户下人,都是白契的。白契的户下人"开户"就比红契的户下人自由一些,他们很多都定有"身价",可以通过"赎身"来摆脱自己的户下人身份[2],当然,赎身也是要经过主人允许的。

至于"家生",其实是衡量一个户下人在主人家里服役时间长短的标准。比如,一家最早买来一个男仆,那时候他只是一个普通的奴仆。后来经过一段时间,家主给了他一些钱,让他娶妻成婚[3],生了一儿一女。这一儿一女的父母都是这家的户下人,故而他们就被称为"家生"的,子女则叫"家生子"。同理,他们的后代在不出意外的情况下,也都属于"家生"。一般来讲,家生的奴仆比新晋的奴仆在家内得到的信任更多,像是管家之类的职务,以家生奴仆充任为多,主人日常也更加照顾家生奴仆。而新晋的奴仆,还有

---

[1] 清代所谓"陈",即旧、老的意思。
[2] 关于白契是否可以赎身,清代不同时期的规定不同。
[3] 户下人娶妻,自然就是身份相当的,所以经常是跟自宅的女仆成婚。有的则是从外面找的非女仆,在婚后一般也要从夫进宅邸来伺候。

点儿"外人"的意思，有时候显得生分一些，正是因为"生分"，所以在个别情况下，管理上没有家生的奴仆那么严格，而且福利会比家生的奴仆好一些。

再说雇工。户下人基本上是"卖身"的，而且是"绝卖"，即一次出卖后，人身所有权永远转移。与之相对，雇工虽然也属于某种形式的"卖身"，但是一般约定有服务期限，并非"绝卖"。前面章节有所提及，清代雇工因为和雇主多少有一些"主仆之分"，故而其身份经常介于奴仆和普通人之间。而由于清代的经济发展，社会上出现了许多"自由雇工"，这也让雇工群体分成了"长工"和"短工"两种人。

所谓长工，一般指签约一年以上的雇工，而实际上包括了长期雇佣的仆役，以及车夫、厨子、火夫、轿夫等等。他们的标准为"平日起居不敢与共，饮食不敢与同，并不敢'尔''我'相称，素有主仆名分"。换句话说，长工虽然是雇佣来的，但是地位明显低于主人，虽无法律上的主仆之名，但是有了主仆之实。这种长工，在法律上被称为"雇工人"，身份一般介于户下人和良人之间[1]。

而短工，即是"自由雇工"，类似于今天的"打工仔"。他们的标准为"平日共坐共食，彼此平等相称，不为使唤服役，素无主仆名分"。也就是纯粹的雇佣关系，而并非主仆。顺便一

---

[1] 清代同时还规定，自契买来之户下人，若是买来未到三年，并且主人没有为之成亲的，在法律上也作为雇工人看待，而不作为世仆。

提,一般来讲,清代地方上的佃农也属于短工。

清代北京购买奴仆或者雇佣工人,一般都要去找专人,即所谓的"人牙子"。这个词现在多跟拐卖人口有牵涉,当然了,在古代也有拐卖人口的,但清代所谓"牙儿""牙子",其含义类似于今日的"中介","人牙子"自然就是"人才中介"的意思。不过话说回来,清代官员家的奴仆或雇工,大多来自同僚们的推荐,在清代做官为宦的人家中这种雇工很多,而且时常有人员流动,互相引荐也是常有的事。

购买奴仆或者雇佣工人的时候,一般会立一个字据,也就是所谓的"契",也是三方签署,即买方、卖方以及中介,这中介就是牙子。至于格式,一般是这样的:

> 立卖身文约人某某,系某某县某某庄民人,今立卖身文契(以上是主要内容)。缘因本身衣食无措,难以度日(以上是大致卖身理由),情愿浼中人说合,将本身某某,年某某岁,妻某氏,年某某岁……(以上是家庭成员),共某口,出卖于某某宅名下为仆。面议身价纹银某某两整,其银当日收用。自卖之后,听凭银主更名使唤,并无投充、来历不明等弊。(有的买奴仆时还加上一句"他日偿还,银到赎身"。如果是雇工类的,则写明服役时间等。)倘有不测,各由天命。如有逃亡、走失等情,俱系某某

（近亲保人）同中保人一面承管。二边情愿，各无反悔，恐后无凭，立此卖身全俱文契存照。

某某年某月。

近亲保人　某某
立卖身文约人　某某
中保人　某某

至于价钱，可见资料：

> 乾隆四十八年二月内……用身价银二十五两，白契买得大兴县民人郑荣同妻刘氏、婿高受儿、女二妞四口为奴。[1]

这一家四口才值25两银子。可见在旧社会，人其实真的不怎么"值钱"。至于雇工嘛，根据曾国藩在道光二十一年（1841）当京官时的账簿可知，其家雇佣的男仆每月工钱500文，仆妇每月工钱750文，轿夫每月工钱1000文[2]。当然家境不同，待遇也有所不同。晚清有的富贵人家，其家的管家一个月就要5两银子。顺便一提，雇佣来的男仆一般都是未成家的，没什么赡养家小的义务，而仆妇都是成了家的，而且仆妇一般会的技术比较多，比如缝纫、厨艺之

1　出自韦庆远、吴奇衍、鲁素《清代奴婢制度》引内务府来文。
2　出自张宏杰《给曾国藩算算账》引曾国藩账簿记录。

类的，而且要进内宅服务，因此仆妇的待遇通常要比男仆高。

具体再说仆人的种类。一般来讲，宅邸里用的仆人或者雇工有三大类，即男仆、仆妇和丫鬟。

男仆可以从事的工作比较复杂，可分为生活类、从属类、生产类。

生活类的男仆，比如宅邸里的大管家、账房、库房，以及待人接物的回事人、日常出门的随从、日常帮家里跑腿的，甚至专门干杂活的，各方面需要的人肯定是不少的。不过一般来讲，管家和男主人的重要随从之类的高等职位，世仆比较容易当上，毕竟"新不如旧"。

从属类的男仆，主要是在坟地上工作。清代坟地一般都在郊外，需要有人看守，可以派一两个家奴在坟地周围定居，世代看守坟地，成为所谓的"看坟人"。另外，如果有很多土地，有的土地既可以租出去给佃户耕种，也可以派一两个家奴在土地周围定居，世代帮忙照看土地，成为所谓的"庄头"。

生产类的男仆，顾名思义，就是要从事生产。比较低级的，可以让一些奴仆去种地，成为"农奴"，以获得收入。而高级一些的，可以给奴仆一批本钱，让其去从事商业经营，以获得收入。[1]清代有不少商铺，都是官宦人家的家奴开设的，都很赚钱。

仆妇，即是已婚的妇人。清代但凡讲究一点儿的人家，都严格

---

[1] 清代以奴仆是否可以在主人跟前服务区分等级，距离主人越近，等级越高，称之为"上差"。

限定男仆不能进入内宅，所以男仆主要负责外面的事情，而内宅的事情主要由仆妇负责。一般来讲，仆妇大致分成两种，高级仆妇和低级仆妇。

高级仆妇，一般指的是"三妈"，即看妈、奶妈、跟妈。看妈，旗人家又叫精奇妈妈，与男仆里的管家相对，是负责内宅大小事务的。奶妈，旗人家又叫嬷嬷，负责哺育小主人。清代人称奶妈为乳母，就算断奶之后，也要一直尊敬、奉养。跟妈，顾名思义，即是跟着主人出门的，一般都能说会道。这"三妈"，家里只要有条件，都可以使用，根据自己家的情况，有不同的配置。不过无论如何，这"三妈"都属于"有头有脸"的，是主人亲近的仆人。

低级仆妇，北京一般统称为"水妈"，实际上即是做杂事的仆妇。内宅的洗洗涮涮、洒扫整理等工作，都由她们负责。对于主人而言，他们或许知道自己名下有多少个水妈，但是经常只闻其名，不见其人。换言之，低级仆妇基本不在主人跟前伺候。在这种情况下，关系自然生疏。

另外还有丫鬟，清代也有人将丫鬟归入仆妇一类，统称为"妇差"。毕竟丫鬟以后是要长大成人的，许多仆妇就是以前的丫鬟。

丫鬟跟仆妇一样，可以分成低级和高级两种。低级的丫鬟也就是所谓的小丫鬟，负责一些基础的洒扫、针线工作，不一定在主人身边伺候。而高级的丫鬟，即所谓的大丫鬟，则主要贴身伺候主人，如果主人在内宅的话，基本上都要跟主人在一起。

不过话说回来，清代对于丫鬟的使用，还是因家庭而异的。一般来讲，南方贵族家中用丫鬟的情况多一些，北方相对少一些。另外，因为丫鬟都是未婚女子，经常会有和主人发生关系的情况，有些人家，特别是一些家风比较严格的人家，干脆立下家规，不允许在内宅使用丫鬟，以防"闺中混乱"。

至于人数，则要看各家的财力。官宦人家，比如雍正年间内务府员外郎曹頫被抄家时，就有"家人男女共一百四十口"[1]，这还是格局比较小的，到了晚清，个别官宦家庭里光仆妇、丫鬟就有一百多口。

从某种意义上讲，一旦卖身成为奴仆，主人就对他拥有了所有权。作为奴仆，最基本的职责是不能违背主人的命令。根据清代的律法，奴仆违犯主人教令，如果告到衙门，则"照子孙违犯教令律，鞭一百"。而什么样的情况算"违犯教令"呢？这个解释权其实归属于主人，换言之，主人说奴仆违犯，奴仆就是违犯了，就要受罚。至于奴仆骂主人，乃至于打主人，更是重罪，当时的法律规定：奴仆辱骂主人，按律绞刑；奴仆殴打主人，"无论有伤无伤，不分首从，皆斩"；奴仆杀死主人，"无论故杀、殴杀，不分首从，皆凌迟"。另外，奴仆甚至连婚配问题，都必须遵从主人。清代规定，奴仆"凡不问主子，将女儿私聘与人，鞭一百。不论久暂，曾否生子，断其离异"[2]。

与之相对，主人如果打死奴仆，所受到的惩罚则极其轻微。

---

1 出自《关于江宁织造曹家档案史料》。
2 出自韦庆远、吴奇衍、鲁素《清代奴婢制度》引清代黄档。

清代规定，如奴婢有罪，主人不告衙门而殴杀者，"杖一百"；无罪而杀者，"杖六十，徒一年"，奴仆之夫、妇、子、女"悉放从良"。但是，"若违犯教令而依法绝罚邂逅致死及过失杀者，各勿论"。简单说，如果是因为奴仆不听话而责打致死的，则不追究主人的责任。更重要的是，奴仆是否违反了主人教令，由主人说了算。

当然，清代记录中也不乏比较变态的主人。如纪昀在《阅微草堂笔记》中即有这样的记录：

> 某侍郎夫人……御下严，凡买女奴，成券入门后，必引使长跪，先告戒数百语，谓之教导。教导之后，即褫衣反接，挞百鞭，谓之试刑。或转侧，或呼号，挞弥甚，挞至不言不动，格格然如击木石，始谓之知畏，然后驱使。

说的是某侍郎夫人买来使女之后，先让使女跪很长时间，听她训话，训话结束后，鞭打使女一百下，称为"试刑"。使女如果躲避鞭打，或者哀号，视为"不通过"，继续鞭打。直到使女不躲不叫，才算"通过"。这些血淋淋的事实读之让人后怕。可以说，主人决定了奴仆的人生，所以奴仆要竭尽全力为主人服务，既是当时他们群体里所谓的"本分"，也是他们的求生之道。

3

八旗子弟篇

清 郎世宁 玛瑺斫阵图 局部（台北故宫博物院藏）

玛瑺，满洲镶蓝旗人，为清军平定西域战争立功者，入紫光阁五十功臣。

画中描绘的是玛瑺三箭制敌的经过。

八旗：
正黄旗并非最高贵

清代比较具有特色的制度，就是八旗制度。总结性的说法认为，八旗制度在本质上讲是一种人口的编制，同时是一种军事编制，后来随着发展被赋予或者形成了经济、法律等方面的特征，成了一种复杂的制度。

八旗最早源自"牛录制"，实际上即是当时努尔哈赤为了更好地统率手下，将他们以某一个数量为单位[1]进行了编队。比如，以一百个成年男子为一个小队，这些成年男子及其后裔便世世代代都属于这个小队。这种小队的满语叫牛录（满文niru），汉语叫佐领。后来小队越来越多，为了方便管理，就在其上加设了中队和大队，也就是几个小队隶属于一个中队，几个中队隶属于一个大队。

---

[1] 清代佐领的标准丁数根据时期各有不同，有一百、一百五十、三百丁等不同标准，而事实上，这只是一种抽象的标准，八旗各佐领的人丁数量有较大不同。

这种中队的满语叫甲喇（满文jalan），汉语叫参领。大队的满语叫固山（满文gūsa），汉语叫旗。前前后后，一共建立了八个大队，他们依照颜色进行区分，这就从"牛录制"发展到了"八旗制"，八个大队也就是正黄旗、镶黄旗、正白旗、镶白旗、正红旗、镶红旗、正蓝旗、镶蓝旗八个旗。顺便一提，在清代官方文献中，八旗的"正"和"整"字混写，"镶"和"厢"字混写。晚清北京人习惯上将正旗念作"zhěng"，一些人就认为必须这样发音才"正宗"，其实从满语的角度来说，正旗的满文为"gulu"，意为"纯正""素的"，从这个角度而言，念"zhèng"更贴近其原意。

再后来，随着八个大队的人口进一步增加，每个大队内部又根据人丁的民族特点分成了三个大队，这就分成了满洲八旗、蒙古八旗和汉军八旗[1]，故而也被称为"二十四旗"。值得注意的是，这二十四旗并不完全是根据民族来划分的，因为当时人们的民族观念和现今不同，所以划分的依据并不是我们现代的民族标准。大体上来讲，入了八旗的蒙古人，其上层多数留在了满洲八旗，而普通的蒙古人以及居住在蒙古地区的一些满洲人则被划入了蒙古八旗内。至于汉军八旗方面，则是以"是否用汉姓"为标准进行划分的，故而除了汉族人之外，还有一些在明代已经开始用汉姓的满洲人、蒙古人也被划进了汉军，比如汉军著名的佟氏家族以及正白旗的石氏家族便是如此。汉军佟佳氏的祖先和满洲许多佟佳氏的祖先相同，

---

[1] 也被称为八旗满洲、八旗蒙古、八旗汉军。

都是巴虎特克慎，而巴虎特克慎的后裔里有一支在明代便到抚顺与汉人贸易，后来入了民籍，便是汉军佟佳氏的祖先达尔罕图墨图，汉名佟达礼。正白旗汉军石氏也类似，他们原姓瓜尔佳氏，因为祖先入了明代民籍改姓石，而被划入汉军旗。

八旗中，小队即牛录的队长，满语叫"牛录额真"（满文niru i ejen），后来改叫"牛录章京"（满文niru i janggin），汉文最开始叫"牛录额真"，后来改称"佐领"，这就将小队长和小队的名字重合了，导致很多人分不清楚。清代牛录额真有两种，一种是世袭的，另一种是非世袭的。世袭的牛录叫"世管佐领"，指这个牛录的队长由这个牛录里的某一个家族世代担任，一个家族有多少个世袭的牛录，体现了其在八旗内的传统地位。非世袭的牛录叫"公中佐领"，队长由朝廷公派，出身什么旗都有可能。中队——参领的队长，满语叫"甲喇额真"（满文jalan i ejen），后来改叫"甲喇章京"（满文jalan i janggin），汉文最开始就叫"甲喇额真"，后来改称"参领"，这又是个重合，这里就管中队长叫甲喇额真。这个甲喇额真没有世袭的，都是从各自中队内选出来的。最后是大队——旗的队长，满语最开始叫"固山额真"（满文gūsa i ejen），后来改叫"固山昂帮"（满文gūsa i amban），汉文叫"都统"。这个都统不世袭，在清初都是由各旗内的旗人自行出任，后来从康熙朝开始便不拘泥于出身，所以满洲旗出身的人去当汉军旗的都统也很正常。

可以看到，"牛录额真—甲喇额真—固山额真"这套行政系统,除了牛录额真有的可以世袭外,其他都是公派的,这其实就保证了八旗的势力归朝廷掌控。但是,其实八旗制度里还有另外一套系统,和这套行政系统"对立统一",那就是"旗主—领主"系统。

简单来说,八旗内的一个小队,不光要隶属于某一个大队的某一个中队,还要同时隶属于某一位高等爵位皇族。对于小队内的人而言,这位高等爵位皇族是自己的"属主",相当于"主人"的身份,而对于那位高等爵位皇族而言,自己领有的小队里的人员,都是自己的"属人"。这种高等爵位皇族,称为"领主",在清代被称为"入八分皇族"[1]。假设,某旗一共有三十个牛录,其中的十五个牛录属于甲亲王,十个牛录属于乙郡王,三个牛录属于丙贝子,两个牛录属于丁镇国公,那么甲乙丙丁这四位高等爵位皇族就都是这个旗的"领主"。其中最大的领主,也就是甲亲王,可以代表其他几个人,也就是代表这个旗发表意见,被称为"旗主"。

清代八旗的"领主"和"旗主"在清前期经常更变,最后在顺治朝基本固定下来,其格局为:镶黄旗、正黄旗、正白旗三个旗内不设领主,直属皇帝,因为这三个旗的旗主都是皇帝本人,故而这三个旗被称为"上三旗"。而剩下的五个旗,则分别以各个高等爵位皇族为"领主",各旗有一个"旗主"[2],故而被称为"下五

---

1 一个皇族是否入八分,是通过其爵位体现的,关于这方面内容详见后面章节。
2 清代"领主"和"旗主"均是横跨同一旗色的三个旗分的,所谓"镶白旗旗主",即是"镶白旗满洲""镶白旗蒙古""镶白旗汉军"的共同旗主。

旗"。顺便一提，在确立上三旗和下五旗的同时，还确立了八旗正式的排序，即镶黄旗、正黄旗、正白旗、正红旗、镶白旗、镶红旗、正蓝旗、镶蓝旗，并非正黄旗排第一。而且，正因为清代以镶黄旗居首，所以镶黄旗还得到了"头旗"这个特殊的称号。但是说到底，这个排序跟旗人的身份没什么关系，并不是说镶黄旗的人就比正黄旗的人高贵[1]。

再说回旗主和领主制度，虽然祖制上规定了旗主和领主的设定，但是明眼人一看就知道，这种制度势必会影响到皇权的集中，所以从皇太极开始，清代皇帝都在努力削弱旗主和领主的实权。到了雍正朝，经过雍正皇帝"整顿旗务"之后，旗主基本上被礼仪化和程式化，领主们对自己属人的控制也被削弱到很轻，所以晚清旗主、领主基本上只是属人名义上的主人而已。

说完了普通的旗人，再来说说特殊的旗人吧。大家可能听说过，有一种特殊的旗人叫"包衣旗人"。清代八旗每个旗都有自己的包衣，所以习惯上普通的旗人被称为"外八旗"，而包衣旗人被称为"内八旗"[2]。一说到包衣旗人，很多人把他们和奴仆等同而论，认为他们身份低贱就好似家奴，实际上并非如此。包衣旗人其实是专门服务于高等爵位皇族的一种特殊旗人，而其他旗人无论门

---

[1] 八旗正式排序的次序是根据各旗旗主的行辈以及得旗先后而排定的，跟旗内人的身份没有关系。详见杜家骥《八旗与清朝政治论稿》。
[2] 不同于外八旗内部分为满洲、蒙古、汉军三旗，包衣旗人只按照旗色划分，故而只有正蓝旗包衣、正红旗包衣之类的说法，而没有正蓝旗满洲包衣、正红旗汉军包衣之类的说法。

第多高，家中也没有包衣旗人[1]。上三旗没有领主，所以上三旗包衣都是服务于旗主——皇帝一家的，而下五旗包衣则专门服务于各个旗主、领主家庭。

故而，与其说外八旗是作为普通旗人还要兼具一些对属主的私属性的话，包衣旗人则相反，是以对属主的私属性为主，而兼具一些普通旗人的身份，也就是说他们的私属性更强。但是说到底，他们的私属性只是对于旗主和领主而言的，和外八旗的其他旗人相比，包衣旗人与他们地位基本一致。而且，包衣旗人在户籍上属于"旗人"，拥有自己的独立户口，所以他们在法律上属于"良人"阶级，可以科举，更可以当官，清代包衣旗人出身的将军、大学士也是很多的。

具体来说，包衣旗人内部也分成两种人，一种隶属于"包衣佐领"[2]，另一种隶属于"包衣管领"。相对而言，包衣管领人的身份比包衣佐领人要低，这是因为二者虽然同样具有很强的私属性，但旗主、领主们习惯让包衣管领人专门从事洒扫、织补、劳力等下等工作，而包衣佐领人的工作则相对体面。特别是，包衣管领里面也有两种人，一种是普通包衣管领人，另一种则叫辛者库或辛者库人[3]，后者的身份更低，从事下等工作更多。正因为辛者库人地位较低，所以当外八旗的旗人或包衣佐领人犯了重大过错时，经常受到

---

1 除非娶了公主，由公主将包衣旗人作为嫁妆带入夫家。
2 包衣佐领分为"包衣满洲佐领"和"旗鼓佐领"两种，旗鼓佐领即包衣汉姓人佐领。
3 "辛者库"是满语"sin jeku jetere aha"的音译简称，意为"食口粮之奴仆"，而并非如一些人猜想是一个"库"之类的地点。

"打入辛者库"的处罚，即降低了他们在八旗内的身份。正是以上缘故，清初，包衣管领人普遍被外八旗人乃至于包衣佐领人贱视[1]。

顺便一说，很多人对于包衣旗人的理解其实应该属于历史上的"旗人家奴"，即所谓的"旗奴"。旗奴跟民人的附户，也就是民人的家奴一样，都没有独立户口，附属在主人的户口之内，不能参加科举也不能当官。电视剧里经常在大学士和珅身边转悠的"和府大管家"刘全，其实就是和珅家的家奴，而不是包衣旗人。

清代一般陈述旗籍的方式有两种，第一种如"正红旗满洲三甲喇头牛录下人"，意即隶属于正红旗满洲的第三参领的第一佐领。第二种如"镶蓝旗汉军苏尔炳阿佐领下人"，意即隶属于镶蓝旗汉军里的某个牛录额真叫苏尔炳阿的佐领。

而随着清代统治的扩大和深入，八旗在内地一些重要省份以及边疆的重要地区都有分布，在"龙兴之地"的东北也有分布，他们被称为"驻防八旗"。从乾隆朝中期开始，驻防八旗就世代在驻防地繁衍生息了，与之相对，北京的八旗被称为"京旗"，一般被认为是八旗制度的核心[2]。

所谓"人过一百形形色色"，清代北京旗人内部其实也分为几

---

[1] 这种贱视的思想主要流行在清初。如康熙帝曾经怒斥其子允䄉为"辛者库贱妇所生"，即指允䄉之生母良妃为辛者库出身。而从雍正朝之后，随着旗主、领主实力的下降以及内八旗和外八旗身份的逐渐对等，这种贱视也不复存在。

[2] 清代初期，旗人的旗籍变动比较大，经常调换。从顺治朝开始，旗人的旗籍基本固定，除了参加驻防时会导致旗籍变动外，其他情况下旗籍均保持不变。另外，清代北京郊区也有一些特殊旗人聚居地，比如"外三营"。

个不同的阶层,分别来介绍一下。

第一阶层是世家旗人。世家旗人可以理解为旗人社会中的上层贵族,之所以称他们为世家,是因为他们一般累代高官,门第显赫。具体来说,世家也有许多种区分方法,有的用出身来区分,如"府邸世家",一般指高等爵位皇族以及一些拥有爵位的家族;又如"科举世家",一般指数代通过考取举人、进士来当大官的家族,而清代旗人当官多半不走科举,以科举出身并且能世代以科举出身的家族一般被尊为旗内的"书香门第";再如"军功世家",一般是指清初立有战功封有爵位的家族,有的也指清代中后期著名的武将家族。还有的根据出身的旗分来区分,如内务府出身,也就是上三旗包衣出身的,被称为"内府世家",八旗汉军出身的,被称为"汉军世家"等。当然了,世家旗人这个阶层的内部也有一些高低的划分,不过一般来说,这个阶层还算固定,加上门当户对的观念,导致他们的婚姻基本是在同一个圈子,所以联姻圈错综复杂。

第二阶层是官宦旗人。区别于世家旗人,官宦旗人可能家里也有过一品大员,甚至有可能有一两代都当过一品大员,但是整体门第不如世家旗人,联姻圈中的人跟他们比也有所差距,这个阶层大概可以算为"下层贵族"。当然了,所谓世家旗人,多数是官宦旗人上升形成的,而官宦旗人,也有一些是世家旗人破落之后形成的。

第三阶层是中层旗人。他们大概就是所谓的"中等人家",说不上是贵族,也说不上是平民百姓,家中偶尔有做官为宦的,个别的也能做到三品以上的大官,但大多是五六品甚至更低。另外,一些没有官职的旗人富豪也可以算在里面[1]。第一至第三阶层,基本属于"官"的阶级,其资产要么来自不动产,要么来自大量的存款,要么来自俸禄。

第四阶层是普通旗人。他们在八旗人口中属于普遍形态,地地道道的"普通人"。他们家庭中,一般做官为宦的不多,主要是靠当兵糊口,由于兵丁并不是"官",所以其工资并不叫"俸禄",而叫"钱粮"。"吃钱粮",即靠钱粮过活,是第四阶层的特点。

第五阶层是落魄旗人。他们是旗人的下层,穷困潦倒。清代统治者坚持"首崇满洲"的政策,具体来说即是在旗人与民人之间,更偏向于旗人,而在八旗内部,则更偏向于八旗满洲。另外,上三旗属于皇帝亲领,是皇帝的直属部下,自然比分封给其他王爷贝勒的下五旗要亲近。所以从抽象意义上来讲,清代统治者对于旗人内部的偏向顺序,大致是满洲＞蒙古＞汉军,上三旗包衣＞下五旗包衣,包衣佐领＞包衣管领。但说到底,这种倾斜只是抽象地反映在八旗政策上,从真正生活上来讲,阶层远比旗分重要。换句话说,无论是上三旗还是下五旗,也无论是满洲还是汉军,更无论是外八旗还是包衣旗人,他们都分成上面讲的五个阶层,并不是说上三旗满洲就没平民也没贫民,也不是说下五旗包衣就没有做官为宦之人。

---

[1] 关于旗人经商,详见后文。

正黄旗内部有世家、官僚，也有中层、平民和贫民，若是一个正黄旗的贫民，吃住无依，见到窝窝头眼睛都发光，绝对不会比一个正蓝旗出身的公爵家族好到哪里去。所以说，清代制度对于不同旗分的旗人有一些政策上的偏斜，但是具体到生活中，还是阶层更为重要，在阶层一致的情况下，不同旗分、不同旗色之间基本上平等[1]。

此外，清代还有"抬旗"的制度，主要有以下几种：（1）非满洲旗分抬到满洲旗分；（2）下五旗抬到上三旗；（3）包衣管领抬到包衣佐领；（4）包衣佐领抬到外八旗。

对于（3）和（4），上面刚才已经讲过包衣佐领和包衣管领的区别，下面主要讲一下（2）。

前面讲过的，上三旗的旗人只属于皇帝本人，而下五旗的旗人分属于各自的旗主或领主，就算到了雍正帝之后，八旗基本上都归皇帝统率，但是旗主和领主对属人依然拥有名义上的统领权，与上三旗"皇帝—旗人"的结构相比，下五旗则是"皇帝—旗主/领主—旗人"，多了一层隶属关系。这直接的后果呢，就是当旗主或领主家内需要属人出力的时候，属人是"义不容辞"的[2]，最简单

---

[1] 举例而言，清代统治者在兵缺的设定上，满洲兵缺多于汉军兵缺，这是一种倾斜政策。但如果是一个满洲世家和一个汉军世家，双方都世代显宦，自然都不会以补兵缺作为生计来源，故而这种倾斜政策对于他们而言几乎没有意义。
[2] 到了晚清，这种"义不容辞"基本上只在旗主或领主的丧礼上才有所体现，但是在清初，属人的私属性极强，义务自然也极多，以至于皇帝想要用下五旗的某些旗人当朝廷的大臣，还要专门询问该旗人的领主是否愿意。

的，有这样一条规定：

> 康熙九年议准：亲王以下辅国公以上丧，本府属员具丧服。[1]

意思是说，旗人要为自己的旗主/领主服丧。可以想象一下，如果一个皇后的娘家还留在下五旗，突然他们家属主贝勒亡故，皇后的爹和娘甚至祖父、祖母，都要穿着孝去给属主家办丧事，这是一种何等尴尬的场面……所以说，从下五旗抬到上三旗的意义主要就是针对这方面——减少一层隶属关系。

---

1 出自《八旗通志（初集）》。

旗人的姓和名：
和珅其实不姓和

最早在金朝的时候，满洲人的祖先女真人的姓氏制度挺简单的，基本上就是姓氏连用，比如"完颜阿骨打""蒲察世杰""石抹荣"，让人一看就能知道这个人姓什么。但是后来，女真人的国家被蒙古人灭掉了，女真人在蒙古人的统治之下，其习俗也逐渐蒙古化。这里涉及很多方面，其中最重要的一点就是，女真人也就是后来的满洲人被蒙古习俗影响，开始隐去自己的姓氏，而只使用名字。乃至于，后来的满洲人就认为这是自己的"传统旧俗"。

虽然不在名字中使用，但是满洲人多数还是知道自己的姓氏的，他们管姓氏叫作"hala"，汉字音译写成"哈拉"或者"哈喇"。如我们所熟悉的钮祜禄、瓜尔佳、章佳等，都是"hala"。经过后来的发展，人们习惯把世居的地域名放在姓氏的前面，以此来区分姓名，如世居在叶赫国的纳喇氏，就叫叶赫纳喇氏；世居在乌拉国的纳喇氏，就叫乌拉纳喇氏；世居在张的纳喇氏，就叫张纳喇氏[1]。这些"hala"一般都是音译而成的，所以没有特别标准的译法，只要发音对即可。如"nara"这个姓氏，可以被译成"那拉""纳喇""纳兰""那懒"等。虽然译法不同，但本质都是满语"nara"。至于爱新觉罗，这个姓氏则比较特殊，目前学术界还没有得出最终结论。总的来说，清代人认为"爱新觉罗"中，"爱新"属于"徽号"，而"觉罗"是哈拉。故而清代伊尔根觉罗、西林觉罗等，经常署名为"觉罗氏"。

旗人里还有一个比较特殊的姓氏，就是所谓的"某佳氏"。在八旗中有汉军、包衣、另开户人[2]、家奴。其中汉军、另开户人和旗下家奴均以汉姓为主。入关很长时间以后，他们逐渐被"满洲化"，于是便将自己的汉姓改为"看上去像"满洲的姓名。其方法即是在汉姓"某"的基础上，加上"佳"或者"尔佳"字样，形成"某佳""某尔佳"这种看上去很满洲的姓氏。典型的例子即内务府正白旗包衣曹家，通政使曹寅的女儿嫁给了平郡王纳尔苏，《爱新觉罗宗谱》上对她的记录即是"嫡福晋曹佳氏，通政使曹寅之女"。当然，写曹氏还是写曹佳氏，都可以，清代人也基本混用。这种情况在清代中后期屡见不鲜，所以在清末，很多人便认为满洲姓氏里的"某佳"氏均是"汉姓＋佳"合成而来。而事实上，一方

---

1 明代东北有个地名叫"张城"，又写作"章城"。《八旗满洲氏族通谱》等书一般写作"张"。故而有"张地方纳喇氏"，即"张纳喇氏"。这个地方旧时隶属于叶赫国，是纳喇氏的一个重要世居点之一。
2 原为家奴，后取得了旗籍，被称为另开户人。

面的确有很多"某佳氏"是"汉姓+佳"的公式合成而来的，另一方面满洲姓氏里也有很多"某佳"姓氏是老姓，如安佳、敖佳、拜佳、鲍佳、边佳、蔡佳、仓佳、陈佳、程佳、持佳，虽然以稀姓为主，但都是《八旗满洲氏族通谱》里国初来归的老姓。简言之，"汉姓人以汉姓后加'佳'字改为满姓"这句话是成立的，但是"'某佳'姓氏均是汉人入旗而改"便是谬论了。对此，一定要甄别清楚。

在各种网络文章或者电视剧中，还能经常遇到关于满洲姓氏的两种谣言。

其一，"某某姓氏都是一家子"

这就好似"天下姓张是一家"之类的话，放到汉姓上大家都知道不大可能，放到满洲姓氏上大家就有点儿迷糊了。其实清代满洲姓氏跟汉族姓氏一样，都有"同姓各宗"这一说。举个例子，正黄旗满洲出身的侍卫成容若姓叶赫纳喇氏，原镶蓝旗满洲出身的慈禧太后也姓叶赫纳喇氏，很多人就认为他们是一家子，还有人说慈禧太后是成容若的后裔。而事实上，成容若出身的是叶赫纳喇氏的叶赫国主家族，他跟清初的辅政大臣苏克萨哈等都是远房堂亲[1]，而慈禧太后出身的叶赫纳喇氏是居住在苏完地区的纳喇氏，入旗始祖叫

---

[1] 褚孔格生尼雅尼雅喀，尼雅尼雅喀生阿尔卜，阿尔卜生拜三，拜三生苏纳，苏纳生苏克萨哈；褚孔格生台坦柱，台坦柱生杨加砮，杨加砮生金台石，金台石生尼雅哈，尼雅哈生明珠，明珠生成德即成容若。所以苏克萨哈是成容若的远房堂叔伯。

喀山，因为苏完地区原属于叶赫国，故而也称叶赫纳喇氏[1]。两家本身没有血缘关系，只是都姓纳喇氏，并且居住地都是叶赫而已。

当然，"乱认亲"这种事其实在清代也有，但是多数以悲剧收场。《清稗类钞》记载了一则故事：

> 荣禄系出瓜尔佳氏，而瓜尔佳氏以苏完为贵。荣官户部尚书日，遇一都统，展问氏族，则亦瓜尔佳氏，荣曰："然则吾等乃同族也。"都统转问有"苏完"二字否。荣曰"无"。都统摇首曰："殆非也。"

即晚清名臣荣禄任户部尚书的时候，某天遇到了一个都统，二人聊天，聊到自己的姓氏，发现都是瓜尔佳氏。于是荣禄主动降低身段[2]套近乎说："哎呀，我们是一家子呀。"都统反问他，你是苏完瓜尔佳的吗？荣禄说不是。结果都统说："啊，那我们不是一家子。"荣禄自讨了个没趣。这里的背景是，晚清名臣荣禄出身瓜尔佳氏，为乌拉地方瓜尔佳氏，和清代著名的苏完瓜尔佳氏不是同族，故而有了这个典故。据说荣禄经过这次奚落之后，感慨门第问题，后来便一直以"苏完瓜尔佳氏"自诩，其故去后，墓碑上也多有其出身"苏完瓜尔佳氏"的记录。

1　出自刘庆华《慈禧太后家世新证——〈德贺讷世管佐领接袭家谱〉研究》。
2　清代尚书和都统虽然品级相近，但是前者属于中央类职官，后者属于八旗类职官，一般来讲中央类职官有权势，也更受敬重。

其二,"某某姓一家都是贵族"

说到底,姓什么跟什么门第真的没有什么关系。即便姓爱新觉罗又如何?清代吃不上饭的皇族也有的是。至于所谓"满洲八大姓",其实也是个"误会"。最早关于"满洲八大姓"的记载,说的是"八大家",原文是:

> 满洲氏族,以八大家为最贵。一曰瓜尔佳氏,直义公费英东之后。一曰钮祜禄氏,宏(弘)毅公额亦都之后。一曰舒穆禄氏,武勋王扬古利之后。一曰纳喇氏,叶赫贝勒锦台什之后。一曰栋鄂氏,温顺公何和哩之后。一曰马佳氏,文襄公图海之后。一曰伊尔根觉罗氏,敏壮公安费古之后。一曰辉发氏,文清公阿兰泰之后。凡尚主选婚,以及赏赐功臣奴仆,皆以八族为最云。[1]

人家说得很清楚,八大家其实是特定的八个世家,而并不是指八个姓氏。只是后来人越传越离谱,才谣传成了八个姓氏[2]。

再举个具体的例子。清初有个名臣叫额亦都,姓钮祜禄氏,位列开国五大臣之一,封弘毅公爵位。他的后裔就被称为"弘毅

---

1 出自《清稗类钞》。
2 这种把八大家当作八个姓氏的错误认知在晚清就已经出现了。

公府"，也就是上面说的"八大家"之一，一门四后[1]，荣华非常。额亦都是都灵额都督的独子，都灵额都督则是阿灵阿巴颜的第二子，第一子名叫萨穆哈图，也就是额亦都的亲大伯父。萨穆哈图入旗后，分在镶白旗满洲，生了两个儿子，第一子叫额亦腾，第二子叫吴讷赫。额亦腾也有两个儿子，第一子叫佛苏，绝嗣了，第二子叫乌禄。乌禄也生有两个儿子，第一子叫凌泰，第二子叫凌柱。这一家子从入旗以来，一共三代，只有凌柱当上了王府的四品典仪[2]，其余均是"白身"。作为额亦都家族血缘关系最近的本家，只是这样的门第，便可以看出同一个姓氏就算是同一个家族的，家庭情况也还是各自不同的。顺便一提，后来凌柱的女儿成了王爷的妾室，即乾隆帝的生母孝圣宪皇后。与之相对，萨穆哈图一家也抬旗到镶黄旗满洲，并且封了公爵，门第提升，堪称世家了。其实就算是额亦都自己的后裔，内部也分成诸多支派。弘毅公府大宗自然是世家，但是像额亦都第一子班席、第五子阿达海、第六子达隆蔼等几支后代，从额亦都往下三代之后基本就没落成了兵丁阶级，有的甚至还被派到各地任驻防兵丁。这些连"官僚"都谈不上，就更不要说"世家"了。

再把话题转回来说满洲人的名字。前面说过，清代满洲人有

---

[1] 康熙帝孝昭仁皇后、嘉庆帝孝和睿皇后、道光帝孝穆成皇后、咸丰帝孝贞显皇后。除此之外，还有清太宗元妃，康熙帝温僖贵妃，乾隆帝顺妃、诚嫔，嘉庆帝如贵妃，道光帝祥妃，都是这家所出。
[2] 一种王府内的职官，官方设定的职务是掌礼节、导引，不过事实上一般是作为王府府员的顶戴配给。

"隐去自己的姓氏而只使用名字"的习惯,这便是清代民间所谓的"称名不举姓"。在满洲人这种"称名不举姓"的习惯下,他们名字里的第一个字,实际上被作为一种"假性姓氏"使用。说它是"假性",因为它并不是姓氏,真正的姓氏是"钮祜禄"那些。而说它又是"姓氏",是因为清代旗人"称名不举姓",所以它权且被当作姓氏使用。

拿和珅举例好了。和珅,原正红旗满洲人,姓钮祜禄氏,名和珅,字致斋。清代人称呼他,绝对不会叫他"钮祜禄大人""钮祜禄致斋",因为他作为满洲人,姓氏依照惯例隐去了,大家都用他的"假性姓氏",即用他名字的第一个字——"和"来称呼他。这样,清代笔记里提到的"和相""和致斋""和中堂",也就可以理解了。

清代旗人基本上都是以这种风格进行称呼的,如现代被许多人喜爱的词人纳兰性德,本姓叶赫纳喇氏,他在清人笔记中一般被写为"侍卫成德"或者以字号呼为"成容若"。同样,如晚清大学士宝鋆,本姓索绰罗氏,他在清人笔记中一般被写作"宝中堂"或者以字号呼为"宝佩蘅"。话说回来,乾隆帝曾经下旨说旗人不应染上汉俗,互相以字号称呼为乐。但是这个规矩似乎没什么效果,到了晚清,醇亲王载沣等人均有字号,也经常互相以字号称呼为乐。

清代旗人不光是在生活上"称名不举姓",其实在正式场合,他们也未必会像电视剧里的和大人那样自报"奴才和珅,正红旗满洲钮祜禄氏"。清代旗人官员呈报的履历单经常这样写:

奴才玉德。正红旗蒙古玛呢揸布佐领下义学生。年五十岁。现任广西泗城府知府。

龄椿。正红旗满洲人。年五十岁。由笔帖式选补兵部笔帖式。[1]

基本不写姓氏，乃至于乾隆帝还曾经下令说："嗣后凡有引见人等，姓氏俱于绿头牌缮写。"[2]

具体说到满洲人的名字，在入关前，满洲人均是以满语或者蒙古语为基础的，名字的含义也多与动物、器物或生动的含义相关，如固尔玛浑，满文gūlmahūn，意为"兔子"，希望孩子像兔子一样灵敏；济尔哈朗，满文jirgalang，蒙古语中意为"幸福"；索额图，满文songgotu，意为"夜哭郎"，证明索额图小时候特别爱哭。另外，满洲人还有以数字命名的习惯，如那丹珠，满文nadanju，意为"七十"，后来也有直接用汉字的，如"六十二"。这些数字来源不一，可能是家里长辈的年龄，也可能是父母年龄的总和，或者是值得纪念的数字。而满洲人的小名，通常以"某格""某哥子"为名，大名则经常以"某格""某保"为名，"某保"是取平安保佑之意，前面有时候会用一些神仙的名字，如"观音保""菩萨保"等，即是希望神明保佑的意思。

入关之后，满洲人的名字或为"满中心"，或为"汉中心"。

---

[1] 出自《清代官员履历档案全编》。
[2] 出自《大清高宗纯皇帝实录》乾隆二十五年六月甲申条。

"满中心",是指名字的本质是满语,如"songgotu"这类的,那么其汉字则基本为音译,写成"索额图"或"松果托"都是可以的。"汉中心",指名字的本质是汉语,如"菩萨保"这类的,不需要音译,按照原字写就可以了。故而简单地说,清代旗人或满洲人,只有一个正式的名字,基本上不存在"满汉异名"的情况[1],只是单纯地互为音译。

顺便一提,清代人名字的念法经常与现代汉语有所区别,有时是采用古音,有时是采用特殊读音。比如清宫戏里经常出现的几位阿哥的名字:胤禔、胤礽、胤祉、胤禛,经常被人念成胤tí,胤réng,胤zhǐ,胤zhēn,而实际上根据当时《玉牒》的满文标音和古音推测,应该念作胤zhī,胤chéng,胤chǐ,胤zhēng。

作为补充知识,到了今天,满族人基本改成了汉姓。很多人认为旗人特别是满洲人改用汉姓是受民国时期的影响,应当说,民国的入籍要求和社会思想对于满洲人使用汉姓具有绝对的影响,但这并不代表满洲人使用汉姓完全是从民国开始的。满洲人使用汉姓的历史其实从明代就有了,主要是因为他们有的进入中原后为了交往方便而使用了汉姓。

清初也有相当一部分满洲人使用汉姓,不过这种情况在当时并非满洲的普遍现象。从乾隆、嘉庆时期开始,旗人和民人的交往

---

[1] 清代一些人具有满、汉两种名字,主要有两种情况:第一种是小名或者乳名,如乳名叫费扬古,大名叫瑞长;第二种是本身是汉/满名,尊长赐给了一个满/汉名别名,后者作为别名使用。不过一般来说,清代人的正式名字只有一个。

越发广泛，使用汉姓的情况也越来越频繁，甚至成为一种政治问题。如：

> 八旗满洲、蒙古各有姓氏，只因年久，竟有将本姓弃置而习于汉话。如钮钴禄姓，竟呼为郎姓者。姓氏乃旗人根本，甚关紧要，今若不整顿，必致各忘本姓而不知。[1]

可见乾隆时期就有许多满蒙旗人使用汉姓了。不过让满洲人几乎全体改满姓为汉姓的，还是在民国时期。

社会上经常有人认为，"金姓就是爱新觉罗""关姓就是瓜尔佳"，这种理解其实过于简单粗暴。比如说，末代顺承郡王，名叫文葵，后来即以文为姓，姓文名仰辰（仰辰是其字号），而其亲弟文蓬，则姓常，名瀛生；又如末代庄王溥绪，取爵号"庄"为汉姓，他们原本是姓爱新觉罗，但是后来都不姓金。反之，北京满族姓金的还有出自金佳氏、完颜氏、瓜尔佳氏的旗人，甚至还有出自高丽金氏的。简单说，满洲人冠汉姓的随意性相当大，不能简单地一一对应。

---

[1] 出自《大清高宗纯皇帝实录》乾隆二十五年六月甲申条。

八旗旗人：
旗人也未必能享清福

民间对于清代八旗旗人的待遇有着很多传说，比如有人说八旗旗人生下来就有钱拿，一辈子不愁；有人说八旗旗人有"铁杆庄稼"，天天闲得泡茶馆。下面，我们就讲述一下清代普通八旗旗人的待遇。

待遇一：田产

您可能听说过"跑马圈地"这个词，民间经常把这个词渲染为"马蹄子踏到哪里，哪里就是他的地"。事实上清初的确有圈地行为，而且还被认为是弊政之一[1]，这些圈来的土地，由朝廷分配

---

[1] 清初圈地，最开始是圈"近京各州县民人无主荒田"。由于明代皇庄和贵族庄园被废弃不少，所以有较多的"荒田"，而后来便发展到圈占有主之地了，故而被认为是弊政。

给旗人,具体来说就是"按丁授田",即按照家中有多少男丁来给地。根据相关记载,大致比例是一个男丁给六垧土地[1]。这个按丁授田的男丁是包括家奴男丁的,所以相当于阶层越高,家里男丁越多,拿到的田产就越多。拿到田产后,由于田产都在京郊,旗人一般会让家奴去田上经营,也可以雇佣佃户经营,旗人只在北京城里坐等收成[2]。

但是,分给田产的制度只在清初施行[3]。假设有个张三,兄弟二人带着四个男性家奴,一共六丁入关,官方按照制度分给三十六垧。但之后张三的家族繁衍,各自分家,官方是不再分给土地的,只能从三十六垧里拆分。另外,由于八旗旗人大多居住在京城,不能实际到土地上管理,因此"隐田"等现象严重。而清代旗人由于入关后突然拥有不动产,一方面对于不动产的经营不甚了解,另一方面有花钱大手大脚的习惯,导致普通旗人手中的田产经常在几代之内或因故典出[4],或彻底荒废,或被佃户等霸占。

1　1垧为6亩,6垧也就是36亩,约合今日24 000平方米。
2　根据学者们的推算,以晚清为例,全国人均田地拥有量大致在1.4亩至3亩,北方人均田地拥有量大致高于南方。由此可见,旗人分派旗地是十分优厚的。
3　圈地的本质意义,是让刚刚落户京城的八旗旗人拥有自己的不动产,所以后续生育的旗人一般就分不到新的圈地。后续从东北调入京旗的旗人本应有旗地的配给,到康熙初年之后则停发。
4　清代旗人的土地和房产,理论上都属于"官物",即官家所有,是朝廷恩赐给旗人使用的,所以旗人理论上只有使用权而没有产权,到了清末才将法理上的产权正式交给旗人。不过旗人既然在事实上使用土地和房产,就自然会出现买卖,但是因为没有产权,所以只能以"典卖"的形式进行。

待遇二：房产

前面的章节讲过，清初朝廷将民人都迁到了南城居住，旗人依照身份的高低获得北城的房屋。就算是最基础的兵丁，也是"给房两间"，后来改为"拨什库、摆牙喇各二间，披甲人各一间"[1]。

假设在入关分房时，张三家是兄弟两个人，都是兵丁，四个男性家奴里也有一人披甲[2]，所以一共分给五间房。同理，后来人丁繁衍，官方则不再分房，这五间大多也就不敷使用了。

待遇三：司法

清代有个民俗说法，叫"满汉不同律"，经常被人理解为满族和汉族不用同一种法律来审判，实际上严格来讲应该是"旗民不同律"，而且"不同律"这个说法也不是很准确。总的来说，旗人跟民人相比，在司法上有三类特殊待遇。

首先，在审判权方面，清代民人犯罪，一般就直接交给地方司法机构来审理，而如果旗人犯罪，地方司法机构不能直接进行处理，而需要同该旗人所属的旗来会同办理。这对于普通旗人而言没有太大不同，而对于八旗的世家贵族而言，自己旗内的官员经常是自己的亲属故旧，自然有所照应。

其次，在刑罚方面，清代民人犯罪，判决的刑罚除了凌迟等特殊刑罚外，主要是由笞（小木条打）、杖（大木棍打）、徒（苦

1　出自《钦定八旗通志》。
2　关于清初家奴披甲，见后文。

役)、流(流放)、死组成的"五刑"。而旗人犯罪,判罪的标准相同,但是刑罚却不同,民人的笞和杖刑,旗人按照原数,改为鞭刑;民人的徒和流刑,旗人则改为枷号,即用一种大型的木枷以限制行动。具体换算方法为:徒一年相当于枷号二十日,流两千里相当于枷号五十日,充军附近相当于枷号七十日,充军近边、沿海等相当于枷号八十日,充军极边烟瘴者相当于枷号九十日。不过话说回来,清代规定旗人刑罚方式与民人不同,主要是习惯不同[1],以及为了确保兵源长期在京,至于刑罚的痛苦程度,并不一定就小于民人。

最后,旗人作为天生的军人,跟民人出身的军人一样,有特殊照顾。清代规定:"凡满洲、蒙古、汉军、绿营官员军民人等,有犯死罪,除十恶……其寻常斗殴及非常赦所不原各项死罪,察其父祖及子孙阵亡者,准将阵亡确实事迹随本声叙,于秋审时恭候钦定。"一旦进入秋审,这种情况多数会免除死罪,改为稍轻的刑罚。换句话说,如果军人家庭有曾经为国捐躯的,那么犯了普通的死罪,就可以免死,但是免罪就别想了,只是死罪减一等而已。

待遇四:婚丧补助

清代旗人被清代皇帝视为统治基础之一,所以皇帝需要用心

---

[1] 习惯方面专指鞭刑,满洲入关前即有鞭刑,而无笞、杖等刑。

"恩养"旗人,给他们各种良好的待遇,于是雍正元年(1723),便规定了八旗各级别的红白喜事补助的制度。其中规定,旗人官员各有补助之外,八旗的护军校、骁骑校、前锋、护军、领催等高等兵丁,喜事给银十两,丧事给银二十两;马甲等普通兵丁,喜事给银六两,丧事给银十二两;步兵等下级兵丁,喜事给银四两,丧事给银八两。[1]

待遇五:参军补助

除了婚丧补助之外,由于旗的本质是一种军事集团,旗人基本以军人身份为主,所以具有极为完善的阵亡抚恤和伤残抚恤系统。如受伤,则将各种类别的创伤分为五等,根据旗人身份不同,给予不同量的钱财[2]。如因伤致残,则详细区分残疾内容,给予不同量的钱财[3]。阵亡也是如此。这样详细的参军补助,也是对清初八旗战斗力的一种保障。

待遇六:与国共荣

还是因为前面的理由,清代皇帝以旗人为统治基础,所以当国家有重大庆典的时候,如登极、亲政、万寿、徽号、配享、升祔、册立等,都可能会"遍赏八旗"。如康熙帝在某次万寿节庆典,就

---

[1] 其中喜事包括娶妻和嫁女两方面,而丧事包括祖父、祖母、父、母以及妻室之丧。
[2] 阵伤,普通兵丁一等伤50两,二等伤40两,三等伤30两,四等伤20两,五等伤10两。
[3] 阵伤致残的规定极为详细,如一个马甲,因战伤导致或双目不见,或两手不能展动,或两足不能行走,或聋哑,给180两;一手一足脱落,给170两;等等。

赏了八旗高等兵丁一年钱粮，普通兵丁半年钱粮；又如雍正元年上圣祖仁皇帝尊谥，并升祔太庙，遍赏京城兵丁一月钱粮。

待遇七：做官为宦

清代民人如果想要做官，一般来讲是要通过科举道路的，无论是武科还是文科，都要非常努力才行。相比之下，旗人当官的途径就比较多，既可以通过科举的途径当官，也可以通过非科举的途径当官。其中出身世家的，就通过当侍卫等途径进入仕途；出身平民的，如果有一定文化，就去考取笔帖式[1]，考得之后就从笔帖式开始慢慢升官，就算升到大学士也并非不可能。如果文化不高，但是有一定的好身手，就尽可能在军内努力立功，也可能会升官发达。总之，生为旗人，只要肯在文、武两道上努力，一般不乏出仕之路，比民人轻松许多。

不过，有特殊待遇就有特殊义务，与这七大类待遇相对应，作为普通旗人还有几项特殊义务。

特殊义务一：为属主和旗主服务

这一点前面已经提过了。清代旗人，上三旗旗人只有皇帝一位"主子"，而下五旗旗人除皇帝外，经常还有自己的"属主"需要服务。这种从属身份是终身且世袭的。

---

[1] 笔帖式，满文为bithesi，意为"文书者"，清代笔帖式有六、七、八、九品乃至于无品级的，数量庞大，被称为"八旗晋身之阶"。

特殊义务二：保证在旗

清初规定，凡是旗人，不可以"私离佐领"。具体来说，旗人要随时让佐领的管理员能够找到自己，确认自己还在八旗的管理之下。所以作为一个旗人，基本上不能长期离开北京城。一旦管理员找不到人，就会上报"走失"，后果就是会被销除旗档，成为一个黑户。就算以后回京，也只能另入民籍，不能再当旗人了。

特殊义务三：充当兵丁

八旗旗人以当兵为天职，故而他们一般以当兵为主要职业，辅以当官，而以从事其他职业为耻。民间经常说清代不允许旗人经商或种田，而实际上清代朝廷并没有这种禁令，只是民间从"以经商为耻"发展而来的惯性认知。道光时期的一个旗人大臣在奏折中写得很明确：

> 旗人旧例，并无农工商贾之禁。然旗人之不务农工商贾者，固由于无田地资本，更由于聚族而官，非服官即当兵，食俸食饷，享于尊贵，始则鄙之不屑为，年复一年，性成习惯。[1]

---

[1] 武隆阿（正黄旗满洲瓜尔佳氏）《筹议八旗生计疏》，见《道咸同光四朝奏议》。

意思是说，原本，并没有明文规定旗人不能经商或种田，只不过是因为旗人大多住在城里，不便于耕种，而且大多当兵或当官，崇尚"吃俸禄"，不屑于经商或种田，这才形成习惯。当然，如果真的穷到不能糊口，去种地或者做买卖，也是没人管的。

民间大多认为八旗旗人有"铁杆庄稼"，其实这是一种错误的认知。清代旗人想要获得钱粮，必须去补缺才行[1]。清代八旗内的男子，凡是成年，便叫作"壮丁"，有时也直接简称为"丁"。成年的标准各时期不同，有的时候要求虚岁十六岁，有的时候要求虚岁十八岁，有的时候则是要求身高超过一米六。总之，凡是符合条件的八旗壮丁，就可以参加补缺考试，这种考试俗称"挑缺"。考试内容主要是骑射（骑着马射箭）和步射（站着射箭），合格者便有可能被任命为某种兵丁，其中幸运地获得兵丁身份的合格者，被称为"披甲"，而那些不走运、没有被选为披甲的合格者，则被称为"余丁"或"闲散"。

清代八旗军内部其实分为好几个"营"，当一个旗人被挑为某一种兵缺，其实就隶属了不同的营。

最普遍的是骁骑营，骁骑即骑兵，他们是八旗的主力兵种，其中高级兵种叫"拨什库"，汉文叫"领催"[2]，满蒙旗分每佐领六

---

1 清代入关前，八旗以计丁的方式披甲，一般是以三丁抽一的比例当兵。入关之后基本改为补缺制，这里介绍的即是补缺制。
2 领催，满文为拨什库，即bošokū，是负责管理档案、发放兵饷的兵丁首领，从马甲中选择识字者担任。

缺,汉军旗分每佐领四缺。普通兵种叫"马甲",也就是普通骑兵,满蒙旗分每佐领四十缺,汉军旗分每佐领三十缺[1]。

比骁骑营略好的是护军营,他们最早是各旗旗主的亲兵,固化为一种专门隶属领主或旗主的营。从雍正朝开始,雍正皇帝解除了下五旗王公对护军营的统帅权,让护军营改隶中央,专门守卫皇城,并且"大阅为首队,夹前锋列阵"。护军营的兵种即护军,属于高级兵种,只收满蒙旗人,每佐领十七缺。

身份最高的是前锋营,他们实际上是皇帝的宿卫,只跟随皇帝出征。前锋营是八旗内最精锐的部队。前锋营的兵种即前锋,也是高级兵种,只收满蒙旗人,每佐领只有两缺。

身份最低的则是步军营,步军即步兵,隶属于九门提督,专门负责京城治安,有步军领催和步甲两种兵种,前者满蒙旗分每佐领两缺,汉军旗分每佐领两缺;后者满蒙旗分每佐领十八缺,汉军旗分每佐领十二缺。由于步甲地位最低,清初旗人"不屑为之",都让家奴去补这个缺。而到清中期之后,旗人越来越多,补缺也越来越困难,步甲就从"不屑为之"变成了救命稻草,也都争先恐后地去补缺了。

除了这些主要的军营之外,还有火器营等特殊营。总体上,满蒙八旗各佐领的兵缺可见表3-1。

---

[1] 清代八旗兵缺各时期不同,本书中所用的缺额数量为《康熙会典》中的定额,与后世差距不大。

表3-1：满蒙八旗各佐领兵缺数目表

兵缺名	兵缺额	隶属	等级	附注
前锋	二	前锋营	高级兵种	
亲军	二	领侍卫内大臣	高级兵种	守护旗主所用
护军	十七	护军营	高级兵种	
领催	六	骁骑营	高级兵种	
马甲	四十	骁骑营	普通兵种	
步军领催	二	步军营	低级兵种	
步甲	十八	步军营	低级兵种	

根据清代的规定，高级兵种（前锋、亲军、护军、领催）每月4两，每年米四十六斛；普通兵种（马甲）每月3两，每年米四十六斛；步军领催每月2两，每年米二十二斛；步甲每月1两5钱，每年米二十二斛。只有补上了缺，才有钱粮领。如果只是个"余丁"，那么抱歉，就没有收入。

因此，所谓"铁杆庄稼"，其实是由于普通民人一般靠种地或者做生意过活，种地会有天灾人祸，做生意会有赔有赚，都有风险，但是旗人当兵，是拿固定工资的，"旱涝保收"，相对稳定，而并不是说"大家都有钱拿"。以满洲佐领为例，一个佐领内有八十七个兵缺，如果是清初时，一个佐领内可能只有一百多个男丁，其中还有二十个甚至更多的男丁去当了大大小小的职官，剩下的，一人一个兵缺还嫌富裕。所以那时候旗人大多有缺补，都有钱领，那时候物价也低，一个月三四两银子，还有粮食发，生活简直乐无边。但是，到了清中后期，一个佐领可能已经发展到三四百个男丁，而兵缺却仍然是八十七个，这就说明有大部分的男丁补不上缺，完全没有收入。而且，从道光朝中期开始，由于国难当头，旗人兵丁的钱粮折减发放，一般只发65%左右，加上晚清物价飘忽，就算能够补上缺，拿着打了折的剩下的几两银子，估计也很难有"提笼架鸟"的闲情逸致。当时的八旗兵丁为了能吃饱饭，就算挑上了钱粮，也要去打一些零工来贴补家用，哪儿有时间去操练习武呢？

皇族：
"躺平"的最高境界

在清代旗人之中，有两种人有"天赋"的工资，他们不用补缺，就可以获得一定的固定工资，并且基本上是终身制。其中一种是从事特殊工作的旗人，如内务府辛者库人，他们"天赋"的工作即是为旗主服务，洒扫庭院啊，缝缝补补啊，搬来挪去啊，所以他们有固定工资。还有就是东北的一些旗人，他们有特殊工作，如专门负责"打牲"的旗人，可能一年固定要上交某种动物多少只，来换得固定的工资，不过这种固定工资一般是极其微薄的。而另外一种，就是清代的皇族了。作为皇帝的本家，清代皇族有着名副其实的"永久饭票"。不过，清代皇族内部其实也分为很多个阶层，主要有两种划分方法。

第一种划分方法——血缘法

清代皇族的姓氏为爱新觉罗，关于这个姓氏的由来等问题目前还有争议，暂不多说。[1]无论如何，爱新觉罗在清初只是一个小姓氏，至顺治十八年（1661），这个姓氏一共有男性958人，女性738人，一共才1696人，而到了1915年，已经发展到男性27 884人，女性21 768人，一共49 652人[2]。对于这么多的皇族人口，自然要有个远近的划分，这就是血缘法的由来。

第一次划分，是将爱新觉罗一姓分成了"觉罗"和"宗室"两部分。具体来说，努尔哈赤的祖父觉昌安行四，上有三个哥哥，下有两个弟弟。父亲塔克世也行四，上有三个哥哥，下有一个弟弟。努尔哈赤的这五个伯、叔祖父，加上四个伯、叔父的后人，被称为"觉罗"，由于"觉罗"被允许系红色的腰带作为象征，故而民间称之为"红带子"。与之相对，努尔哈赤本人以及努尔哈赤亲兄弟的后裔，则被称为"宗室"，被允许系黄色的腰带作为象征，故而民间称之为"黄带子"。

第二次划分，是将宗室分成了"远支宗室"和"近支宗室"。这是因为从康熙皇帝开始，康熙皇帝给自己的子孙后代起名时使用

---

[1] 清代"爱新觉罗"这个姓氏，并不见于清以前的文献，因此学界对此姓的来源有诸多猜测。有学者认为是从"觉罗氏"中分出来的，也有学者认为是从"觉尔察氏"中分出来的，但"觉罗氏"和"觉尔察氏"也同样不见于之前的女真姓氏之中。另有学者认为女真姓氏"交鲁氏"即是"觉罗氏"，二者发音确实相符，然而金代"交鲁氏"是一个较小的姓氏，而清代"觉罗氏"人口庞大，二者的关系仍需要进一步确认。
[2] 出自鞠德源《清朝皇族的多妻制度与人口问题》。

了特殊的辈分字,被称为"钦定字辈"。这套"钦定字辈"经过后代皇帝的不断增补,一共有二十六个字,从康熙皇帝以下依次为"胤、弘、永、绵、奕、载、溥、毓、恒、启、焘、闿、增、祺、敬、志、开、端、锡、英、源、盛、正、兆、懋、祥"。按照清代的规定,这种"钦定字辈"只能在康熙皇帝的后裔中使用,这就在事实上于宗室内部划分出了使用钦定字辈的"近支宗室",和不能使用钦定字辈的"远支宗室"[1]。

第三次划分,是将近支宗室内部又划出了一个"近派宗支"的范围。简单说,康熙皇帝给后裔用特殊辈分起名字的时候,还规定了名字后一字也要有相对应的特殊偏旁,即钦定偏旁。具体来说,这种特殊偏旁为:胤辈"礻"旁,弘辈"日"旁,永辈"王"旁,绵辈"心"旁,奕辈"言"旁,载辈"氵"旁,溥辈"亻"旁,毓辈"山"旁,恒辈"金"旁。不过,能够使用这种特殊偏旁的,只有当时皇帝的同祖父的血亲。换句话说,随着皇帝的辈分越来越小,能使用钦定偏旁的人的范围也就越来越小。到了晚清,由于后面几个皇帝子嗣不力,所以钦定偏旁的范围是嘉庆皇帝以下的后裔,这种能使用钦定偏旁的近支宗室,被称为"近派宗支",他们是皇帝的近亲,换言之,是拥有帝位继承权的人。

总结起来,就是皇族分为较远的"觉罗"和较近的"宗室",

---

[1] 换言之,塔克世、努尔哈赤、皇太极、顺治皇帝的后代是远支宗室,而康熙皇帝、雍正皇帝等的后代是近支宗室。

宗室内部又分成"远支宗室"和"近支宗室"，近支宗室里又有一个"近派宗支"。

简单记忆的话：

觉罗：血统特别远，从努尔哈赤之前就分出去了，用红腰带，不能用钦定字辈，不能用钦定偏旁。

远支宗室：努尔哈赤和努尔哈赤兄弟的后人，还包括皇太极、顺治皇帝的后人，用黄腰带，不能用钦定字辈，不能用钦定偏旁。

近支宗室：康熙皇帝的后人，用黄腰带，能用钦定字辈，不能用钦定偏旁。

近派宗支：（晚清）嘉庆皇帝的后人，用黄腰带，能用钦定字辈，能用钦定偏旁。

不过呢，这样虽然划分出了血统的远近，但是跟身份地位的关系不是特别大，至少在宗室中是这样的，这就需要第二种划分方法。

第二种划分方法——阶层法

一提到清代皇族，可能大家想到的都是"王爷贝勒"，这就是区分皇族身份最显著的一个标签——爵位。

清代皇族的爵位又叫"宗室爵位"，由上到下一共十二等，具体如表3-2所示。

表3-2：清代宗室爵位列表

爵位汉名	爵位满名	附注
和硕亲王	hošoi cin wang	简称亲王
多罗郡王	doroi giyūn wang	简称郡王
多罗贝勒	doroi beile	简称贝勒
固山贝子	gūsai beise	简称贝子
奉恩镇国公	kesi be tuwakiyara gurun be dalire gung	简称镇国公
奉恩辅国公	kesi be tuwakiyara gurun de aisilara gung	简称辅国公
不入八分镇国公	jakūn ubu de dosimbuhakū gurun be dalire gung	
不入八分辅国公	jakūn ubu de dosimbuhakū gurun de aisilara gung	
镇国将军	gurun be dalire janggin	内分三等，视武一品
辅国将军	gurun de aisilara janggin	内分三等，视武二品
奉国将军	gurun be tuwakiyara janggin	内分三等，视武三品
奉恩将军	kesi be tuwakiyara janggin	视武四品

其中亲王、郡王、贝勒、贝子、镇国公、辅国公这六等属于高等爵位皇族，被称为"入八分宗室"，其余的则被称为"不入八分宗室"[1]，属于低级爵位。[2]

---

[1] "八分"，在晚清民间经常被渲染成八种特权，而实际上，"入八分"的意思为"分得八旗的份额"，换句话说，入八分者都是领主或旗主，而不入八分者则不是。

[2] 清代皇族内还有两个特殊爵位，其一为"世子"，是亲王爵位官方承认的继承者的封爵；其二为"长子"，是郡王爵位官方承认的继承者的封爵。这两个爵位是入关之后参考明代制度设立的，但是因为清代没有嫡长子继承制，后来在执行中发现这两个爵位不大符合清代的情况，所以后来基本废止了。除了康熙、雍正两朝还偶尔有封世子、长子的情况外，从乾隆朝开始，这两个爵位基本转为了民间的口语称呼。

从这套爵位的名称"宗室爵位"就可以看出，这套爵位是专门给"黄带子"宗室的待遇，"红带子"觉罗是与之无缘的。清代觉罗如果立功封爵，是按照一般功臣的爵位去封公、侯、伯、子、男，而不是这套宗室爵位。

在电视剧中，似乎王爷、贝勒这种高等爵位皇族很常见，一些网络帖子里也有人吹嘘自己的家世，感觉王爷、贝勒并不罕见似的。其实在清代宗室内部，爵位的拥有者是极少的。根据学者的估算，清代宗室男性中，17世纪获得爵位的比例是10%～27%，18世纪大概是7%，19世纪是6%左右。而在这本身就很少的比例之中，入八分爵位的比例就更低，根据学者统计，清代宗室封爵者一共有2343人，其中入八分者615人，约占总数的26%。换句话说，在晚清，要想见到一位王爷、贝勒等级的皇族，就算是在皇族群体里，大概也是"百里挑一"的了。

清代皇族拥有爵位的比例如此之低，主要是因为清代"世袭递降"制度和"考封"制度的影响。世袭递降是指，一位拥有爵位的宗室去世之后，虽然还是只有一个人可以继承其爵位，但是继承时要降一等。比如说一个亲王去世了，其继承者承袭爵位，就要降为郡王，同理，贝勒去世后，其继承者就要降为贝子[1]。与之相对，有

---

[1] 清代规定，始封亲王者，后代降到奉恩镇国公之后便不再降等。同理，郡王降到奉恩辅国公，贝勒降到不入八分镇国公，贝子降到不入八分辅国公，奉恩镇国公降到一等镇国将军，奉恩辅国公降到一等辅国将军，其余爵位均降到奉恩将军，以奉恩将军承袭三次之后自动取消爵位。

些皇族的爵位由于比较特殊，被加恩"世袭罔替"，便是指不用降等，民间俗称为"铁帽子"[1]。考封制度则是指，清代一个爵位只能传承给一个儿子，其他不能袭爵的子嗣在制度上被称为"余子"。余子如果想要获得自己的爵位，就要参加考试，考试内容为翻译、马箭、步箭三项，然后依照考试结果给爵位或不给爵位，但是无论如何，所给的都是不入八分的爵位。结合"世袭递降"和"考封"两种制度，清代宗室一旦没有承袭本支的主要爵位，基本上三四代之内便会沦落为无爵宗室。

所以，依照爵位和官职，清代皇族可以分为高级宗室、低级宗室、做官为宦的宗室觉罗[2]，而除此之外的，则被称为闲散宗室、闲散觉罗，他们才是清代皇族的主体。

顺便提及，我们现代人所了解的文化界的知名皇族后裔，其实基本上都是前三种出身的。比如说启功先生，很多人以为他作为雍正皇帝的后裔，血统较远，应该只是个皇族平民，但实际上他的祖辈均为高官，其本人还袭了奉恩将军的爵位。这是因为前三种皇族地位较高，家内文化培养得好，生活上也堪称"贵族"。而那种清初就已经没了爵位，好几代闲散下来的皇族后裔，着实是没什么

---

1 清代宗室拥有"世袭罔替"权利的有十余家，其中有十个亲王：礼亲王、睿亲王、豫亲王、肃亲王、郑亲王、庄亲王、怡亲王、恭亲王、醇亲王、庆亲王。两个郡王：克勤郡王、顺承郡王。其他还有数个镇国公、辅国公乃至镇国将军的世袭罔替，如褚英后人的奉恩镇国公，即是世袭罔替的。
2 清代宗室和觉罗可以出仕，做到一品大员的也有一些个例，不过对于总体人口而言并不多。

"贵族"属性的。

一个清代的闲散皇族，大致能获得以下特权。

特权一："真铁杆庄稼"

清代规定，闲散宗室之子[1]从十岁开始，每月由宗人府发给养赡银2两，从二十岁开始，每月给3两，然后每年给米四十二斛二斗。觉罗之子则是从二十岁开始，每月给2两，然后每年给米二十一斛二斗。这些在清初就算是十分优厚的待遇了，虽然到了晚清，在那个物价条件下可能有点儿少，但这些都是白来的呀，不需要为之付出任何劳动。在这份钱粮的基础上，再做点儿什么营生，肯定生活无忧。

特权二：超高的福利待遇

清代统治者给了旗人很多福利待遇，对旗人尚且如此，对待皇族就更不用说了。清代规定，闲散宗室娶妻及嫁女，赏银100两；如果娶的是继妻，则只赏给50两。同时，宗室本人或嫡亲或原配妻子亡故，赏银120两；如果继妻亡故，则只赏给60两。如果亡故的是小妾，而这个妾是有后代并且妾是在丈夫去世之后才去世的，也可以获得跟继妻一样的60两。至于闲散觉罗，娶妻及嫁女，赏银20两；继娶则赏银15两；本人或嫡亲或原配妻子亡故，赏银30两；继

---

[1] 如果是有爵位的宗室之子，则不给这些福利。毕竟王公贵族的收入足以养活孩子。

妻亡故，赏银25两。另外，皇族内的孀妇，以及父母早亡的孤女，也都有自己的补贴。

特权三："体面"

闲散的皇族有了上面的一些特权，清代皇帝还觉得不够，特别是闲散宗室，好歹都是皇帝的后代，就算不能让他们都过一把"官瘾"，也要让他们有一种跟官员类似的外观等级。于是乾隆四十七年（1782），乾隆皇帝规定：

> 其闲散宗室，向无按品给顶之例。现在宗支繁衍，瓜瓞绵延，皆我祖宗派系流传，谱列银潢，名登玉牒，乃以身无职级，竟至与齐民无别，殊不足以示亲亲而崇体制。……闲散宗室，赏给四品官顶，并准其穿用四品武职补服。[1]

意思是说，没有爵位的闲散宗室原本是没有"品级"可言的，和平民（齐民）没什么太大区别。但乾隆四十七年之后，乾隆皇帝特赐所有闲散宗室均可以穿用四品武官的官帽和官服。当然，这只是允许穿用而已，并不代表他们享受四品官员的全部待遇，更不代表他们就等同于四品官员。但至少在"章服之荣"上，让闲散宗室过了瘾。

---

[1] 出自《钦定大清会典事例（光绪朝）》。

特权四：打不得骂不得

清代闲散宗室觉罗最大的特权就要数法律上的特权了，清代皇帝让宗室系黄腰带、觉罗系红腰带的原因，可通过下面的史料体现：[1]

> 宗室者，天潢之戚，不加表异无以昭国体，甚或两相诋毁詈及祖父。已令系红带以表异之。……六祖子孙俱令系红带，他人毋得紊越，如常人与系红带者相诋，不得詈及祖父。[2]

就是为了时刻让周围的人知道，这个人是皇族，千万别惹他，更不要骂他的家人，尤其是不能骂他的祖辈。因为他的祖辈很可能就是某代皇帝，只要稍不小心就会犯大不敬的罪过。当然，特别人性化的是，皇太极在后面还加了一句："如目睹系红带而詈及其祖父者拟死。其不系红带而致人辱詈者勿究。"打也是不行的，就算只是闲散的宗室觉罗，但是他们是皇族，是皇帝的本家，象征着皇帝的颜面，不能轻易打。清代律法规定：

> 凡宗室、觉罗而殴之者，（虽无伤）杖六十，徒

---

[1] 一般来讲，清代大臣和平民的腰带是蓝色或者黑色的。
[2] 出自《大清太宗文皇帝实录》天聪九年正月丁丑条。

一年；伤者，杖八十，徒二年；折伤以上，重者，加凡斗二等，笃疾者，绞（监候），死者，斩（监候）。[1]

同时，如果是宗室觉罗犯了罪，不仅要跟旗人一样折算刑罚为鞭刑或者枷号，作为皇族，他们还要"减常人一等"。可以说，除了十恶之类的重罪，基本上能直接判死皇族的罪刑比较少。

顺便一提，由于清代八旗中上三旗没有领主而直属于皇帝，下五旗则分封给高等皇族，故而凡是曾经入八分的宗室，都是被分配到下五旗去的，他们的后裔无论后来爵位是什么，也都是在下五旗。反之，旗籍还在上三旗的，只有皇帝自身[2]，以及入关前的一些从来就没入过八分的宗室支系[3]。所以说，无论是正黄旗，还是镶黄旗，其实跟皇族的关系都不大，千万不要以为"黄旗＝皇族"[4]，更不要以为谁是正黄旗的，祖上就一定是王爷、贝勒，其实恰恰相反。

---

1 出自《大清律例》。
2 包括其未封爵之子孙。
3 入关之后皇子封爵最低为贝子，都属于入八分阶级，故而后裔都在下五旗。
4 旗籍在上三旗的宗室为：镶黄旗——努尔哈赤五弟巴雅喇，皇太极七子常舒、十子韬塞；正黄旗——努尔哈赤九子巴布泰，皇太极四子叶布舒、六子高塞；正白旗——努尔哈赤四子汤古代、六子塔拜。

4

后宫生活篇

清　郎世宁、金昆、程梁、丁观鹤等　院本亲蚕图　局部
（台北故宫博物院藏）

　　"亲蚕"为古之祭礼，指宫中后妃于季春之月，躬行蚕桑之事，以为天下表率。此礼至清代犹举行。
　　此亲蚕图由郎世宁、金昆、程梁、丁观鹤等十人创作，共四卷。此为第三卷采桑局部图，画中皇后盛装坐于座上，观诸王命妇采桑的情景。

后宫制度：
后宫入职记

提到清代的后宫制度，很多人想到的即是皇后、皇贵妃、贵妃等八级的后宫等级。其实，清代后宫制度与其他政治制度一样，都是逐步发展而成，不是一朝一夕突然就以一个完整的姿态出现的。人们熟知的八级后宫制度，在康熙朝才逐步确立，康熙朝之前则另有制度。

在入关之前，后金的后宫等级大概因循着当时满蒙国主的妻妾模式，大致分为三个等级，即嫡妃、侧妃，以及庶妃。

嫡妃，也称为"嫡福晋"。根据娶入顺序的不同，可以有"元妃""继妃"等称呼，如努尔哈赤有元妃佟佳氏，满文文献写成"neneme gaiha fujin"，意为"原娶之福晋"。而努尔哈赤的继妃富察氏，满文文献则写成"jai gaiha anggasi fujin"，意为"再娶的寡妇福晋"[1]。再后来，礼制稍微发展，则尊称嫡妃为"大妃"，满文文献写为"amba fujin"，意为"大福晋"。这些嫡妃所生育的儿子，一般都有权利获得"旗分"，清初的几大旗主，基本是嫡妃所出。

侧妃，也称为"侧福晋"。她们的身份介于嫡妃和庶妃之间，所生育的儿子只能获得少量的旗分，与嫡妃之子的地位相差很多。如努尔哈赤的第七子阿巴泰，就由于是侧妃所生，待遇不仅不如嫡妃所生的兄弟们，甚至连这些兄弟们的嫡出之子都不如。

庶妃，也称为"庶福晋"。她们的身份是三个等级里最低的，大概等同于后来的"妾室"的身份。在入关前的满文档案中对于她们有许多种称呼，如有"buya sargan"，意为"年幼之妻"或"小妻"，这里的"buya"既可以指年龄也可以指地位。又有"ajige fujin"，意为"年幼福晋"或"小福晋"，二者意思似乎相近，但是从文献来看，"ajige fujin"的身份可能要比"buya sargan"高，"ajige fujin"或许是侧妃一级的称呼，也或许是侧妃一级里身份最高的称呼。另外还有"gucihi"以及"sula hehesi"等词汇，目前还有待研究，一般认为都是庶妃一级的身份。这些庶妃所生育的儿子，不仅没有权利获得整旗的旗分，甚至连侧妃之子那样的小旗分也不能获得。像努尔哈赤庶妃所生育的第三子阿拜，虽然也是从小

---

[1] 这里满文"anggasi"是寡妇之意，继妃的满文则是"jai gaiha fujin"，因为富察氏原本嫁给努尔哈赤的堂兄弟戚准为妻，戚准去世后，努尔哈赤以"收继婚"的习惯继娶了这位堂嫂，故而称之为"anggasi fujin"，即寡妇福晋。

参与军事，但一直没有封到亲王、贝勒等爵位，生前只是二等镇国将军，死后才被追封为镇国公，其他庶妃所生育的儿子多数也是这种待遇。

除此之外，在入关之前，清代宫廷还有女真多妻风俗的遗存。所谓多妻制度，是指同时存在数位地位相当的福晋。崇德元年（1636）五月十四日，皇太极对当时清代后宫的名号进行规定，《满文老档》这样记载道：

han i genggiyen elhe booi dulimbai amba fujin be gurun i ejen fujin, dergi hūwaliyasun doronggo booi fujin be dergi amba fujin, wargi da gosin i booi fujin be wargi amba fujin, dergi urgun i booi fujin be dergi ashan i fujin, wargi hūturingga booi fujin be wargi ashan i fujin sembi.

翻译为：

将汗的清明平安宫（清宁宫）的正宫大福晋称为国主福晋，将东面和谐有礼宫（关雎宫）的福晋称为东大福晋，将西面根本仁爱宫（麟趾宫）的福晋称为西大福晋，将东面欢乐宫（衍庆宫）的福晋称为东侧福晋，将西面有福宫（永福宫）的福晋称为西侧福晋。

这时，多妻制度的习俗已经逐渐消退，但是从中我们大致还能看出，在崇德建制之前，这五位后宫都有"福晋"的身份，其身份差距很可能不大，而且同时太宗还有其他的侧妃以及庶妃，这也凸显了入关之前后宫制度的混乱。这种入关前的后妃制度，在入关初期的顺治朝还有所体现。顺治朝的时候，后宫基本上还是分为三个等级，即皇后、妃，以及庶妃，[1]其中庶妃又分为福晋级、小福晋级、格格级。

到了康熙朝，才基本形成了我们熟知的八级后宫制度，即皇后、皇贵妃、贵妃、妃、嫔、贵人、答应、常在这八级。她们被统称为"后宫主位"[2]，其等级则被称为"位分"[3]。

以入关之后的常态来看，想要进入后宫成为主位，大体应该有五条路。虽然说"条条大路通罗马"，但是不同的路，难度系数也不同。

---

[1] 顺治朝还有贵妃和皇贵妃的制度。但是其中贵妃只用来加封太妃，而清代的皇贵妃则是由孝献皇后，也就是民间俗称的董鄂妃开创的。正如《大清世祖章皇帝实录》里所说，当时"式稽古制，中宫之次，有皇贵妃首襄内治"，所以是专门针对董鄂妃而"创造"的一种身份。

[2] 有些网络文章称，后妃中只有嫔以上才能称为主位，这其实是错误的。《钦定大清会典事例（光绪朝）》卷292中记载皇帝亲政的典礼时写道："俟皇帝御外朝受贺毕，还宫，御内殿，皇后率妃、嫔、内庭主位具礼服，行六肃三跪三拜礼。退。皇后还宫，妃、嫔、内庭主位、暨在内公主、在外公主福晋命妇，至皇后宫，行六肃三跪三拜礼。各退。"可知内廷主位为皇帝妻妾之统称。

[3] 如《钦定大清会典事例（光绪朝）》中引道光四年上谕："嗣后内廷主位乘用重顶礼车，总以二辆为率，不必按位分添造。如遇内廷主位乘用时，按照位分换安车圈。至圆顶车，仍按位分照例打造。"

第一条路——八旗选秀女。难度系数两星

八旗选秀女,即是挑选八旗旗分佐领下女子,简单说即是"外八旗"旗人的女儿。理论上,外八旗所有旗人的女儿都要参加选秀,不过根据时代不同,对秀女的出身也有不同的要求,要具体参考当时的情况来决定谁可以参加选秀而谁不能。需要参加选秀的秀女,一旦到了十三岁,家里人就要去本旗本佐领处"报选"。清代规定,凡是符合选秀要求的正身旗人女子,若是没有参加过选秀是不许嫁人的。如果没经选秀就嫁人,家人会被视为重罪论处。"报选"之后,便等着选秀。八旗秀女的选秀理论上是每隔三年进行一次,但是这个选秀情况并不固定,因故延后、改期乃至取消,或者加选的情况也很常见。参加选秀的时候,若被"撂牌子",即可以回家正常婚配;若被"留牌子",则还要继续参加下一次的选拔;也有参加选秀就直接被选为后宫主位的。

总之,八旗秀女选秀是清代后宫主位最主要的两种来源之一,比如人们所熟知的孝钦显皇后(慈禧太后),即是在咸丰二年(1852)的八旗秀女选秀中作为镶蓝旗满洲的秀女被选为主位的。应该说,这条进宫之路整体来说是最为容易的,一般初给的位分是贵人以上。

第二条路——内务府选秀女。难度系数四星

内务府选秀女,即上三旗包衣选秀女。与外八旗的八旗选秀主要为了选出后宫主位不同,上三旗包衣的内务府选秀主要是为了选出后宫的宫女。

内务府选秀的步骤跟外八旗选秀相似，但是一来外八旗选秀理论上三年一次，而内务府选秀理论上一年便有一次；二来外八旗选秀对秀女出身的要求较多，而内务府选秀只要求女性十一岁以上且没有残疾等异常即可。

此外，内务府选秀的结果也跟外八旗选秀相仿。第一种是撂牌子，允许回家自由婚配；第二种是指派给近支王公的府里当使女[1]；第三种是指婚给宗室王公做嫡室、侧室，或者指婚给大臣家里做嫡室[2]；第四种就是选中后留在宫中当宫女。

一旦被选中为宫女，那么就有机会在宫廷内服务的时候被皇帝临幸，从而成为后宫主位。通过这种途径成为后宫主位的话，得到的位分一般比较低。所以，如果想通过这条路成为后宫的上层人物，一定要付出相当的努力。

虽然这条路着实很辛苦，但这是清代后宫主位最主要的两种来源之一，比如说孝仪纯皇后魏佳氏，她原本姓魏，是正黄旗包衣汉姓人。她应该是作为宫女被选入宫廷，然后被乾隆皇帝宠幸，在乾隆十年（1745）的正月封魏贵人，十一月晋封令嫔，乾隆十三年（1748）晋令妃，乾隆二十四年（1759）晋贵妃，乾隆三十年（1765）晋皇贵妃，最后在乾隆四十年（1775）病逝。她为乾隆皇

---

[1] 这种被指派的宫女经常被王府的王爷收作妾室，乃至于成为王府的侧福晋。
[2] 由于内务府包衣的身份，所以清初很多内务府出身的女性都是做宗室王公的妾室。但是前面在"八旗子弟篇"中已经讲过，她们的身份和外八旗人几乎相同，所以不会做大臣们家里的妾室。

帝生育了皇七女固伦和静公主、皇九女和硕和恪公主、皇十四子永璐、皇十五子永琰以及皇十七子永璘。后来皇十五子永琰继位为嘉庆皇帝，追封生母为孝仪纯皇后。

第三条路——藩邸入宫。难度系数四星半

清代王府即是所谓的"藩邸"。如果新皇帝是从王府或者阿哥所入主宫廷的，自然就是将王府或者阿哥所中的妻妾直接带入后宫，这便是"藩邸入宫"的路。

想要走藩邸入宫之路，基本上还是走与第一条或者第二条类似的路，通过选秀，成为某位皇子的嫡妻或者妾室，一旦这位皇子入继大统，自己便成了后宫主位。另外，内务府出身的宫女或者皇子自己旗分下属人出身的使女，也可以想办法成为主人或属主的妾室，再通过皇子入继大统而变为后宫主位[1]。

从藩邸入宫之路，可以以雍正皇帝为例。雍正皇帝继位之后，在雍王府时的嫡福晋便成为皇后，也就是孝敬宪皇后乌拉纳喇氏，两位侧福晋年氏和李氏，则分别成为贵妃和齐妃。不过，这条路虽然跟上面两条路相似，但是最大的难度其实在于皇子那么多，最终能够当皇帝的只有一位，如何确保丈夫夺位成功，才是最主要的问题。

---

[1] 属人和包衣的例子，比如雍正皇帝的敦肃皇贵妃年氏，原本出身镶白旗，她即是雍王府属人（雍正皇帝分府的时候分到镶白旗），而雍正皇帝的齐妃李氏，出身正白旗包衣，则是雍王府从宫中带出的包衣。

第四条路——蒙古王公之女。难度系数四星

蒙古王公之女,简单说来就是蒙古贵族的女儿。清代的蒙古族大致有两种,一种是居住在内外蒙古以及西北各地的蒙古盟旗,另一种是清代入关之前就已经被编入八旗的蒙古八旗。蒙古八旗的女性要参加八旗正身的选秀,蒙古盟旗出身的女性则不参加八旗选秀[1]。现代人所谓的"满蒙联姻",其实主要指和蒙古盟旗的女性联姻。

众所周知,清代宫廷与蒙古盟旗的满蒙联姻,从入关前的努尔哈赤时期就已经开始,努尔哈赤就曾经娶了科尔沁郡王孔果尔的女儿为侧福晋,也就是后来的寿康太妃。皇太极的后宫里,蒙古盟旗出身的女性更多,孝端文皇后、孝庄文皇后、敏慧恭和元妃(宸妃)等,都是蒙古王公的女儿。入关之后,这种习惯也被刚入关的清代后宫所继承,顺治皇帝的原配皇后,以及继后孝惠章皇后都是科尔沁博尔济吉特氏出身,同时其后宫里还有淑惠妃、恭靖妃、端顺妃、悼妃等数位蒙古盟旗出身的女子,由此可见一斑。

但是这种满蒙联姻的现象在康熙朝便突然减少。康熙皇帝只有慧妃和宣妃两位蒙古盟旗出身的后宫,其中慧妃是科尔沁博尔济吉特氏出身,幼年即进宫,在宫中长大,还没有得到位分便在康熙九年(1670)病逝,后来追封慧妃。有人认为,如果康熙皇帝没有在辅政大臣辅政时期娶了赫舍里氏的孝诚仁皇后,那么慧妃很有可能

---

1 顺便一提,清帝退位之后,小朝廷的宣统帝选皇后的时候,四位秀女里是有蒙古王公之女的,但那时已经是民国了。

成为康熙皇帝的皇后。另外一位宣妃,也是科尔沁博尔济吉特氏出身,入宫时间不明,之前待遇也不明,在康熙五十七年(1718)封为宣妃,前后也没有生育,后来在乾隆元年(1736)病逝。

在慧妃和宣妃之后,乾隆皇帝曾经娶过数位蒙古盟旗出身的女性,而从嘉庆朝开始,清代后宫就再没有娶过蒙古盟旗出身的女性了。晚清的孝静成皇后博尔济吉特氏和孝哲毅皇后阿鲁特氏,分别是满洲正蓝旗和蒙古正蓝旗出身,都是通过外八旗选秀进宫的。而这种旗人和蒙古盟旗的联姻传统则在清代公主和王公府邸的婚姻缔结行为中延续了下来。

简单来说,这条路的优点在于入宫便捷,没有什么竞争对手,而且一般来讲入宫后的位分就比较高,但是只有清初比较适用。

第五条路——汉妃。难度系数五星

所谓汉妃,是指民籍汉人出身的后宫主位,故而不包括出身汉军旗的后宫。

清代第一位有明确记载的汉妃是顺治皇帝的恪妃。顺治五年(1648),顺治皇帝下过两道旨意,均是关于满汉联姻的,其中明确说明"汉官之女欲与满洲为婚者,亦行报部。无职者,听其自便,不必报部"。还特别说明"其满洲官民娶汉人之女,实系为妻者,方准其娶"。旨意如此,顺治皇帝也身体力行,"选汉女以备六宫",于是河北滦州的石氏便进宫获封妃位。据说这位石妃入宫后,被安排住在永寿宫,还被允许使用汉式冠服,这是清代宫廷给予她的一种特殊待遇。后来石氏在康熙六年（1667）病逝，康熙皇帝为之辍朝三日，追尊为"皇考恪妃"。

从康熙朝开始，旗人和民人之间不通婚的情况渐成常态，故而明确记录为汉妃的几乎没有。但是一些奏折和档案表明，康熙皇帝以及乾隆皇帝都曾经让江南的相关官员在当地购买因贫穷而被家人卖身的女童，交到宫中调教后成为宫女，其中有一些便成了后宫的主位。不过，由于清初相关的记载很少，对于清宫汉妃的认识目前并不深刻。目前推测，康熙皇帝的顺懿密妃王氏、熙嫔陈氏、穆嫔陈氏等，都有可能是汉妃。

到了乾隆皇帝时期，汉妃依然可以在后宫中找到，如芳妃陈氏和禄贵人陆氏，均是江南的民籍汉人。其中，陈氏在乾隆三十一年（1766）被封为明常在，乾隆四十年（1775）晋明贵人，乾隆五十九年（1794）晋芳嫔，嘉庆三年（1798）晋芳妃，嘉庆六年（1801）病逝。陆氏则是乾隆二十五年（1760）被封为禄常在，乾隆四十年（1775）晋禄贵人，乾隆五十三年（1788）病逝。根据清代档案，乾隆四十三年（1778），芳妃的哥哥从扬州来到北京，托人找到了当时的内务府大臣，说自己"生活艰难"，请求在朝廷当差。乾隆皇帝得知之后，命人调查了芳妃的家庭，并将她的家人接到北京，编入内务府旗籍当差，又特别交代"不许在外生事"[1]。

总之，这种从南方挑选家境较差的女子并通过各种途径送入宫

---

1 见《宫中档》乾隆四十三年七月初十日寅著奏折朱批。

廷的方式，大致从康熙朝开始，直到嘉庆朝才基本取消，准确来说属于"内部操作"，并不是正式的途径。通过这种途径进宫的民籍汉女，进宫后的位分也不会很高，基本在嫔位之下，能到妃位似乎已经比较罕见了。

外八旗选秀：
从"待选"到"入宫"的千层套路

一位八旗女子要参加选秀，一共需要经过四个步骤，以下依次进行讲解。

第一步，搞清身份与条件

前面一节我们提到过，虽然理论上外八旗的所有旗人之女都能参加外八旗的选秀，但是随着旗人人口越来越多，阶级发展越来越复杂，外八旗秀女参选也就随着时间的推移逐渐有了门槛。所以，不同时期的要求不同。这里我们整理一下大致的情况，具体如表4-1、表4-2所示。

表4-1：清初至光绪朝中期八旗秀女参选条件表[1]

时间段	在京八旗		外任旗人	驻防旗人
	满洲、蒙古	汉军		
顺治时期至乾隆七年	全部参选	全部参选	全部参选	全部参选
乾隆八年至乾隆十一年	全部参选	全部参选	文同知[2]以上 武游击[3]以上	全部参选
乾隆十一年至嘉庆十一年	全部参选	全部参选	文同知以上 武游击以上	将军 都统 副都统[4]
嘉庆十一年至嘉庆十二年	全部参选	文笔帖式[5]以上 武骁骑校[6]以上	文同知以上 武游击以上	将军 都统 副都统
嘉庆十二年至光绪十二年	护军、领催[7]以上	文笔帖式以上 武骁骑校以上	文同知以上 武游击以上	将军 都统 副都统

1　表中官职为秀女父亲的官职，下页表同。
2　同知，为地方上"府"一级的副手，辅佐知府，是正五品文职（本文职官品级均为当时品级）。
3　游击，为地方上的军职，次于参将，是从三品武职。
4　这里的副都统指的是各地驻防的副都统。八旗在各地的驻防有将军、都统、副都统、城守尉等职官，根据驻防地点不同，职官的设置和数量也不同。如西安驻防有将军一员、副都统两员；察哈尔驻防有都统一员、副都统一员。驻防的副都统为正二品武职。
5　笔帖式，为八旗各营以及很多部院衙门里的低级职官，各旗下以及各衙门中笔帖式的数量各有不同，其品级一般为七品至九品乃至无品。
6　骁骑校，为八旗骁骑营的职官，各旗下每个佐领设立一员，是正六品武职。
7　护军与领催都是八旗结构之下各佐领的兵缺，无品级。各旗人数依照时代的变化不定，仅以康熙时期定制来看，满蒙八旗每佐领下有护军十七员，领催六员，是各佐领兵丁之中比较高级的。在其之下还有马甲、步甲等，其女儿在清代中后期便不用参加选秀。

表4-2：光绪朝中期之后八旗秀女参选条件表

时间	参选年龄	在京八旗		在外八旗	
光绪十二年	13岁至19岁	现任	文六品以上 武五品以上	现任	文知府以上 武参将以上
		原任	文六品以上 武六品以上	原任	文知府以上 武参将以上
光绪十七年	15岁至19岁	文五品以上 武四品以上		皆不参选	
光绪二十年	13岁至18岁	文六品以上 武五品以上		不明	
光绪三十二年	14岁至18岁	文五品以上 武四品以上		文五品以上 武四品以上	

看完了出身，还需要注意的就是在不同时期选秀有一些不同的禁例，具体如表4-3所示[1]。

---

[1] 另外，根据嘉庆五年（1800）的上谕，皇帝乳母之女也不用参加选秀。但是由于皇帝的乳母一般都是上三旗包衣人，所以这条规定基本上只在选宫女的时候体现出来。

表4-3：清代八旗秀女禁止参选情况表

禁例开始时间	禁止选秀之身份	取消时间[1]
顺治年间	宗室觉罗之女 有残疾不堪入选者	
乾隆七年	皇太后、皇后之姐妹 皇太后、皇后兄弟姐妹之女	嘉庆十二年
嘉庆五年	皇后、皇贵妃、妃、嫔之亲姐妹	嘉庆十二年
嘉庆六年	公主之女	
道光二年	八旗另记档案人之女 八旗内抱养民人之子为嗣之女	

第二步，报名待选

确定了身份，规避了禁例，确定有参选资格，接下来就要"报选"。"背景常识篇"一章里我们讲过，旗人有自己特殊的户籍，一落生，便在旗档上有记载，这种关于人口的档案又叫"花名册"。家人算着女儿虚岁到十三岁了，便会去找牛录额真"报选"，正式将女儿写进本旗本佐领的秀女单子里，准备选秀。

清代外八旗选秀理论上是每隔三年进行一次，但并不是固定的。有时遇到帝后的丧事或者其他特殊理由，选秀可能被延后、改期乃至于取消。而如果遇到皇帝将要选出正宫皇后之类的特殊情况，选秀还可以加选。总之，这个决定权当然在宫廷主事人手中，

---

[1] 表格中凡是未写明取消时间的，则禁例自开始之年代始，至清末仍有效。

秀女只能乖乖待选。

清代规定，凡是符合选秀要求的外八旗女子，只有经历过八旗选秀，被撂牌子之后，才有自由婚配的权利。所以，秀女这一生之中是必须经过选秀这一关的。如果秀女不经选秀就嫁人，处理方法首先是判决其既成婚姻无效，然后将这秀女及其家人罚为奴仆，最后其旗里的大小官员也要受到处分。就算秀女因病或者服丧而不能参加选秀，其名字也要被记录下来，之后参加下一届的选秀。换句话说，秀女还是逃不过这一关的。

秀女正式参加选秀之前，首先要向自己旗里的人去问"日子"，也就是选秀的具体日期。清代选秀人数较多，所以会有一个整体的计划和安排。从嘉庆二十年（1815）开始，制度上规定的选秀顺序为：第一天的一班是八旗满洲及八旗蒙古的二品以上官员之女，然后从第二天开始，每天是两个旗，如第二天是镶黄旗三旗及正黄旗三旗，第三天便是正白旗三旗以及正红旗三旗。不过根据档案来看，除了第一天固定是满蒙八旗二品以上官员之女外，其余几天虽然基本是每天两个旗，但是排列顺序一般依据各旗秀女的人数来决定。

第三步，参选

在正式参加选秀的前一天，家里就要开始忙碌备车了，为了体恤那些家境不好没有车用的人家，从乾隆朝开始还特赐给每户秀女家一两银子用来雇车。参加选秀前一天的半夜，秀女就要乘车从地安门进入皇城,到神武门东栅栏之后根据官员们的安排,按照自己的顺序停下车辆。清晨,神武门打开,秀女们就依次下车,列队由太监带入宫内。

进了宫内,太监把秀女带到临时决定的选秀场所。顺便一提,或许是因为"储秀宫"这个名字给人带来的联想,很多电视剧都认为挑选秀女是在储秀宫。实际上,根据清宫档案,选秀的地点一般在选秀之前临时决定,地点也经常变化,但是肯定都在后宫里。御花园、静怡轩(建福宫后寝殿)、体元殿(太极殿的后殿位置)、坤宁门(坤宁宫的北门)等,都做过选秀的场所。

秀女到了选秀地点后,就要列队准备让帝后选看。乾隆皇帝曾经有过一则上谕,提到在选看的时候要六个人一排。不过从目前保留下来的档案来看,列队似乎也没个准确的规则,有时五个、七个人一排,甚至还有双人乃至单人的情况。无论每次多少人,这么一拨儿一拨儿地走到看选的帝后面前就可以了。此外,电视剧里,秀女似乎都要准备一些开场白,弄得跟面试似的。实际上,秀女初选时一般人数极多,基本是"立而不跪",连请安都不用请,更不需要说话。秀女来选秀时,身上会挂着一个小木牌子,写着"某某旗某某官某人之女某某氏",有的时候还要写上"三代",即祖父、曾祖父的官职与名讳,如果秀女跟后宫某主位有亲缘,也要特别注明。帝后面前也有一排排的小木牌子[1],上面写

---

1 正式的名称为"绿头牌"。实际上,不仅秀女的名牌叫绿头牌,清代大臣的名牌也一样叫绿头牌。

的内容跟秀女身上挂的是一样的。人数众多,礼仪简单,所以这个过程其实是很快的。

在这个过程中,帝后如果看秀女顺眼,就会示意将秀女的牌子留下来,这个举动的正式称谓叫"记名",民间则称之为"留牌子"。而如果帝后没有看上秀女,牌子就会被撤走[1],这就是所谓的"撂牌子"。被撂牌子的秀女,从此就基本跟宫廷无缘,可以回家自由婚配了。而被"记名"的,也不一定就会成为后宫主位,一般还要继续参选。清代当然是有直接一次就被决定为后宫主位的秀女,但被记名之后再次参选似乎是更为常见的情况,以光绪朝选秀女为例:光绪十二年(1886)正月,统计各旗秀女共一百位左右。光绪十二年二月十九日,选看秀女,记名三十六位[2],其余撂牌子。光绪十二年八月十九日,复看记名秀女,记名十四位,其余撂牌子。光绪十三年(1887)二月十七日,选看当年符合年龄的新秀女,记名十五位,后又记名两位,共十七位。光绪十四年(1888)九月二十四日,复看所有三十一名记名秀女[3],记名十一位。之后在这十一位记名秀女之中选出了皇后叶赫纳喇氏以及瑾嫔他塔喇氏和珍嫔他塔喇氏三位[4]。真的是"过五关斩六将"。

---

[1] 其具体的行为,有记载是直接将一排名牌中帝后中意的名牌拿起来单放,其余撤走,有的记载则是说将帝后中意的名牌翻过来,之后由太监分别放置。
[2] 光绪年间选秀的条件有所提升,所以秀女数量较少,不需要分天选看。
[3] 原为三十二位,其中一位在记名过程中病故。
[4] 本资料源自许妍《清代"选秀女"制度研究》文内整理之《八旗都统衙门档》。

第四步，中选之后

参加外八旗选秀的秀女，要么被撂牌子，要么被记名。如果被记名的话，有可能最终还是被撂牌子，有可能被指婚给宫廷里的皇子皇孙，有可能被指婚给近派宗支的宗室王公，还有可能被指婚给当朝大臣之子，而最后一种可能，就是成为后宫主位。

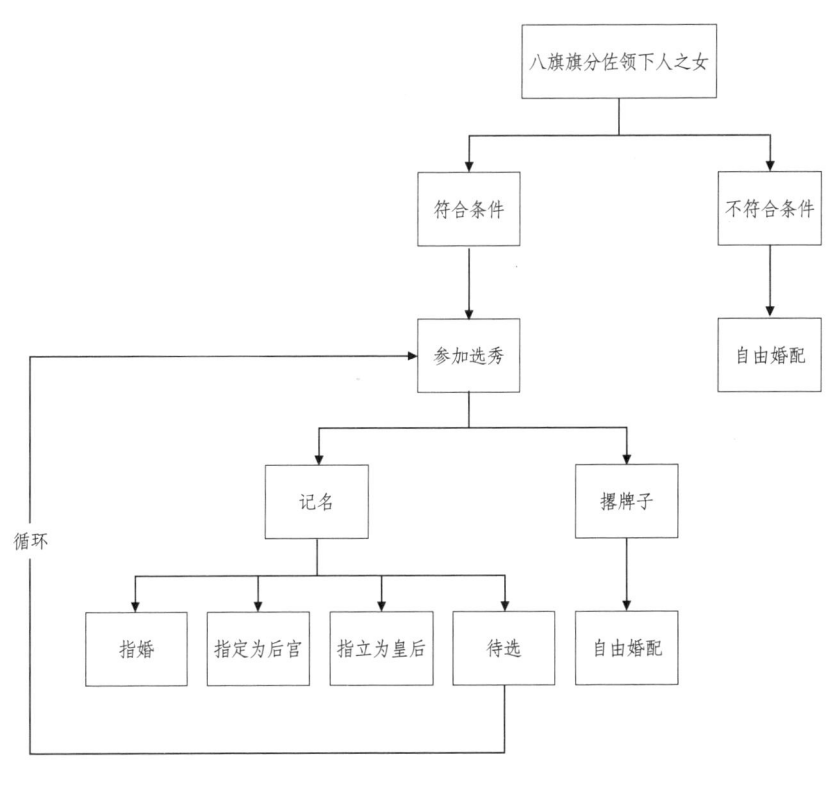

八旗秀女选秀流程

虽然过程十分曲折，但是只要秀女幸运地被选为后宫主位，那一瞬间，身份就发生了改变。

如果有幸被"指立"为皇后，那么在秀女选秀完毕出宫去的当天，就会有一大群太监、侍卫、使女护送着回家，因为这时秀女已经是"指立皇后"了，虽然还要暂时回本家居住，但是身份已经变成家人的"主子"，并且要开始由宫中派出的一套人员伺候了。

同时，宫中还会有指示，来重申秀女在本家中的地位。如同治皇帝的皇后阿鲁特氏在同治十一年（1872）二月初三日的选秀中被指立为皇后之后，朝廷即向其本家下达了这样的命令：

> 指立皇后至邸第，皇后母家亲戚人等不许瞧看、居住，其皇后父兄等及家人，亦不许擅入二门。

意思是说，已经被立为皇后的女子，先要回自己家，过一段时间才会入宫。但她人虽然已经回家，却已经转变身份，成为"主子"。因此回家之后，本家亲戚不能随便来看视、串门，父亲、兄弟等男性也不能再随便进入内宅。可以得知，这时被指立的皇后已经脱离了娘家的生活系统。

之后，秀女就要慢慢等待婚礼的到来，其过程需要数月之久，宫廷中会为秀女准备各方面的仪式和妆奁。清代规定，后宫的所有妆奁等物，都由宫中派发，所以本家完全不需要为这些事情烦恼[1]，各种事务就已经让他们应接不暇了。以光绪皇帝的皇后叶赫纳喇氏为例：光绪十四年（1888）十月初五日，叶赫纳喇氏在选秀中被指立为皇后，暂回本家居住。随同叶赫纳喇氏一同归第的，有大量太监、宫女、侍卫。光绪十四年十一月初二日，行纳采礼[2]。纳采之后，未时举行纳采宴。光绪十四年十二月初四日，行大徵礼[3]，共龙亭七十四座，采亭五十八座。光绪十五年（1889）正月二十四日、二十五日，皇后叶赫纳喇氏妆奁入宫。光绪十五年正月二十六日，册封叶赫纳喇氏为皇后，皇后叶赫纳喇氏由邸第升凤舆，由大清中门行御道至乾清宫降舆，诣坤宁宫行合卺礼[4]。

不过皇后毕竟是皇后，能直接被指立为皇后的概率也是很小的，相对而言，被指定为其他主位的概率更大，仪式也要简单得多。以光绪皇帝的两位嫔为例：瑾嫔和珍嫔这一对他塔喇氏姐妹是和皇后叶赫纳喇氏在同一天被指为后宫主位的，不同于皇后被称为"指立"，后宫妃嫔们则被称为"指定"。与皇后相同，她们的身份也在指定的同时发生了变化，但是宫廷中只是下达了"指定嫔贵

---

1 清代不允许后宫本家置办妆奁，大致也有削弱后宫和本家联系的因素。另外，后妃的妆奁，特别是皇后的妆奁，是一般人家绝对负担不起的。如光绪帝大婚，费用为白银550万余两，黄金6900余两，其中给皇后的妆奁花费就达3800余两黄金。此数据见毛立平《清代嫁妆研究》。
2 相当于宫外的"小定"，送一些简单的礼品表示订婚。
3 相当于宫外的"大定"，宫中正式将皇后的妆奁交予其本家，并且给其本家以赏赐。后文中"龙亭"即是皇后所用的妆奁，而"采亭"即是给皇后本家的赏赐。
4 即大婚礼。以上环节皆出自《光绪大婚全纪录：〈大婚典礼红档〉》所引《大婚典礼红档》。

人至家内应派护卫人员"的旨意，远没有皇后家里那么严格[1]。仪式也没有纳采、大徵、大婚等过程，只不过规定了瑾嫔、珍嫔姐妹在正月二十六日清晨入宫[2]，"进宫前一日由内派总管太监等持送钿钗衣服等至家内"，并且"进宫时派乾清宫总管一名、敬事房首领太监二名、本宫首领太监，至嫔位贵人家内迎接进宫"[3]而已。

---

[1] 值得注意的是，一般认为清代后妃的所有妆奁都是由宫廷派给的，但是在《大婚典礼档》中，有"指定嫔贵人由内赏给银两置办寻常衣服"一条，有可能是光绪朝婚礼崇尚"节俭"而导致的。而除去衣服之外，其余妆奁均是由宫中提供。
[2] 以晚清的例子来看，同时被指为主位的后宫应比正宫皇后早一天入宫。如德宗光绪的主位里，皇后叶赫纳喇氏是在正月二十七日天亮前入宫的，而瑾嫔、珍嫔姐妹则是在正月二十六日天亮前入宫的。另外，虽然后宫入宫在正宫之前，但是正式册封则晚于正宫皇后。
[3] 出自《大婚典礼档》中《指立指定事宜》折。

后宫的生活：
嫔妃侍寝可不是"脱光了用被子裹起来"

外八旗秀女被选中之后，就会成为宫廷的一员，开始自己的后宫生活。作为后宫的成员，将会有以下待遇。

位分

位分就是自己的后宫等级。无论是皇后还是贵人，总之都会有一个自己的位分。位分会随着在后宫表现的情况而增高或降低。一般来讲，增高位分的最佳方式是为皇帝生育子女，特别是如果生育的儿子继承了皇位，那自然是一步登天。另外，在重大节庆，比如说帝后过整寿的时候，作为特恩增高位分，也是清后期的常见情况。当然，有升也有降，万一做错了什么事，位分也是说降就降，就算给降到最后一级也是有可能的，清代甚至有过后妃直接被降到"负一级"的官女子。

住所

无论是什么位分，都能获得自己的住所，只不过位分高的后宫住所更大更好，位分低的就相对差一点儿。清代给当朝皇帝后宫居住的区域，是故宫中的"东六宫"和"西六宫"，也就是民间俗称的"东西十二宫娘娘"，而很多清代帝王的后宫都是超过十二位的，这就需要通过位分来区分。清代官方制度规定，嫔一级以上的后宫才能独居一宫，嫔以下等级的后宫只能随高等后宫住在某一宫的厢房[1]等处。虽然在执行上有一些出入，不过基本还是依照这个规定来进行的。

份例

既然是要在宫廷中生活，各方面的物品自然都有所需要。从最直接的金银、布匹、毛皮，到每天的肉类、菜蔬、米面，乃至于鸡蛋、豆腐等副食品，还有炭、蜡、油、茶等，生活中需要的一切，宫廷都会供给。不过，根据位分的不同，所获得的生活用品数量也不同。但是无论如何，就算是最低定额的生活用品，也远超宫外的小康人家。

仆役

既然是被选到宫中作为后妃，属于"主子"的身份，宫廷会配

---

1 清代后宫各宫均由前殿、后殿、西配殿、东配殿等部分组成。

给相应的奴仆。宫中的奴仆主要是太监和宫女，其数量同样是随位分的降低而依次减少，比如说清代规定，皇后手下的宫女有十名，妃、嫔有六名，而贵人只有四名等，虽然在执行上和这个数字略有出入，但是位分越低奴仆越少这一点是肯定的。

较高的物质待遇，是清代后宫生活的基础。一般而言，清代后宫的生活大致由两种日子组成。一类是特殊日子，比如说庆典、过节、祭祀，都会事先通知后宫应该做的准备，以至于不会犯错，但是这种特殊日子一般都会比较乏味，利益性质特别强，经常是在十分辛苦的行礼活动之后，以十分礼节性的宴席作为结束。另一类则是普通日子，也就是所谓的"后宫的日常"。

清晨，手下的宫女太监叫主位起床。除非生了病，一般情况下作息时间都是固定的[1]。主位起身之后，手下宫女太监等先来请安，之后伺候主位梳妆打扮一番，喝一点茶，吃一点点心、甜品，就要准备去各处请安了。清代世家讲究"晨昏定省"，宫廷也不例外，若宫中有皇太后之类的大长辈在，早上便一定要去请安。若没有皇太后等长辈，则要到皇后处请安[2]。"请安"虽然只有两个字，但是并不那么简单，不要想着几分钟就能完事。后宫生活本质上枯燥乏味，后宫们经常在上午请安的时候凑在一起闲谈玩笑几句，或是跟脾气相合的姐妹一起在后宫溜达溜达，时间也就差不多到中午了。

---

1 一般来讲，旗人家出身比较好的女孩子，从小就是清晨起床，几乎没有"赖床"的说法，故而在成年之后可以养成习惯。
2 若皇太后在世时，也应当先去皇太后处请安，后去皇后处请安。视情况亦可颠倒。

时间到了中午,要用"早膳"[1],实际上即是午餐。主位用过了午餐,还会有果盒之类的水果、点心。再之后,主位可以在后宫转一转,后花园等都是比较适合的去处,稍微溜达溜达,就回自己的住处歇午觉。午睡一两个钟头起来,再用点果盒,仆人跟着主位从住所出去,再到皇太后、皇后那里请晚上的安,同时在皇帝那边儿,就要准备"递牌子"了。

关于清宫后宫的隐秘之事,民间有很多种说法,其中影响最广的说法即是"脱光了用被子裹起来",很多人信以为真。有关专家特别批评过这种说法[2],还有专家感慨过这种不近人情的形容,放到常人家里都知道不大可能。总之,清代主位们其实是一起到养心殿后殿的西耳房燕喜堂[3]待命,这时皇帝正在养心殿准备用膳,太监端来一些木牌子,形状与参加选秀时候那种绿头牌一样,上面写着主位的位分和封号。太监将这些绿头牌放在膳桌上,皇帝思考片刻,将某个主位的绿头牌翻了过来,太监便到燕喜堂,说皇帝传了某主位,某主位便在太监的引领下,和皇帝一起进膳,之后同寝。

后宫里主要的娱乐活动除了各种节庆之外,就是在后花园溜

---

1 关于用餐部分,详见"饮食文化篇"一章。
2 详见朱家溍《故宫退食录》。
3 养心殿后殿的西耳房,在雍、乾时期只称西耳房,咸丰二年(1852)更名"平安室",同治十一年(1872)同治皇帝大婚之前改为"燕喜堂"。另外根据朱家溍《为电影〈火烧圆明园〉〈垂帘听政〉答客问》一文的说法,后宫之中只有皇后不用聚齐待命,她在养心殿后殿东耳房的体顺堂,这是专门给她的寝室之一,皇帝若想今天和皇后生活,便前往体顺堂。与西耳房燕喜堂相同,东耳房的名字也有过变化。明代时叫隆禧殿,雍、乾时叫东耳房,咸丰时叫绥履殿,同治皇帝大婚前改为同和殿,光绪皇帝大婚时改为体顺堂。

达,以及在屋里搞点儿文体活动。如果主位有点儿文学艺术细胞,可以写字、作诗、画画、看书;如果觉得无聊,可以让太监、宫女讲笑话或者讲故事,乃至于读书[1];如果主位喜欢热闹的话,可以和后宫的姐妹们玩各种游戏,像今天"大富翁"之类的棋牌游戏古代也是有的[2]。其他的,可能偶尔会在宫里演戏,看看戏也是很不错的。总的来说,清代后宫生活是比较无趣的,因此主位有的时候很盼望宫外有人能进宫来,多聊聊天什么的。但是,清宫戏里那种没事就把娘家父亲、兄弟叫到宫里商量事的基本是胡诌。一旦入了宫,在人事关系和经济上就都跟本家进行了切割,本家的任何仆人以及任何财产都不允许随主位进入宫廷,而主位在宫廷的一切人事、经济关系则一概不能给予本家。只能"每遇年节或家中偶有事故,太监、宫女首领可奉主命前往外家探慰"而已,多余的就别想了。朝廷每月给主位的银两,其作用主要是让主位赏赐周围的人,当然,主位可以试着通过太监、宫女往本家送,一旦被发现估计就要被论罪。乾隆皇帝曾经说过一段经典的训示:

> 尔等严谕首领太监,凡宫内之事,不许向外传说,外边之事,亦不许向宫内传说。至于诸太妃所有一切,俱系圣祖皇帝所赐,诸母妃所有,亦是世宗皇

---

[1] 很多网络上的文章说太监、宫女都不准识字,实际上并不是这样的。民国年间和中华人民共和国成立初期对清宫旧太监的调查里提到,专有一些认字的太监,有时负责给后宫念一些经典书籍,以消磨时光。
[2] 称为"升官图",有各种主题。

清人画《玫贵妃春贵人行乐图》轴

帝所赐，即今皇后所有，是朕所赐。各守分例，撙节用度。不可将宫中所有移给本家，其家中之物亦不许向内传送。[1]

意思是说，各宫的事情，一概不许向宫外言讲。后宫妃嫔所有的物品，都是由宫廷、皇帝赏给的，因此也不能随便交给妃嫔的族人。

一般来讲，主位能够见到自家父母，有三种情况。首先，根据清宫规定，"内廷等位父母年老，奉特旨入宫中会亲者，或一年，或数月，许本生父母入宫，家下妇女不许随入，其余外戚一概不许入宫"。不过看到"特旨"两个字，就知道其困难程度了。其次，清宫规定，如果主位有幸怀孕了，不仅每天提供的食品有所增加，还"准亲眷一人进内照看，至满月时出"。所以在主位怀孕的时候，可以点名让母亲进宫来陪伴，这已经是很不容易的了。最后还有一种方法，如果主位在宫廷中的地位到了慈禧太后的那种身份，那么随便叫本家女性亲戚来后宫走动一下，就简单多了，而男性亲戚呢，则可以在处理政事的时候见到。

顺便一提，自从清代后宫制度规范化了之后，后宫省亲就没发生过。《红楼梦》里面虽然有"元妃省亲"的故事，但那显然是虚构的。清代只允许后宫的家人入宫"会亲"，条件也是比较苛刻的。很多民间传说也说过省亲的事情，比如有人说在慈禧太后母

---

[1] 出自《钦定宫中现行则例》。

亲去世的时候，她曾经回家祭奠，而事实上查询当时的官方记录以及档案，这些行为都不曾有过。据说入宫会亲的后妃亲属，也不能居住在后宫之中，而是住在故宫东北角角楼下的小院子内。顺便一提，"清宫"有记录的第一次"省亲"，应该是端康皇贵妃因其母七十大寿回中老胡同的本家省亲，那一年是1924年，清帝已经退位十余年了。

还有，电视剧中常有后宫主位跟太医互相串通等剧情。其实，清宫太医也并不像电视剧里那样神通广大。首先，清代太医院虽然等级并不高，但是以人数来讲是个大衙门，下分五科，即大方科、小方科、外科、眼科、口齿科[1]，太医也有数十人之多。所以不会像电视剧里一样，无论主位得什么病都是同一位太医来看病，而且如果不是小病的话，经常是数位太医一同会诊，就更复杂了。何况，太医看病时所有脉象、用药都要作出详细记录，经过太医院领导的审批，才能执行。在配药、熬药的时候，经常还要由太医院的医官和宫内药房之太监互相监督着共同进行，以防出现问题。再有，电视剧往往限于经费问题，后宫各宫里都空荡荡的，而实际上，真实的后宫随时都有很多太监、宫女当差，出格的事件比较难发生。

至于民间传说宫女被后宫虐待，乃至有传说认为宫女的命"不值钱"，经常在宫里莫名地就被弄死了。但是从目前的资料来看，清宫家法是比较严格的。比如说有这么一条上谕：

---

[1] 清初太医院分十一科，乾隆年间改为九科，光绪时期则为五科。

谕诸皇子及军机大臣等。昨惇妃将伊宫内使唤女子责处致毙,事属骇见,尔等想应闻知。前此妃嫔内间有气性不好,痛殴婢女,致令情急轻生者,虽为主位之人,不宜过于狠虐,而死者究系窘迫自戕,然一经奏闻,无不量其情节惩治,从未有妃嫔将使女毒殴立毙之事。今惇妃此案,若不从重办理,于情法未为平允,且不足使备位宫闱之人咸知警畏……事关人命,其得罪本属不轻,第念其曾有公主,故量从未减耳。若就案情而论,即将伊位号摈黜,亦岂得为过当乎?……且如朕为天下主,掌生杀之权,从未尝有任一时之气将阉竖辈立毙杖下,诸皇子岂不知之?……所有惇嫔此案,本宫之首领太监郭进忠、刘良,获罪甚重,著革去顶戴,并罚钱粮二年。其总管太监,亦难辞咎,除桂元在奏事处,萧云鹏兼司茶膳房,每日在御前伺候,不能复至宫内稽查,伊二人著免其议罪。其王成、王忠、王承义、郑玉柱、赵德胜,专司内庭,今惇嫔殴毙使女,伊等不能豫为劝阻,所司何事?著各罚钱粮一年。但其事究因惇嫔波累,著将伊等应罚钱粮于各名下扣罚一半,其一半亦著惇嫔代为缴完。所有殴毙之女子,并著惇嫔罚出银一百两,给其父母殓埋……将此旨交总管内务府大臣传谕内府诸人知之,并著缮录一通交尚书房、敬事房存记,令诸皇子共知警省，永远遵奉。[1]

意思是，乾隆四十三年（1778）十一月，乾隆帝宠爱的惇妃将其宫内宫女责打致死。乾隆帝表示，之前曾经有过妃嫔性格不好，殴打宫女，事后宫女轻生之类的情况。但当场将宫女打死，这还是第一遭，因此需要严惩。于是惇妃被降为嫔，其宫内的太监罚俸，死去宫女的家人则由惇妃出资安抚。同时，将这道旨意存档，时刻警示宫中。由此可见，清代后宫责打宫女致死应该是比较罕见的事情。

在清代，如果家里的女儿能够进入后宫成为主位，特别是成为皇后，这对于封建家族而言是提高门第的一个重要途径，所以想着把家里的女儿送进宫去的人家还是不少的。但是在清中叶之后，有这种想法的多数是略有没落的旧世家或者是刚刚进入世家圈子的"新贵"，一些传统的、仍然保有地位的八旗世家，多数是不希望自己的女儿入宫成为后宫主位的。其主要原因就是宫中生活虽然富贵，但是很难说幸福如意。清代有人这样形容秀女入宫的情况："去室家，辞父母，以入宫禁。果当选，即终身幽闭，不复见其亲，生离死别。"所以也就有了一些"贺妹撂牌子""贺女撂牌子"的诗作留下。

---

[1] 出自《大清高宗纯皇帝实录》乾隆四十三年十一月甲午条。乾隆帝的惇妃汪氏，原为正白旗包衣人，乾隆二十八年（1763）入宫，封永常在，后晋封为惇妃，生有皇十女和孝固伦公主，乾隆四十三年（1778）因此事被降为嫔。

宫女：
逃出宫廷的三个小妙招

讲完清代的后宫主位，我们再来看一看清代宫女的情况吧。

宫女的制度

宫女，在清代又叫"宫女子""官女子"，有的时候也写成"使女""侍女"，某些档案甚至直接写成"女子""女孩儿"。在清代之前的朝代，伴随着"宫女"这个词的，还有一个称呼叫"女官"。大体而言，各朝后宫之中不仅有各位皇后妃嫔，还有很多类似侍女身份的女性。其中一些有相当地位的女性，朝廷给予她们相当于朝廷内男性的一些品级，并让她们负责一些后宫的具体事宜的，称之为"女官"，而多数没有品级的侍女，则概称之为"宫女"。

清代入关初期，曾经也想要套用这套制度，模仿明朝建立起女官体系。来看一条顺治朝的记录：

> 礼部等衙门会议宫闱女官名数品级及供事宫女名数。乾清宫，设夫人一位，秩一品。淑仪一人，秩二品。婉侍六人，秩三品。柔媛二十人，芳媛三十人，俱秩四品。尚宫局，尚宫、司纪、司言、司簿，各二人，司闱四人，女史六人。尚仪局，尚仪一人，司乐二人，司籍、司宾、司赞，各四人，女史三人。尚服局，尚服一人，司仗四人，司宝、司衣、司饰、女史，各二人。尚食局，尚食一人，司馔四人，司酝、司药、司供、女史，各二人。尚寝局，尚寝一人，司设、司灯，各四人，司舆、司苑、女史，各二人。尚绩局，尚绩一人，司制四人，司珍、司彩、司计、女史各二人。宫正司，宫正、女史各二人。俱秩六品。慈宁宫，设贞容一人，秩二品。慎容二人，秩三品。勤侍无品级定数。从之。[1]

不过，这套制度只是进行了讨论，并没有实施[2]，也没有建立起女官相对应的部门。最终，清代将"女官"和"宫女"分成了两种截然不同的身份。

1　出自《大清世祖章皇帝实录》顺治十五年十一月庚子条。
2　或曾经短期建立过相关的制度，但是很快便废弃了。

清代正式称谓上的"女官",指的是由朝廷指派,在后宫典礼中进行辅助工作的旗人命妇[1]。比如说在同治皇帝大婚的时候,要进行大婚礼,需要有许多仪式,于是宫中便挑选女官,最终选出"和硕礼亲王世铎嫡福晋、和硕睿亲王德长嫡福晋"等宗室命妇十六人,"镶黄旗汉军子爵宝善嫡妻、正白旗满洲伯爵达明嫡妻"等上三旗世爵世职和内务府三旗高级官员命妇六人,"内务府郎中运明嫡妻、候补郎中福荣嫡妻"等内务府三旗普通官员命妇二十人,一共四十二位女官。她们都被安排了各自的任务,如宗室命妇里的贝勒奕劻嫡夫人,其所要做的任务即有与其他几位命妇带领内务府女官前往皇后邸第迎亲,伺候皇后升舆,合卺礼后伺候皇帝、皇后"倒宝瓶"等。完成任务之后,这些女官便可以交差回家。[2]所以清代女官都是旗人命妇,换言之都是已婚妇女[3],而且都是临时的差事。

　　至于清代的宫女嘛,主要是由八旗制度影响的。前面讲过,清代皇帝在名义上是八旗的共主,而事实上是上三旗的主人,特别是上三旗的包衣,就是专门服务皇帝家庭内部事务的。有这么一个具有"传统"的组织,清代也就不用为宫女的问题发愁,直接把上三

---

[1] 裕德龄曾经自称为"紫禁城八女官"之一,这种称呼其实是她自己起的,清代官方并无这种"女官"设置。裕德龄姐妹的身份,实际上等于慈禧太后的"清客",说俗了,只是个"陪聊"而已。
[2] 以上女官信息见《大婚典礼红档》。
[3] 目前看到过的女官名单内没有民人官员的命妇,这应该是考虑到宫内风俗习惯的问题。

旗包衣拿来用了。在这种情况之下形成的宫女制度,就与明朝的宫女制度有很大不同了。

内务府选秀

和外八旗的后宫选秀一样,如果想要当一位宫女,也要进行选秀,只不过需要参加的是内务府选秀。

看过前面的章节应该知道,内务府三旗即是上三旗包衣,具体来说就是镶黄旗、正黄旗、正白旗这三个旗的包衣,出身上三旗包衣是参加内务府选秀的第一项条件。确定了户籍可以参加内务府选秀之后,还要核对以下几点:

1. 是否身有残疾?缺胳膊缺腿儿、跛子等,都是不能当宫女的。

2. 是否患有恶疾?有刺激性体味、毒疮等,也是不能当宫女的。

3. 是不是皇帝乳母、保姆的女儿?虽然乳母、保姆是仆人的身份,但是清代人习惯将之视为如同母亲一样的"家人",所以她们的女儿不能当宫女[1]。

4. 是不是"回子、番子"之女?上三旗包衣里有少量的"回子、番子"人,所谓"回子、番子"一般是指维吾尔族等少数民族。这些民族在生活上有特殊习惯,所以不适合当宫女[2]。

如果四项都过关,表示可以参加内务府的选秀[3]。内务府选秀与

---

[1] 此例从嘉庆五年(1800)开始实行。
[2] 此例从道光二年(1822)开始实行。其中的民族不包括汉、满、蒙古、朝鲜。
[3] 顺便提及,盛京(沈阳)也有内务府,清初时,盛京内务府也要送秀女,而从乾隆朝开始,盛京内务府的旗人就不用参加内务府选秀了。

外八旗选秀有一些区别，也需要注意：

1. 外八旗的选秀理论上三年一次，内务府的选秀理论上是一年一次，不过到时候是否进行，依然要由帝后来决定。

2. 外八旗的选秀一般是虚岁十三岁开始参加，内务府的选秀则是虚岁十一岁开始参加。

3. 参加外八旗选秀的秀女，对其父亲职官有相当的要求，参加内务府选秀的秀女则无要求。

凡是内务府的旗人女子，都是要参加内务府选秀的。不过，雍正皇帝曾经有过一条上谕，说"凡挑选使令女子，在皇后、妃、嫔、贵人宫内者，官员世家之女尚可挑入。如遇贵人以下挑选女子，不可挑入官员世家之女，若系柏唐阿、校尉、护军及披甲闲散人等之女，均可挑入"。到了晚清时期，似乎内务府高级官员之女参加内务府选秀基本是走个过场，选中的大多是一般人家的女儿。

至于选秀的流程，跟外八旗选秀也类似。

在规定选秀的这一天，秀女由家里雇车送往神武门外集合，之后由太监引入宫廷，前往规定好的地点由帝后验看。秀女在被验看的时候，身上挂着一张纸条或布条，上面写着秀女的个人信息，而在内务府相关部门，还有这些信息的备案。上面写道：

> 镶黄旗延祥管领下应看女子，披甲人福顺之女，三妞，牛年，十三岁。并无生疮、气味，亦无残疾。蒙古他拉氏。女子并无妃嫔之姐妹兄弟是实。为此，

内管领延祥，领催文忠同保，光绪二十七年。

简单意译的话，就是：

这是镶黄旗的待选女孩，是披甲人福顺的三姑娘，牛年出生，今年十三岁。蒙古人，姓他拉氏。没残疾没恶疾，跟后宫主位也没什么血缘关系，可以安心让她当差。延祥、文忠二人作保。

清代中后期，女性一般不在官方的档案上留下自己的闺名，所以秀女档案中一般都称之为"妞"或者"姐儿"，前面的数字是她们的排行。曾经有些学者看到档案，便直接理解为宫女的名字都是"大妞""二姐儿"这样的。不过从清宫人员的回忆以及宫内一些专门的档案来看，宫女们实际上都有自己的名字，其中固然有真的叫"五妞""九妞"这类名字的，但是也有"小竹""小福"之类的名字[1]。

帝后们看着这些信息，再看秀女的相貌、姿态，决定哪些人中选，哪些人撂牌子[2]。

与外八旗的选秀一样，内务府选秀也有几种不同的命运：

1. 直接被撂牌子，可以回家自由婚配去了。
2. 中选，就要成为宫女。
3. 指婚。内务府的秀女有可能被指婚给皇宫内的皇子做侧

---

[1] 有趣的是，这些宫女的名字之所以被记录下来，有些是由于晚清宫廷参与者的记录，有些则是由于她们在宫廷内获罪之后留下的处罚档案。
[2] 一般来讲，内务府选秀没有"记名再选"一说。

室，也有可能被指婚给王公大臣以及他们的子孙做正室。

4. 指派。有一些秀女会被指派到一些王府里做侍女。

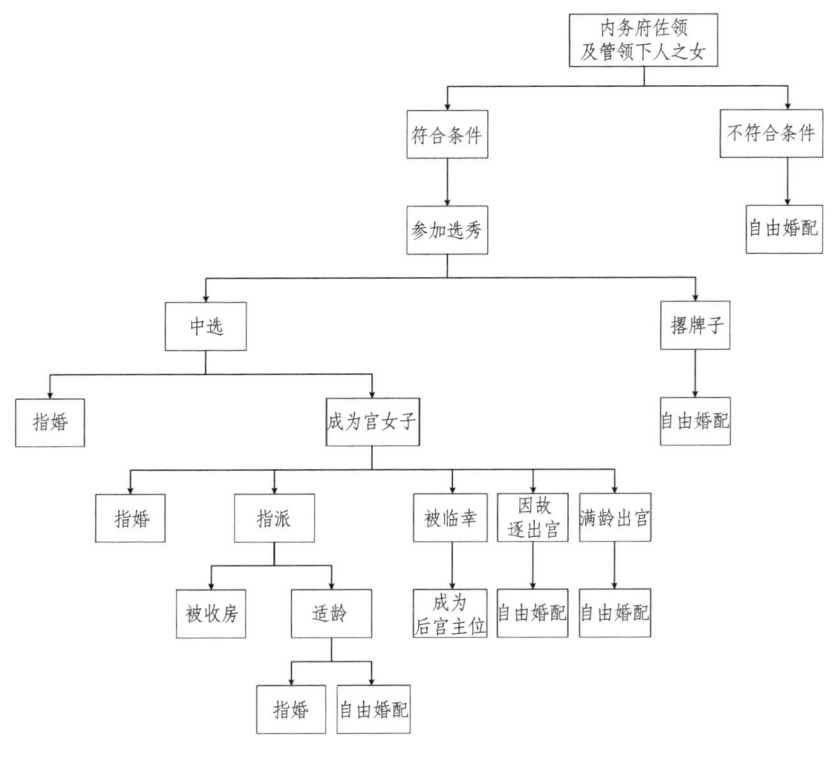

```
                    内务府佐领
                  及管领下人之女
                   ┌────┴────┐
                符合条件      不符合条件
                   │            │
                参加选秀       自由婚配
              ┌────┴────┐
             中选        撂牌子
           ┌──┴──┐        │
          指婚  成为官女子  自由婚配
      ┌────┬────┬────┬────┬────┐
     指婚  指派  被临幸 因故  满龄出宫
         ┌──┴──┐   │   逐出宫    │
        被收房 适龄  成为   │    自由婚配
              ┌─┴─┐ 后宫主位 自由婚配
             指婚 自由婚配
```

内务府秀女选秀流程

宫女的生活

被选中为宫女之后，她们将在宫廷内受到一段时间的培训，其内容有礼节规矩，以及洒扫、针绣等。这种培训大概有几个月的时间，根据秀女在培训中的表现不同，之后分配的工作也是不同的。

表现出色的宫女会被安排"上差"[1]，如在帝后或者其他宫廷主人[2]身边伺候起居，就是"上差"里的"上差"了。差一些的，安排在帝后或者其他宫廷主人的名下负责收拾物品一类的后勤工作。最差的，则做一些"连主人的面儿都见不到"的洒扫等工作。

分配了差事之后，宫女就要拜"师父"。拜师父的相关记录比较矛盾，有的说是拜年长一些的宫女前辈当师父，有的说是拜一些有身份的太监当师父，具体情况还要再等新的档案发现，不过无论如何，是要有一位师父的。这位师父一方面会对宫女在宫廷内的情况负责，另一方面也会继续对宫女严格要求。

宫女的生活跟后宫主位的生活一样，都是相当死板的。试想一下，后宫主位作为主子，每天的生活尚且要规律进行，何况作为奴仆的宫女呢？作为宫女，肯定要比主人起得早，而且经常要比他们还晚休息。清宫里的太监据说还有"休息日"的概念，但是宫女似乎基本没有休假的概念，可以说是非常辛苦。

与之相对，宫女的物质待遇还算不错。按例，每位宫女每年可以得到银子六两，云缎、春绸、宫绸、纱、纺丝、杭细各一匹，棉花二斤。每日可以获得猪肉一斤，白老米七合五勺，黑盐三钱，随时鲜菜十二两，作为生活所需。除此之外，过年过节还可以得到主人的赏赐，通常有数两银子之多。

---

[1] 在这里，"上差"是好差事的意思，也特指有相当地位，能在主人面前伺候的差事。与之相对的则是"下差"。
[2] 这里所谓的"宫廷主人"，是包括后宫主位以及在宫内生活的皇子、公主等。

此外，宫女不仅工作强度高，宫廷里的规矩更是不胜枚举。如果说，一些规矩对于主人而言还可以略微宽松的话，那么到宫女这里，则经常是特别严苛的。又如说电视剧里的"对食"，清代规定，"凡各宫女子如有呼本宫太监为伯叔兄弟者，将该女子痛惩逐出，并将家属发往新疆"。认个干亲尚且如此，就别提什么对食了。清宫戏里还有太监和宫女没事聊天嬉戏的，事实上也是不允许的，清宫规定，"凡各宫女子不许与太监认为亲戚，非奉本主使令不许擅相交语并嬉笑喧哗"。不过与之相对，电视剧里看到的那种高级太监动不动就责打宫女的，现实中也不常见。清代规定，太监责打宫女，必须奉宫女本主的命令，且规定"凡各宫大太监有不奉本主之命擅自责打太监、女子者，首领即刻发遣，太监即行正法"。所以私刑是比较少的。

因为宫女在特殊情况下有可能被临幸而成为主位，所以清代宫女的地位在制度上是高于太监的。不过清代也有不少档案，写的是宫中的宫女想不开想要自杀，就是因为有太监暗地里欺负她们。太监的年岁一般比宫女大一些，"坏"的也相对多一些。然而，在清宫里，自杀是相当严重的"罪"。根据自杀的方式以及地点，有不同轻重的处罚。比如说宫女要是在宫廷的房屋内上吊自杀，要"将尸骸抛弃荒野，其亲属发往伊犁给兵丁为奴"。如果自杀被救活，则判"绞监候"[1]。这是因为宫廷被认为是"清净"之地，发生自杀

---

1 其中用利刃自杀的罪高于上吊，在房内自杀的罪高于在庭院自杀。

的事情会被认为"晦气"而且"不敬"。

按照规定，清代宫女要"满岁出宫"。简单来说，清初规定，宫女在宫里工作到三十岁，便可以申请出宫，自行婚嫁。到了雍正朝，雍正皇帝把这个年龄提前到了二十五岁。而从档案上来看，宫女出宫的年龄不一，有的满五年就出宫，有的满十年出宫，有的则是过了二十五岁还在宫中当差的"超级宫女"，这个要看具体情况决定。

"满岁出宫"属于"正常出宫"的类型，如果宫女实在是厌烦了宫内的生活，也可以"非正常出宫"，一般有三种方式，即病、罪、笨。病，人人都会生病，如果宫女生病，可以自己选择出宫还是留在宫廷，留在宫廷的话，则由宫廷负责治疗疾病，当然如果是很重的病，还是出宫去好了。罪，很好理解，宫女要是犯了什么小过错，有可能会被宫廷逐出来。至于笨嘛，就是字面的意思，针线不好、好吃懒做、不通礼仪等，都可以被评为一个"笨"字，如果主人嫌弃宫女太笨了，也可以将宫女逐出宫去[1]。这么看来，"装笨"或许是出宫的最好方法。制度上规定，宫女一旦出宫就不能再进入宫廷。但是有些资料显示有极个别的宫女曾经短暂地被召回宫中，目前尚待研究。

---

[1] 顺便一提，晚清民国的时候，四位太妃名下每年因"笨"交出的女子共有十余名之多。

⑤ 婚姻家庭篇

清　佚名　夫妇像轴（美国大都会艺术博物馆藏）
一对夫妇端坐在花园中。

婚前须知：
清朝备婚攻略

婚姻时间

提到清代贵族的婚姻时间，很多人会有一种"娃娃亲"的印象，似乎旧时成婚年纪都不大，以至于很多人认为"二十岁时孩子一大堆"是清代贵族的常态。而实际上，清代贵族的婚姻时间的确比我们现在普遍要早一些，但是并没有像一些人认为的那么早。基本上，清代贵族十五岁到二十岁，都属于适婚年龄。小于十五岁属于早婚，大于二十岁则属于晚婚。

知名的早婚例子是英和。英和出自正白旗包衣索绰罗氏，书香门第，父亲是礼部尚书德保，英和为军机大臣兼户部尚书，是一时名臣。他在年谱里记录了自己跟嘉庆皇帝的一段对话：

（英和）蒙召对。（嘉庆皇帝）谕曰："汝家事朕皆深悉，惟当日和珅如何欲与汝缔婚，汝父何言以谢，其直陈无隐。"对曰："臣年八岁，时和珅初为侍郎，至臣家，适遇臣于门外，但问臣年几何，别无他语。及臣十一岁，一日臣父退直，谓臣母云：'白发夫妻日增老境，当早为儿授室。今日在公所，见八旗秀女中，有原任槽督阿斯哈之女萨克达氏，未经记名，可即通媒妁，并定于十三岁来归。'此外别无所闻。迨臣父亡后，大学士公阿桂向臣言，当日和珅倩内务府大臣金简为和珅之女作伐，臣父婉辞，阿桂稔知其事。"[1]

简单翻译一下，曾几何时，和珅无意中见到了当时虚岁八岁的英和，大概觉得英和不错，便间接跟英和的父亲德保提亲，希望把自己的女儿嫁给英和。德保不想跟和珅联姻，于是很快给英和找了一个对象。订婚那年英和虚岁十一岁，两年后成婚[2]，的确是成婚比较早。

不过英和的例子毕竟比较特殊，让我们再看一下比较普通的例子。清代皇族家谱《玉牒》里记录了所有皇族女性出嫁的生年、时间和对象，很适合作为例子。以下是一个比较普遍的例子：

奉恩镇国公永康。他是康熙帝第二十三子诚贝勒允祁的孙子，

1　出自英和《恩福堂年谱》。
2　顺便一提，英和夫妇第一胎生于英和虚岁十七岁那年。

生有十三子十三女。十三个女儿中，其中第四、五、十一、十二、十三女均夭折，我们来看看其他八个女儿的出嫁年岁。

第一女，嘉庆十四年（1809）四月十二日子时生。道光五年（1825）十二月，选喀喇沁拉西先达为婿，本月成婚。

这个女儿是十六岁出嫁的。

第二女，嘉庆十八年二月初八日申时生。道光十年十月，选董鄂氏文生员舒文为婿，本月成婚。

这个女儿是十七岁出嫁的。

第三女，嘉庆十八年五月初二日寅时生。道光十二年三月，选佟佳氏笔帖式达宗阿为婿，本月成婚。

这个女儿是十九岁出嫁的。

第六女，嘉庆二十三年九月二十六日子时生。道光十七年三月，选多拉尔氏公阿玉喜为婿，本月成婚。

这个女儿是十九岁出嫁的。

第七女，嘉庆二十四年七月十六日巳时生。道光十五年十一月，选关佳氏荣恩为婿，本月成婚。

这个女儿是十六岁出嫁的。

第八女，嘉庆二十四年九月初三日卯时生。道光十五年十一月，选关佳氏监生明恩为婿，本月成婚。

这个女儿是十六岁出嫁的。

第九女，嘉庆二十五年九月初三日子时生。道光二十六年四月，选布尔格吉氏萨林为婿，本月成婚。

这个女儿是二十六岁出嫁的。

第十女，嘉庆二十五年九月初八日辰时生。道光二十九年正月，选布拉克奇特氏锡龄为婿，本月成婚。

这个女儿是二十九岁出嫁的。

由此可见，那时候贵族成婚的年纪也并不算很小。

婚姻对象

对于旗人的婚姻对象，我们可以直接引用一位旗人世家后裔的说法："反正那时候门第是太要紧了，先要尽可能找满族，然后就是门第。"[1]根据这位老人的描述，我们很容易了解到清代婚姻的两个基础，其一是满汉不婚问题，其二是门当户对问题。

满汉不婚这个事情，经常被民间解释为"清代满族和汉族绝对不能通婚"。但是这种解释过于简单粗暴，现实情况很不一样，下面介绍几种常见说法的对错。

第一，"满洲旗人娶汉军旗人就是满汉通婚"。（错）

我们在前面的章节就已经提到过，清代"满"的概念十分模糊。特别是在法令上，一些所谓"满人不得如何"的规定，常常是针对"旗人"这个整体发出的。而"旗人"自然也就包含了八旗内的满洲人、蒙古人、汉人、高丽人等。旧时代的人一般采取"一刀切"的表达方式，直接称之为"满汉不婚"，而目前学术界

---

[1] 出自定宜庄《老北京人的口述历史·张寿蓉口述》。

一般将之描述为"旗民不婚",相对而言更准确了一些。简单说,同属"旗人"这个身份的话,通婚是毫无问题的,也并不算是"满汉通婚"。

第二,"满汉不婚与纳妾无关"。(对)

清代所谓"婚",即是指正式的婚姻关系,简言之就是娶正妻(也包括继妻)。而纳妾则不被归为"婚"的范畴,自然也就不违背"满汉不婚"或"旗民不婚"的原则。事实上,清代除了宫廷和王府的妾室多为旗人外,其余人家的妾室基本是民人。

第三,"满汉不婚政策在清代一直持续"。(半对)

其实在刚入关的时候,清代统治者不仅没有严格限制满汉通婚,反而还鼓励满汉通婚。顺治五年(1648)有过上谕:"方今天下一家,满汉官民皆朕臣子,欲其各相亲睦,莫若使之缔结婚姻。自后,满汉官民有欲联姻好者,听之。"[1]作为表率,顺治皇帝很可能还在几年之后迎娶了一位民人出身的女子作为后宫,她就是后来的恪妃石氏。

不过,这种鼓励满汉通婚的政策没过几年便被废弃,"满汉不婚"作为一种惯例被奉行。直到光绪二十七年(1901)年底,慈禧太后才下旨说:"满汉臣民,朝廷从无歧视,惟旧例不通婚姻,原因入关之初,风俗语言,或多未喻,是以著为禁令。今则风同道一,已历二百余年,自应俯顺人情,开除此禁。"[2]

---

[1] 出自《大清世祖章皇帝实录》顺治五年八月壬子条。
[2] 出自《大清德宗景皇帝实录》光绪二十七年十二月乙卯条。

第四,"满汉不婚是指满人(旗人)绝对不能娶汉人(民人)当正妻"。(错)

首先,汉军旗人娶民人之女为妻的例子屡见不鲜,甚至有相当的比例,完全不作为特殊情况来看待。举例的话,镶蓝旗汉军的旗人蒋斯峄,其祖父为清中期名臣大学士蒋攸铦,父亲蒋霖远任员外郎,蒋斯峄自己也是举人出身,这是典型的汉军旗人官宦世家。但是蒋斯峄的嫡祖母马氏是陕西宁夏籍民人副将马乾和之女,嫡母吴氏是江苏吴县籍民人山东学政吴慈鹤之女,原配妻子周氏是浙江会稽县籍民人督粮道周继炘之女,继妻曹氏则是安徽歙县籍民人大学士曹振镛之孙女[1]。一家子的正妻都是民人,可见一斑。[2]

其次,满洲旗人中,也有娶民人之女为正妻的例子,只是跟汉军相比少了很多。比较知名的例子是清中期的旗人大臣廷鏴。廷鏴为镶黄旗包衣完颜氏,出身书香门第,祖父期成额任侍郎,父亲完颜岱任河南布政使,为治河名臣。廷鏴本人贡生出身,历任主事、知府,他的嫡妻为恽氏,闺名恽珠,为江苏阳湖县籍民人。因为恽珠是恽毓秀之女,著名书画家恽南田之族孙女,出身江南名门,又著有《国朝闺秀正始集》等著作,这场婚姻才被人熟知。

由此可见,旗人男性是可以娶民人女性为正妻的,只是汉军旗人娶民人女性的情况更多。

---

[1] 出自《蒋斯峄道光乙酉科顺天拔贡朱卷履历》。
[2] 需要指出的是,蒋攸铦一家是清代汉军世家中有名的"崇汉"人家,"妇女缠足,饮食日用,悉仿南人"(舒坤批《随园诗话》)。故而是一个比较极端的例子。而一般的汉军旗人,与民人的联姻是少于蒋家的。

第五,"因为满汉不婚,所以旗人之女绝对不能嫁给民人"。(错)

首先还是汉军,正如乾隆帝所说,"汉军每与汉人结亲,历年已久"。[1]汉军旗人无论是娶妻还是嫁女,多有与民人缔结婚姻的情况。

其次则是非汉军者,目前所知满蒙旗人之女嫁给民人的例子极少。而且根据清代中后期的规定,"已嫁暨已受聘之女……仍将旗女开除户册,以示区别"。[2]也就是说,旗女要失去旗人的身份。

这些情况,其实清代人早就总结过:

> 满洲、蒙古之男女类皆自相配偶,间或娶汉族之女为妇。若以女嫁汉族者,则绝无仅有。其于汉军,则亦有婚媾,不外视之也。[3]

翻译过来就是说,满洲旗人和蒙古旗人男女通婚都没什么问题,他们还不时娶一些民人之女为嫡妻。但是满蒙旗人把女儿嫁给民人,则不大可能。至于汉军,嫁娶民人都没什么问题。

了解了满汉通婚,大家的婚姻对象也就有了"第一次淘汰",接着我们说门当户对,这就是"第二次淘汰"了。

---

1 出自《大清高宗纯皇帝实录》乾隆三十年十一月丙子条。
2 出自《钦定大清会典事例(光绪朝)》。
3 出自《清稗类钞》。

一说到门当户对，常有人引用《红楼梦》里老太太的说法，即所谓"不管根基富贵"，但《红楼梦》终归是一部小说，何况老太太估计也就是谦虚一下，倘若真的找个花子女儿来，无论模样、性格多好，估计老太太无论如何也是不肯的。总之，在清代，婚姻可以说是最凸显门第的一件事了，或者说，一个人的门第主要通过其婚姻体现。也让我们看个例子：

和恪郡王绵循。他是雍正帝第五子和恭亲王弘昼之孙，生有十五子十一女。十一个女儿中，第一、六、九、十女均夭折，我们来看看其他七个女儿的出嫁对象。

第二女，嫁一等英诚公福克晋。

福克晋，正黄旗满洲舒穆禄氏，清初武勋王杨古利七世孙，也是杨古利超等英诚公的承袭者，属于爵邸世家。

第三女，嫁二等塔布囊萨尔达拉。

萨尔达拉，喀喇沁蒙古二等塔布囊，属于蒙古王公。

第四女，嫁二等塔布囊萨尔达尔。

萨尔达尔，喀喇沁中旗二等塔布囊，其嫡祖母为恂勤郡王允禵孙女，嫡曾祖母为理密亲王允礽之女，属于蒙古王公。

第五女，嫁举人萨永阿。

萨永阿，钮祜禄氏，属于科举世家。

第七女，嫁侍读学士钟昌。

钟昌，正白旗满洲白都氏，科举出身，后来任刑部侍郎，兄继昌为江西布政使，属于科举世家。

第八女，嫁巴哈布。

巴哈布，正黄旗蒙古伍弥特氏，道光朝武臣，仕至江宁将军，谥勤勇，属于名臣。

第十一女，嫁一等勇勤公巴雅喇绰孔克。

巴雅喇绰孔克，镶黄旗满洲钮祜禄氏，开国五大臣额亦都五世孙，辅政大臣遏必隆四世孙，也是遏必隆三等勇勤公的承袭者，属于爵邸世家。

可见门第均属世家。清代民人的门第，大概是以地方上的"世家大族"和历代官僚的"科举世家"为主，不过因为他们籍贯多数不在北京，所以这些人在清代北京城内总数不是很多。至于旗人，大概就是"世家"和"官僚"两个级别。

婚姻对象里还有一个基本条件，那就是"父母之命"。

如前面资料里提到的英和，"及臣十一岁，一日臣父退直，谓臣母云：'白发夫妻日增老境，当早为儿授室。今日在公所，见八旗秀女中，有原任槽督阿斯哈之女萨克达氏，未经记名，可即通媒妁，并定于十三岁来归。'"父亲对母亲说两三句话，从选对象到订婚、结婚的安排就全都搞定了。自然，当时虚岁十一岁的英和是不知道这个事的。

一般来讲，清代贵族的婚姻都由父母决定，决定好了之后才告诉当事人，只要当事人没有到处乱嚷、自杀相逼之类的强烈反应（当然如果有这种反应很可能这辈子都不能嫁娶了），都作为默许看待。对于那时候的贵族而言，"父母之命"是一种"常态"，年轻人一般也不会有什么意见，经常是以一句"好"或者"嗯"的回答结束。也正因为这样，很多清代的贵族小夫妻到了婚礼当日，才"初见面"，这不得不说是封建包办婚姻的弊端。当然，清代也有较为开明的家庭，有些父母会特地询问子女的意愿，不过这时候子女大多以"羞涩"为由搪塞过去，更不会有什么"跨越阶级"的恋爱宣言。

清代官方的妻妾制度

清代除了高等皇族之女有自己的爵位（比如说郡主）之外，其余女性一般没有自己独立的官方身份，主要是通过覃恩诰敕制度来获得官方的封号。覃恩诰敕是一种封赠政策，根据一位男性做官的品级，给予其家人（父母、生母、祖父祖母、妻室等）相应的名誉称号。如一位男性做到了正一品的高官，根据清代制度，一品封赠三代，二品、三品封赠两代，四品至七品封赠一代，八品、九品封赠本身，他的父亲、祖父和曾祖父无论生前做到几品官，就都有了"正一品光禄大夫"的封赠，正妻、嫡母、嫡祖母、嫡曾祖母也就都有了"一品夫人"的封赠。这样他们可以穿用一品的服饰，虽然有了"一品"的名义，但是既无职掌也无俸禄。

一般来讲，清代贵族的妻妾只有"嫡室"和"妾"两个级别。而清代高等皇族则略为复杂，分为三个级别："嫡室""侧室""妾"。

嫡室就是正妻，原配以及继配都属于这个等级，这个不需要多说，我们列表来看一下清代官方对她们的称谓，具体见表5-1所示。

表5-1：清代官员嫡室称谓表

夫身份	嫡室称谓
亲王	福晋（亲王福晋）
郡王	福晋（郡王福晋）
贝勒	夫人（贝勒夫人）
贝子	夫人（贝子夫人）
镇国公	夫人（镇国公夫人）
辅国公	夫人（辅国公夫人）
公	夫人（公妻一品夫人）
侯	夫人（侯妻一品夫人）
伯	夫人（伯妻一品夫人）
一品官及镇国将军及子	夫人（一品夫人）
二品官及辅国将军及男	夫人
三品官及奉国将军及轻车都尉	淑人
四品官及奉恩将军及骑都尉	恭人
五品官及云骑尉	宜人
六品官	安人
七品官及恩骑尉	孺人
八品官	孺人（八品孺人）
九品官	孺人（九品孺人）

清代官方侧室只在皇族的亲王、郡王、贝勒、贝子、镇国公、辅国公六种爵位中才有设定，[1]换句话说，清代只有高等爵位皇族才拥有"官方侧室"。其中亲王和郡王的侧室官称为"侧福晋"，其余的则官称为"侧室"。

这种"侧室"的设定，大致源于入关前满洲的多妻制度。在这

---

[1] 世子和长子也有侧室的规定，不过由于清代中期之后这两个爵位很少真正授予，所以此处略过。

种制度之下,妻妾的名分十分复杂,当时不仅嫡室都可以同时有多个,还有地位介于嫡室和妾之间的侧室存在。这种习惯在清初被保留下来,所以清初高等爵位皇族的侧室经常是直接作为侧室娶进,而不是从妾升上来,故而出身都不差。但是随着入关之后习俗的进一步变化,从清中叶开始,高等爵位皇族的侧室基本上都是生有子女的妾室经过王府向宗人府"请侧"[1]来的,侧室便成为妾的晋升目标。

至于妾,民间会有各种称呼,如姨娘、侧室、侧夫人、如夫人、庶福晋、媵妾[2]、姬妾、姑娘、格格[3]、丫头、姐儿,乃至于外室等。虽然民间对于这些称呼经常有各自的规矩,比如有的王府就是以"丫头—姑娘—格格—庶福晋"的顺序来增加身份,但是对于官方而言,则统称她们为"妾"或"媵妾"。

嫡室和侧室在官方《玉牒》之中都是有详细记载的,至于妾,则只有在生育子女之后,作为"第几子/女之生母"才可能被官方记录下来。这也提醒我们,如果我们看史料时,发现某位皇族只有一位嫡福晋而没有妾室,这不一定表示这位皇族"专爱一人"。假设一位亲王虽有妻妾数十人,但是由于自己的问题不能生育,那么在《玉牒》等官方档案里,自然只有嫡妻可以被记录下来。

光绪二十九年(1903)曾经有过这样一个案例:奉国将军文初

---

1 即"请封为侧室"。
2 媵本身指陪嫁之女,但是在清代媵妾通常作为妾的统称。
3 格格为满语gege,这里可译为"小姐"。

病故，其嫡妻之前已经亡故，身后又没有子女，所以只有文初的妾室书氏来处理后事。结果文初刚病故还没有出殡，文初的族孙继安（文初祖父亲兄之玄孙）便率领一干族人来到文初的家，抢夺文初的家产，把书氏给丈夫出殡的钱都抢没了，还殴打了上前阻拦的书氏，砸毁了文初家里的祖先牌位。书氏因此向宗人府控诉，并且希望宗人府出面在族中给文初立嗣。继安等反而说书氏"冒名为文初之妾"。最后宗人府的结论是，书氏未曾生育，《玉牒》内无有其名，故其并没有给文初处理后事的身份，因此支持文初族人继安的意愿，并将文初家产平分给了族中。[1]

可见当时妾室地位之低了。

非皇族的妾也是一样的，多数默默无闻，在家谱中也经常是作为"第几子/女之生母"来"附记"而已。她们唯一可以指望的，就是自己的亲生儿子能够飞黄腾达，这样她们有可能作为生母得到儿子做官的封赠，从而成为"诰命夫人"，将身份多少进行一些改变，但是这也经常被人阻挠。我们来看一个故事：

> 尹文端（尹继善）公母徐氏，江南人，为相国（尹继善的父亲尹泰）小妻。相国家法严，文端总督两江，夫人犹青衣侍屏偃。文端调云贵，入觐。世宗（雍正皇帝）从容问："汝母受封乎？"公叩头免

---

[1] 出自赖惠敏《清皇族的阶层结构与经济生活》引《宗人府堂稿来文》。

冠将有所奏。世宗曰："止。朕知汝意。汝庶出也，嫡母封生母未封。朕即有旨。"公拜谢出。相国怒曰："汝欲尊所生，未启我而遽奏上，乃以主眷压翁耶？"击以杖，堕孔雀翎，徐夫人为跽请乃已。世宗闻之，翌日命内监宫娥各四人捧翟茀翠衣至相国第，扶夫人榻上，代为栉沐袨服豫饰，花钗灿然。八旗命妇皆严妆来围夫人而贺者相踵也。顷之，满汉内阁学士捧玺书高呼入，曰："有诏。"相国与夫人跪，乃宣读曰："大学士尹泰，非藉其子继善之贤不得入相，非侧室徐氏，继善何由生？著敕封徐氏为一品夫人。尹泰先肃谢夫人，再如诏行礼。"宣毕，四宫娥拥夫人南面坐，四内监引相国拜夫人，夫人惊，踧踖欲起，四宫娥强按之不得动，既乃重行夫妇合卺结褵之仪。内府梨园亦至，管弦铿锵，肴烝纷罗。诸命妇各起，持觞为相国夫人寿酒罢，大欢笑去。[1]

翻译过来就是，尹继善本身是庶出，都当了两江总督的高官，生母徐氏还作为使女在尹泰的房里伺候着呢。有一次雍正皇帝随便问到这个事，尹继善被戳中了痛处，雍正皇帝就懂了，诰封都紧着嫡母给了，生母还没有呢，就说我知道了，我到时候安排。尹继善

---

[1] 出自《国朝耆献类征初编》。

回家之后被尹泰斥责，认为他不应该给生母讨封。雍正皇帝知道了，第二天就派人"强行"给了徐氏一品夫人的身份，还在诏命里批评了尹泰。不过能够得到皇帝亲自垂询的妾室毕竟还是很少的，她们大多数身份都很低。

顺便一提，尹继善这个事情还有个后续：

> 后三十年，文端侧室张夫人受封，文端谢恩奏及之，上（乾隆皇帝）曰："朕实不知先帝有此事，乃竟暗合，岂非卿家家运耶？"

尹继善的妾张氏可以受封，是因为她生了一个女儿，其女经过选秀被指婚给了皇八子永璇作嫡福晋，"母以女贵"，张氏便得到了诰封。于是这又引向了另一个话题——嫡庶。

关于嫡庶与婚姻

现在很多网络小说都认为清代嫡出和庶出子女待遇差距很大，婚姻对象也很不同，甚至有"嫡出子女不能跟庶出子女联姻""庶出不能参加选秀""庶出不能嫁给世家"等说法。

事实上，清代汉人世家本身来说对嫡庶比较重视，但是主要是针对妻妾的嫡庶问题，比如不能以妾为妻等，而并非针对子女。至于旗人，的确有特别重视子女嫡庶的时期，但是与现代人猜测的相反，旗人是入关前特别重视，入关后反而不重视了。

以清代入关前的皇家为例,清太祖努尔哈赤的诸子可以被分为三类:嫡室所出、侧室所出、妾室所出,其待遇截然不同。嫡室所出的第一子褚英、第二子代善以及莽古尔泰、皇太极、多尔衮等,均分到了至少半个旗的旗分。而侧室所出的阿巴泰则只能分到较少的旗分,爵位也一直低于嫡室所出的兄弟,至于第三子阿拜、第四子汤古代等妾室所出的儿子,则基本上分不到旗分,爵位也更低。

当时发生了一个事件,对这种待遇区别体现得很明确:天聪元年(1627)十二月,蒙古的若干贝勒来归附,阿巴泰拒不赴宴,他派人对大汗皇太极说:"我赴宴的话,让我坐在众台吉的位子中,被别处之人嘲笑。蒙古的贝勒明安、贝勒巴克等都坐在上面,我却坐在下面,我为什么还要去赴宴啊!"皇太极听了后,认为阿巴泰"藐视诸子弟",便将他的话宣示给诸贝勒,三大贝勒和其他贝勒们对阿巴泰说:"以前,你连五大臣(清初的五个主要大臣,均非皇族)的位子都不能进。台吉德格类、台吉济尔哈朗、台吉杜度、台吉岳托、台吉硕讬,他们早就参与了议政。你阿巴泰,被我们算作弟弟(可以理解为这个侧室所出的本身不配算作弟弟),这才获得了六个牛录,进了贝勒的位子,到了现在,你想要贱视谁?阿哥阿济格、阿哥多尔衮、阿哥多铎,都是父汗生前分给了全旗旗分的儿子,诸贝勒又都比你先入八分。你现在当了贝勒还不知足!"之后阿巴泰认罪。[1]

---

[1] 出自《满文老档·太宗朝》天聪元年十二月。因为目前汉译版本多数比较委婉,此处为作者自译。

正是因为有这样的待遇区别,太祖庶子的婚姻对象也都不怎么好,充分体现了嫡庶的差异。而入关之后,这种情况就不存在了,正如我们前面举的尹继善庶女参加选秀被指婚给皇子当嫡福晋的例子,庶出的女儿不但可以参加选秀,也可以嫁给世家,甚至可以嫁给皇子当嫡福晋。庶出的儿子也一样,可以迎娶世家的女儿。让我们来看一个例子。

玉德,出身正红旗满洲瓜尔佳氏,原任山东巡抚。他生有六个儿子,其中第一子俊良、第二子斌良、第三子桂良,这三位都是嫡出的。第四子岳良、第五子徵良和第六子法良都是侧室张氏所出。

斌良,原任驻藏大臣。原配觉罗氏,云贵总督觉罗琅玕之女;继配博尔济吉特氏,吏部笔帖式纳齐泰之女。两任嫡妻均是京旗世家出身。

桂良,原任兵部尚书、大学士。嫡妻肃恭亲王永锡第六女县主,为宗室王府之女。顺便一提,这位县主是侧福晋所出。

岳良,原任乌什办事大臣。嫡妻睿恭亲王淳颖第五女,为宗室王府之女。顺便一提,这位格格也是侧福晋所出。

徵良,原任知县。嫡妻萨尔图克氏,总督惠龄之女,为京旗世家出身。

法良,原任道员。嫡妻纳喇氏,三品卿衔内务府堂郎中成文之女,为内府世家出身。成文一家姓辉发纳喇氏,是清中后期有名的内府富豪之家。

可以看到,嫡出之子和庶出之子在娶亲上没有太大差别,嫡出的第三子和庶出的第四子都娶了铁帽子王的女儿。

再具体看看桂良。

桂良。嫡妻肃恭亲王永锡第六女县主，妾童氏、傅氏、杨氏、龙氏。子四人。长子、次子嫡出，第三子童氏所出，第四子傅氏所出。

共生有九女：

第一女，嫡出，嫁侍郎容照之子刑部员外郎文举人庆霖。

第二女，童氏所出，嫁粮道恩成之子江苏淮安府知府福楸。

第三女，童氏所出，嫁吉林将军经额布之子东河同知诺津。

第四女，童氏所出，嫁直隶总督讷尔经额之子进士兵部员外郎衍秀。

第五女，傅氏所出，参加选秀被指为惠端亲王绵愉继福晋。

第六女，傅氏所出，嫁侍郎内务府大臣舒兴阿之子松龄。

第七女，杨氏所出，嫁湖广总督裕泰之子盛京兵部侍郎长善。

第八女，龙氏所出。

第九女，杨氏所出，参加选秀被指为恭忠亲王奕䜣嫡福晋。

这个似乎更明显了，两个庶出的女儿都被指为皇子嫡福晋，其余庶出的女儿也都嫁给了名臣之子，充分体现了嫡庶子女在婚嫁上并没有什么大不同。

另外有人说到"上三旗不能跟下五旗通婚"，我们拿斌良来举例。

斌良。原配觉罗氏，云贵总督觉罗琅玕之女。继配博尔济吉特氏，吏部笔帖式纳齐泰之女。妾李氏、傅氏。

共生有三女：

第一女，侧室李氏所出，嫁尚书升寅之子文进士兵部郎中宝珣——镶黄旗满洲马佳氏。

第二女，嫡出，嫁承恩侯散秩大臣胡图理——镶黄旗满洲钮祜禄氏。

第三女，嫡出，嫁大学士松筠之孙，侍卫熙庆之子候选笔帖式文秀——正蓝旗蒙古玛拉特氏。[1]

而斌良本人是正红旗满洲瓜尔佳氏，可知上三旗和下五旗结亲是完全没问题的，跟嫡庶也没有什么关系。

至于民人的例子，我们可以看一条上谕：

> 于敏中之妾张氏，于例原不应封。但于敏中现无正室，张氏本系伊家得力之人，且其所生次女已适衍圣公孔昭焕长子孔宪培，系应承袭公爵之人，将来伊女亦可并受荣封。张氏著加恩赏给三品淑人。[2]

民人出身的大臣于敏中的庶女甚至可以嫁给预定承袭爵位的衍圣公长子，也可见他们并不歧视庶出。

1　出自《正红旗满洲哈达瓜尔佳氏家谱》。
2　出自《大清高宗纯皇帝实录》乾隆三十七年十二月庚午条。

关于继配

继配也叫继妻，也就是民间所谓的"填房"。一般来说，民间对填房有一种歧视，给人一种地位低下的感觉。以北京的风俗而言，因为填房很多是寡妇"再走一步"或者出身跟原配差距很大的，所以民间也多有歧视。虽然如此，清代北京城的贵族却不这么看，他们的继配跟原配其实没什么区别。

清代北京贵族不歧视继妻，大概有两个原因：其一，清代贵族女性受到旧派习惯渲染，以"从一而终"为荣誉，故而基本上很少有"再走一步"的例子；其二，清代贵族特别是旗人贵族，除去宫廷外，一般都没有扶正的习惯。[1]这是因为妾多数是家奴出身，无法作为主妇跟其他人家交际。顺便一提，虽然皇族王府的侧福晋经常是包衣出身，但也基本没有被扶正的例子，所以不太可能有"从王爷的宠妾宅斗到嫡福晋"的途径。

有人又说，继配肯定不如原配出身好，我们来看两个例子吧。

长叙，镶红旗满洲他塔喇氏，户部右侍郎。如果还不知道他是谁的话，他有两个女儿在晚清十分有名，大女儿是瑾妃，二女儿是珍妃。长叙至少有过四位嫡妻，我们依次开列：

嫡妻，觉罗宝兴之女。觉罗宝兴是皇族的远支，嘉庆十年进士，刑部尚书、文渊阁大学士。嫡庶不明。

继妻，惠端亲王第四女。惠端亲王绵愉是嘉庆帝的第五子，换

---

[1] 宫中有扶正概念，一来是继承明代宫廷的传统，二来是因为宫廷里无论是皇后还是其他后宫，都属于法律上的"正身"，和一般民间的妾室不同。

句话说，这位继妻是嘉庆帝的孙女。绵愉第四女为庶出。

二继妻，不入八分辅国公载龄第五女。载龄是康熙第三子诚隐郡王的后裔，当时任体仁阁大学士。载龄第五女为嫡出。

三继妻，奕贵第二女。奕贵是康熙第十四子恂勤郡王的后裔，当时任副都统。奕贵第二女为嫡出。

四位嫡妻除了最后一位门第略差之外[1]，其余三位要么是名臣之女，要么是皇子之女，均无可挑剔。顺便一提，长叙的一子二女都是由妾室赵氏所生。

再以荣源为例。

荣源，正白旗满洲郭布罗氏，一等轻车都尉，内务府大臣。如果还不知道他是谁的话，他也有一个女儿十分有名，那就是宣统皇帝的皇后婉容。荣源也至少有过四位嫡妻，我们依次开列：

嫡妻，博尔济吉特氏瑞洵之女。瑞洵是正黄旗满洲博尔济吉特氏，光绪十二年进士，任办事大臣。他的父亲叫恭镗，任杭州将军，而祖父名叫琦善，曾任协办大学士，这个人在我们高中历史书里出现过。

继妻，奉恩将军毓长之女。毓长是乾隆帝长子定安亲王永璜的后人，定慎郡王溥煦的长子。

二继妻，睿敬亲王魁斌第一女。魁斌是清初睿忠亲王多尔衮的后裔，睿亲王的承袭者，铁帽子王之一。

---

[1] 有可能是长叙晚年继娶的。

三继妻，敏达贝勒毓朗第二女。毓朗是毓长的二弟，定王府爵位的承袭者。

四位嫡妻均出身名门，其中第三位的身份最高。顺便一提，其中生育了皇后婉容的是第一位继妻。

通过这两个例子，可以清楚地看出继配和原配的出身不可能差距太大，也基本上不存在谁压过谁的说法。值得一提的是，清代原配和继配之间的交接其实远比我们想象中快。举例来说：

嘉庆十三年（1808）正月二十一日，皇次子绵宁的嫡福晋钮祜禄氏（后来的孝穆成皇后）病故。

嘉庆十三年正月二十八日，嘉庆帝上谕内阁："现应给二阿哥（绵宁）续指福晋，著交户部将京八旗满洲、蒙古内外三品以上文武官员之女，未经选过、逾岁及现年十五岁者查明，于二月十七日送赴圆明园选看。"

嘉庆十三年十一月十六日，皇次子绵宁行初定礼。

嘉庆十三年十二月十八日，皇次子绵宁行成婚礼。

算算日子，原配"头七"刚过，就着手选继配了。三月前后选出，十一月下聘，十二月继配就进门大喜了。因为宫里结亲要经过选秀等仪式，所以这种年初送走原配，年末就娶进来继配的进度还算慢的，很多人家原配过了百日继配就进门了，总的来说一般都在一年内就解决，以保证"主妇在位"。

婚礼：
你听过半夜结婚的吗

清代北京的婚礼大致上可以分为满式和汉式两种，各有一些不同。以下我们以两个模拟的场景，表现清中后期北京城内满式和汉式婚礼的流程。

满式婚礼

北京旗人里有贾家、甄家两户官宦人家，准备让贾家的少爷和甄家的姑娘联姻。甄家姑娘十三岁，刚参加过宫中的选秀，幸运地被撂了牌子，有了自行婚配的权利。于是贾家赶紧求亲，甄家家长答应了此事，并告知甄家姑娘。清代世家的婚姻大部分都是先初定，然后通知本人，这可不是现代的自由婚姻。想想晚清某王爷的阿哥，就是在婚礼的前三天才知道已经订婚的，至于对方长什么模样，很多都是掀起盖头来才第一次见到。

甄家家长既已答应，便收下了贾家的门条，放在自家正房客厅的条案上，让来串门的亲戚朋友都提提意见，借此搜集一下八卦信息。这种门条又叫"门户帖"，是红色的宽纸条，上面写着男方的信息。如写上："某某旗汉军某某参领某某佐领下贾某某，某官贾某某长子，现年十一。"这样呢，来甄家串门的亲戚朋友都会看到这个帖子，就会把自己知道的男方的情况和主人家交流。

就这么把门条放了一个月左右，甄家对贾家没搜集到什么负面信息，两家便相约"换帖"。换帖，是男女双方家长交换新郎和新娘的生辰八字，有时还要交换"三代帖"，三代帖就是新郎新娘的父母、祖父母、曾祖父母的信息。

换过帖子，就要合婚，说白了就是走一下封建迷信的流程，算算新人八字是否合适。虽然旧时人有着一整套婚姻八字规避，什么"白马犯青牛""羊鼠一旦休"，但是风水先生们一般都秉着"宁毁一座庙不拆一桩婚"的原则，尽量往好的方面说。合过了婚，没有合出啥问题，这事就八九不离十了，不过这时贾家少爷和甄家姑娘多半还蒙在鼓里。

有一天，甄家姑娘被叫到正房，看到除父母外，还有一男一女坐在客位，他们是贾家请来的亲戚，男的称为"大賔"（顺便说下这个"职称"没有正字，在清中叶之后发音为"大liǎo"），简单说就是有地位的主婚人；女的称为"大媒"，简单说就是牵线的人。

只见作为证人的大賔站在中间，右面是甄家父母，左面是大媒。大媒先从随从的仆妇手中接过一个匣子，打开之后是一柄玉如意，之后连着匣子递过去。甄家父母接过后，大媒又从仆妇手中接过一个小盒子，打开后里面是一对荷包，也交给甄家父母。这样，甄家姑娘的终身就被这两样东西定了下来。

大寮和大媒走后，甄家父母就对姑娘说，"已经"跟贾家少爷定了亲。是的，是"已经"。清代世家对待子女的婚姻大概就是这个态度。这个结果，除非以死相逼，否则基本不大会有改变。除了交代婚事，父母还会对姑娘有很多嘱咐。比如，从今天开始，要尽量不出门，大门不出二门不迈，要开始修养心性，"收收性子"。

这个过程其实叫"小定"。这个仪式过后，在传统认知上，即是男女方定亲。至于修养心性，这一来是进一步形成好的修养，并且进一步教习一些礼仪和规矩[1]，二来有"极为重要的作用"，这个在成婚之后就会知道。

"小定"之后过了几年，贾家少爷基本成年，觉得年纪差不多了，于是请风水先生算日子，最后选定，本年四月一日是结婚的最佳日期。结婚的前一个月，也就是三月内，贾家选了一个良辰吉日，准备派人来甄家行"插戴礼"[2]，临来之前派人从甄家要走两个单子，一个是甄家姑娘的身长尺寸，便于做衣服，另一个是甄家姑

---

[1] 对于女红，清初到清中叶，旗人世家还比较讲究这些。但是从清中叶之后，旗人世家越发对女红不重视，而主要培养格格的诗书礼教、文化素养，以及管家、交际的能力。根据目前了解的情况，至少晚清旗人世家出身的格格基本不怎么会女红及烹饪。男方自然也完全不会因此歧视。这与很多人"会女红很重要"的认知截然不同。当然，普通人家还是注意这些的，毕竟普通人家的女性需要在这些事上亲力亲为。
[2] 插戴礼，即旗人对"大定"的别称。

娘的"小日子"[1]。

行"插戴礼"这天,贾家派出了一支长长的队伍。打头儿的是前引,引着大寮和大媒,男的骑马,女的坐大鞍车。之后是前后两人为一对,左右两对为一排,一共三十排,一百二十人的执事,每两人抬一木台,上有礼品,或牵、抱牲畜。牲畜有猪、羊、鹅、鸡、鸭等,礼品有酒、如意、喜字馒头、首饰、衣服、衣料、被单、里子、点心等。在执事之后,是两位所谓的全可人儿,均坐大鞍车或坐轿。

这全可人儿是结婚必不可少的工作人员,一般都是从自己家的亲戚里选出来的,要求第一是已经成婚并且丈夫在世;第二是有儿有女,最差的也要有儿无女;第三是年龄、辈分适中;第四是能说会道不怕事。

这小一百号人浩浩荡荡地走到甄家,大媒和大寮入正厅贺喜,并递上"龙凤帖"。这龙凤帖是个红色的纸帖,背面画龙凤,并在正中书写"龙凤呈祥"四金字,故而叫龙凤帖。龙凤帖的正面,写着"何月何日娶亲,何时发轿,忌某某某三属相,上轿在某方向,坐帐在某方向……"。甄家姑娘这时则在自己屋里等待,过了一会儿,两个梳旗头、穿蓝裳衣的全可人儿进入甄家姑娘的屋里,捧着几个小盒子。其中一个全可人儿执起甄家姑娘的手来夸了夸,从下人怀中的盒子里拿出一柄玉如意放在姑娘盘坐的膝盖上;另一个

---

[1] 即经期。旧时人认为经期内不能举办婚礼。最佳的状态是"过门后来过一次月经再怀孕"。

全可人儿则拉着姑娘的手，给姑娘戴上一个戒指，之后还在姑娘头上戴了一根钗子。两人手上一边行动，口中还一直念念叨叨，说些"早生贵子""百年好合"之类的吉祥话，话绝不重样。这些礼节完毕后，两家就各自通知亲朋好友结婚的消息。哦对了，顺便说下，旗人结婚讲究"亲到口请"，所以不能"广发请帖"，全都是靠自家人通知。

到了三月三十日，结婚的前一天，甄家开始给姑娘过嫁妆[1]。过嫁妆的队伍和新郎家过礼的队伍相仿，打头儿的还是大傧和大媒，之后是一百二十"抬"的执事，抬着各种嫁妆，有家具、首饰、衣料、日常用具、食物，乃至于针线等。旗人结婚，过嫁妆是最"称面儿"的事，讲究"只有想不到，没有送不到"，生活的各种用品都是成套送过去，一定要让姑娘"不短什么"。而在这一百二十"抬"执事之后，是由甄家派出的两位全可人儿，一队人马百余号人，把嫁妆送到贾家家里，之后由新娘家的全可人儿帮着把嫁妆安置在新房里。到此，一切妥当，准备四月一日的婚礼。

依照最古的旗俗，结婚都应该是夜里进行，虽然入关之后，京旗有一些人家为了减轻负担，改在上午发轿，这样就可以白天结婚，但是名门世家还是要坚持旧俗。按照惯例，贾家发轿在"亥

---

[1] 在男方送龙凤帖的时候，一般就会将"尺寸单"交给女方。男方家的"尺寸单"并非人身体的尺寸，而是"喜房"的尺寸。按照清代旗人的婚俗，男方只需要准备"喜房"，内部刷好即可，是一间彻彻底底的"空房"。然后将房子的尺寸报给女方，女方准备一切喜房内的陈设，从家具到针线，都由女方准备，这也就是旗人嫁女时嫁妆尤其丰富的原因。

初",大概相当于我们现在晚上九点多,发轿之后到甄家,估计怎么也要晚上十一点左右。

大概晚上九点,新郎家里新房"响房",喜轿就从新郎家出发了,随着喜轿来的,是一众娶亲队伍。娶亲队伍里打头儿的是铜锣开道,说白了就是几个拿着铜锣的执事人。铜锣开道的后面是大媒和大寮,女的坐大鞍车,男的骑马,作为队伍前引。大媒和大寮之后,是四位"娶亲老爷",皆是新郎的亲属,都骑高头骏马。再之后则是在喜轿前后的执事人。打头儿的执事是执"牛角灯"的九十六个执事,列成两队,共四十八对,如两条火龙游行街上。接着是拿着各种响器的四十八个执事,一路上吹吹打打。之后则是打伞、打旗、执香、执炉等若干人,小二百名执事。这小二百名执事队伍的中间即是喜轿,旗人的喜轿用的是大红呢官轿,整体纹饰不多,只是轿子玻璃上涂满水银,上画方龙以示吉庆。而这队执事人之后,还有两辆大鞍车,上坐两位"娶亲太太"全可人儿,作为队伍的压尾。整个一套娶亲队伍,二百多人,徐徐前行,前往甄家。一路上吹吹打打,异常热闹。

这整个队伍晚上九点出发,大概十一点,全都到达了甄家门口。其实以前京旗的人都住在东西两城,按说距离不算特别远,要走小两个小时,是因为结婚的队伍都要在路上绕一绕,并非直来直去,这就是要彰显一下气势,夸耀一下婚礼的排场。

娶亲队伍都停在门口了,两位娶亲太太便下了大鞍车,直接进了府,到甄家父母那里打个招呼,便进到新娘的闺房来。两位娶亲太太头戴钿子，用大红绸蒙上，穿红色绣花氅衣，外罩大红补褂，挂朝珠，全身除了袖头儿外，都是红的。两个娶亲太太笑着迎上来，给新娘梳头，把头发梳成一个头顶上的发髻，这叫旗髻，再插上一个红色的绒花，上有通草制成的小人儿。接着她们拿过来一件大红的绣着凤纹的薄棉袄，看上去就很旧而且很肥，叫作"轿袄"。京旗旗俗认为，轿袄的时间越久，穿过的人越多，带来的福气也就越大，所以大多是新郎或新娘家的祖传之物，或者借自亲朋之处。两位娶亲太太把新娘拾掇好，梳旗髻，全身皆红，唯独鞋是蓝布，上绣单双喜字。接着，娶亲太太捧了一面小镜子，给新娘挂在胸前，镜面朝外，再捧过来红盖头，旗人的红盖头上绣着各种吉祥的纹样，四个角还都垂下穗子，一抬手给新娘盖上，这就准备上轿。

这边按下暂且不表。其实两位娶亲太太刚一进门，甄家的大门就随即关严，甄家的几个丫头、小子都堵在门里，贾家的四个娶亲老爷则带着仆人到门前央求开门。这叫"求门"，是很古的习俗。最早的时候，旗人求门要娶亲的男客来背一套大致固定的满语词儿，内容大致就是求娶新娘、一定善待云云，入关之后京旗渐渐废弃了这种习俗，而有了各种玩笑式的对话。求了几十分钟，门里面的人终于开门了，其实这个过程一来有求门的旧俗影响，二来也是为了里面娶亲太太给新娘梳头留有充分时间。

只见甄家的大门大开，从门内出来几个下人点燃爆竹，并撒"满天星"。这个满天星可不是咱们花店的满天星，而是指满地撒铜钱如同满天星一般。于是乎，穿了吉服的大媒、吉服补褂翎顶辉煌的大寮以及四位娶亲老爷便进入甄家，向甄家父母贺喜，并且送上"离娘饭"。这离娘饭虽说本身是送给新娘吃的，不过新娘多数见都见不着。甄家父母接下来设宴款待六位贵客，但是按照惯例他们都得不吃不喝，寒暄几句，等待最后一道菜——海碗汤上来，他们撂下汤封就撤退。其实这汤早就准备好了，就等娶亲太太那边的消息。娶亲太太把新娘拾掇好了，这边才上汤，其实就是通知他们"万事俱备可以回轿"，至于汤封，其实就是红包。

撂下汤封之后，大寮和娶亲太太、娶亲老爷就出门上马登车，列队准备回轿。其中一位娶亲老爷偷偷地从甄家拿走一对预先准备好的餐具，即所谓的子孙筷子和子孙碗。这个是准备好了的单元，不是小偷儿伪装成的娶亲老爷。另一边，新娘的大哥进屋把新娘抱到喜轿里，并由新娘家派出四个"送亲老爷"和两个"送亲太太"。这样，送亲老爷、娶亲老爷、送亲太太、娶亲太太合成一队，而队伍的顺序有所改变，依次为大寮、娶亲老爷、送亲老爷、执事、喜轿、执事、娶亲太太、送亲太太，开始回轿。

看到喜轿出了甄家，门口一辆大鞍车里的一个少爷便下了车，这就是新郎贾家少爷。在大媒的引领下，新郎进了甄家，进正堂向甄家父母行一跪三叩礼。依照惯例，此时新郎既不寒暄，也不交谈，行礼后直接退出，返回自家。这个过程即所谓的"谢亲"，据说是为了感谢岳父岳母"放人"。

于是，喜轿一行继续前行，到了新郎家门口已经快夜里一点了。新郎已经回府，大寮、大媒、娶亲老爷、娶亲太太、送亲太太都进门，之后大门关闭，由送亲老爷开始"求门"。这个过程跟娶亲老爷的"求门"相似，但是依照惯例，时间要短很多。不一会儿，贾家大门打开，依旧是放鞭炮，撒"满天星"。喜轿抬到大门口，轿杆撤去，摘去轿顶，只剩下长方形的轿身，由轿夫抬进府门，这时会在府门门槛前放置一个火盆，轿子就被抬过了这个火盆，象征着今后的日子"红红火火"。

抬啊抬，抬到了新房前，在新房的外间（中间）停下。新郎手持弓箭出来，朝轿帘儿虚射三箭，叫作"射煞"。之后娶亲太太过来，拿了一个苹果伸进轿帘，让新娘咬一口。然后轿帘解下，新郎的姐姐从新房中走出来，欠身将手伸进盖头下，往新娘左右两腮抹上一边红一边白的两块胭脂，又从娶亲太太手中接过一个瓷瓶，里面沉甸甸的，交给新郎抱住。一套工序结束，送亲太太上来搀新娘下轿。

送亲太太搀着新娘慢慢走到神殿外间的天地桌前，男左女右，和新郎一起叩拜天地之后，便被扶进新房的东间去了。

进了新房的东间，新郎和新娘并排坐在炕上，这时，娶亲太太递给新郎一支箭，新郎用这支箭挑起新娘的盖头。之后，扶着新郎和新娘并肩盘腿坐好，并且让新郎的衣袖压在新娘的衣袖上面，然后说一句"二位新人请安坐"，便把炕帘放了下来。

这时，新郎和新娘一句话都不能说，也不敢做什么其他的动作，就默默地摸黑儿坐着，听着外面有一个中年女性在念叨听不懂的语言,这是萨满太太在跳神。大概念了有小半个钟头,突然炕帘打开,新郎和新娘被调整为对坐的姿势,准备让新人喝交杯酒。这种交杯酒是娶亲太太和送亲太太一人拿了一个酒杯,娶亲太太把酒杯挪到新郎嘴边,让新郎喝一口酒,送亲太太也把酒杯挪到新娘嘴边,让新娘抿一口,之后娶亲太太和送亲太太交换酒杯,再让新郎和新娘喝一次。正好在这时,外面萨满太太跳神结束,高喊"阿什不密",这样就完成了交杯酒的仪式。

紧接着,有仆人捧上来子孙饽饽,也就是袖珍的小饺子,娶亲太太和送亲太太拿起之前娶亲老爷从甄家"偷"来的子孙筷子和子孙碗,分别夹起来一个,喂给新郎和新娘。这种子孙饽饽个头儿很小,估计还不够半口吃的。之后又有一个仆人捧上来长寿面,也就是清汤龙须面,娶亲太太和送亲太太依然是一人喂一口。这时新房外面有个童子,大喊:"生不生?"新郎答:"生!"于是礼成。据说最早的子孙饽饽和长寿面,都要做成半生不熟的端上来吃,这样才有"生"的彩头,不过后来为了方便,都做成全熟的,"生"也就只有口头儿上这一句话而已了。刚咽下子孙饽饽和长寿面,萨满太太捧着一个木盘子进来了,里面盛着烤全羊。不过这个东西也是由娶亲太太和送亲太太下手,各片下来一片儿,喂给新郎和新娘。

喝了酒,吃了子孙饽饽、长寿面还有烤全羊,新郎就被搀走,只留新娘一个人在炕上盘腿正坐。这就是"小定"之后新娘都要修养身性的原因。这个步骤叫"坐财"。根据旧时的规矩,新娘要坐到天亮才能下地,其间不吃不喝不能解手不能下地,还要保持盘坐姿势不变，故而有"熬新娘性"的说法。

天刚一亮，娶亲太太再次进来，先跟仆妇一起给新娘"开脸"，即用五色线绞脸四下，去掉汗毛，之后分开鬓角，然后梳头，梳头后戴钿子，换吉服补褂，再换上高底鞋，于是就成了一个已婚妇人的装扮，之后才能下地。

下地之后，新娘要先拜佛，后拜神，都是行两次一跪三叩礼，还要去新郎家的神殿吃一次祭肉。吃了祭肉，第一件事情就是要拜祖先，对祖宗板子行两次一跪三叩礼，对祖宗牌位依次行两次一跪三叩礼。起来后，新郎家摆家宴，所有亲戚都来祝贺，新郎和新娘一起赴宴。宴上要先"分大小"，怎么分呢？就是见了长辈，新郎和新娘要一起行两次一跪三叩礼；见了平辈，要互相请两次安；见到晚辈，要受他们的礼。再之后，还有几个步骤。

第一步，吃"圆饭"。即"分大小"之后，新娘跟新郎一家人一起吃顿饭，表示正式融入这个家族。

第二步，"开箱"。吃完圆饭后，新娘就要"开箱"，给所有新郎家的人见面礼。凡是新郎家的人（仆役除外）都要有份。

第三步，"倒宝瓶"。开完箱后，新郎和新娘要回到自己的新房，对坐在炕上，将各自的衣服前襟连成一个"兜儿"。接着娶亲太太把宝瓶拿了出来，就是新娘过门儿时候抱的那个瓷瓶子。娶亲太太一边说着吉祥话，一边把宝瓶里面的东西均匀地倒在小两口儿的"兜儿"里，仔细看看，里面都是黄、白二色的米以及各种金银小饰物。据说夫妻谁那部分"兜儿"里饰物多，谁福气就更大。

第四步，休息。倒完了宝瓶，这天就没什么别的事了，新娘终于可以去休息一下。晚上伺候完公婆晚饭，点烟、敬茶之后，新娘就可以和新郎同眠了。

第五步，接回门。婚礼后第四天，新娘的母亲就会带着一干亲戚来新郎家探望，两家亲属寒暄一番，这就算有了亲戚关系。接着就是接新娘回娘家待几天，这个日子的长短一般由新郎的母亲来决定。

汉式婚礼

走完一次满式婚礼，我们再来讲清代北京的汉式婚礼。

根据清人的说法，一般认为京旗婚俗重排场，而民人婚俗重礼节。这大概是因为京旗官宦人家比较多，所以讲究体面、排场，而民人有三书六礼这种详尽的传统婚俗，所以更加注重程式礼仪。不过在北京由于旗人和民人交往较多，所以满、汉婚俗不断交融，一些互相借鉴的情况也是常有的，不要太惊讶。

北京民人家里同样有贾家、甄家两户官宦人家，贾家的少爷和甄家的姑娘准备联姻，于是贾家请某尚书来甄家说媒。《孟子》有云："父母之命，媒妁之言。"媒人是汉式婚礼中不可或缺的。清代民间比较盛行的"媒婆"，便是专门四处保媒拉纤的职业女性。但是一般来说媒婆很少给世家子女主动做媒。一般民人官宦世家做媒，都是请一位跟双方都熟识的有身份的人物。

大媒受命之后，在一次私下的场合跟甄家父亲提及此事，甄家父亲初步表示这门亲事不错，这事就算有了眉目。贾家父亲得知消息，便准备了一大套礼物，让媒人来"提亲"。只见媒人穿着一身吉服袍褂进入甄家客厅，后面跟着十多个仆人，捧着各种漆盒的礼物。其中居首的仆人手中捧的就是汉式婚俗六礼的第一礼——"纳采"的传统礼物——雁。据说古人认为动物之中坚守一夫一妻制度的只有雁，所以要以雁作为婚礼的象征，故而也叫奠雁礼。但其实，由于到了清代，城市里已经很少能够找到雁，所以一般结婚时候用到的雁被替换为一种更加常见的动物——鹅，因为清代人认为鹅就是家养的雁。

因为事先得到了甄家父亲的同意，纳采自然很顺利。接着，甄家将准备好的一个帖子拿了出来，恭恭敬敬地交给了大媒，大媒也从身后仆役的手里拿出一个帖子，交给甄家父亲。这个环节就是六礼中的第二礼——"问名"。据说古时候，纳采和问名是分两次进行的，但是在清代都已经简化了。

甄家父亲交出去的帖子里，写的是女方的出身，如籍贯，曾祖父、祖父、父亲三代的职官，嫡曾祖母、嫡祖母、嫡母三代的姓氏，以及新娘的生辰八字。同样，甄家获得的帖子里写的则是与男方相关的信息，这是为了让双方有正式的家世了解。

贾家拿到甄家的生辰八字，就去找风水先生测算运程。之后看到测算结果不错，于是便准备再确认一下婚姻对象的问题。这一步民间称之为"相看"，意思是略微了解一下男方和女方。由于汉族世家多数有所谓"大门不出二门不迈"的礼俗,这种"相看"就得用特殊的方法。一般来讲有两种方法,第一种是男方母亲以日常走动的名义来甄家拜访,然后甄家父母特地让女方出来见一见客人,甚至设一个局面让女方"偶然"被看到。同样,男方也会被这样安排一次。第二种是女方母亲以出去串门的名义,带着女方去男方家做客,这样就能让双方家长都看到。不过,与满式婚姻相同的是,男方和女方本人互相可是见不着面儿的,而且现在应该还都没被告知有订婚的事情呢。

总之,"相看"结束,双方家长没有什么异议,便可以跟子女"摊牌"了。没办法,旧时代嘛,婚姻不自主啊。

"摊牌"没几天,大媒又来甄家,他是来进行六礼的第三礼——"纳吉"的。满式婚礼的"小定"环节,就是根据汉俗的纳吉来的,不过也有些不同。只见这次大媒带着自己的妻子一起来到了甄家的客厅,与第一次来的时候相比,这次来了更多捧着礼物的仆人。双方行礼毕。大媒对女方父亲说着"合婚大吉,两家大喜",随后从身边仆人的手里接过一个大红的帖子,这就是"三书"里面的第一书——"聘书",表示两家正式订下了婚姻关系。

不一会儿,大媒的夫人在仆妇的引领和丫鬟的搀扶下走进女方的闺房,满脸堆笑地走到新娘身前,说声"小姐大喜",然后打开身后仆妇端着的盒子。与旗人小定用如意不同,大媒的夫人首先拿出了一金一银两个戒指,上面都刻着"喜"字,给女方戴在手上,之后又拿出耳环、手镯给女方佩戴上。接着,大媒的夫人又从仆妇的手里接过一把精美的檀香扇子，笑着对女方说："不敢说是贺礼，祝小姐幸福圆满。"这就是"公""私"两道礼。这时，女方自己的仆妇走上前来，搀着女方给大媒的夫人叩拜一下，这纳吉就算圆满结束了。

经过纳吉之后，男方和女方就已经结成婚姻关系。跟满式婚礼一样，订婚之后要等年纪大一些才能成婚，这之后有比较长的一段时间。一般对于汉人世家而言，这时会让女方进一步学一些女红之类的手艺，以堪称"妇功"。虽然真正嫁过去之后，可能一生都不用碰这些事情，不过会还是要会的，这也是旗、民世家比较不同的一点。

过了几年，男方和女方差不多到结婚的年纪了。根据风水先生的计算，本年四月一日是结婚的最佳日期。于是在三月内，贾家便派人来进行六礼的第四礼——"纳征"，也就是满式婚礼里"大定"的由来。

三月内的某日，新郎家里派出一支长队伍。打头儿的是大媒夫妻，接着是两位全可人儿。大媒是一套吉服袍褂，三位夫人都是身穿八团红青褂子、百褶大红裙子。他们之后，是四十排八十人的执事，每两人为一"抬"，上有各种礼品。与满式婚礼不同的是，这些礼品中没有旗人喜爱的如意，也没有特别制作的喜字馒头，布料、首饰、肉类、食盒等也少于旗人，但取而代之的是龙凤喜饼、鸡蛋、鸭蛋、茶叶，以及枣、栗、藕、花生、糖等有喜庆讲究的物品，所以整体"抬"数反比旗人还要多。

一行人到了新娘家，大媒等人径直进入客厅，与新娘父母互相行礼后，从仆人手里接过一张红色大帖，这就是"三书"里的第二书——"礼书"，其中详细记录了礼品的种类和数量。新娘父母表示接受礼物，并且致谢。互相寒暄完毕，新郎从仆人手里接过一个略小的红色帖子，这在北京叫"龙凤大帖"，上面写明了何日何时娶亲等细节，交予新娘父母，这就是六礼里的第五礼——"请期"。比较早的朝代，"纳征"和"请期"是分两次进行的，但是在清代已经合为一次，而且都是事先商量好的，征求女方家族意见只是形式上的。

接下来两位全可人儿到新娘闺房里贺喜，并且嘱咐一番，这一行人就告辞回去了。之后，新娘家就要广发请帖，通知亲朋好友家里要办喜事。到了三月三十日，婚礼的前一天，与旗俗一样，新娘家要过嫁妆。不过在嫁妆上，旗、民差异是挺大的。旗人婚礼的"新房"，新郎只需要准备"房"，并且将房内刷好即可，可以说是一间"空房"，房内所有的家具陈设、应用物品，都是由新娘准备。反之，民人婚礼的"新房"，新郎不仅要准备"房"，房内的家具也都是准备好了的，新娘只需要准备衣料、首饰、日常用品等即可。所以清代北京民人的嫁妆远比旗人的简单。

四月一日婚礼这天。清代北京的汉人世家一般是傍晚发轿，比旗人略微早一点儿。因为不用"坐财"，新娘也不用像旗人那样严格禁食。至于娶亲的队伍，同样是执事，只是旗人用"牛角灯"，而民人用圆形的"金灯"，数量也只有十二个。旗人用大红官轿作为喜轿，而民人则用花轿，花轿装饰华丽，用各种彩绸，绣有百子图以及各种吉祥图案。当然最不同的，是旗人只靠娶亲老爷和娶亲太太来娶亲，而民人则要履行六礼里的最后一礼——"亲迎"，即新郎亲自迎娶。

自傍晚发轿，过了半个多时辰，新郎便率领着娶亲的一干人等到达新娘家。新郎到了正厅，向新娘父母行了大礼，奉上"三书"里的最后一书——"迎书"。这时的新娘，穿上凤冠霞帔，踩上绿色的绣花鞋，由全可人儿盖上盖头，领到父母之前。父母对新娘说两句"克己守礼"的话，新娘便被搀进了花轿。

接着，新郎再次向新娘父母行大礼辞行，然后骑着马直接回到贾家，剩下新娘坐在花轿里，随着队伍慢慢往贾家去。

老半天，终于到了贾家。新娘还没下轿，从轿帘外伸进一只手，将一个碟子递给新娘，让她抱住，取"递子"之意。然后，全可人儿搀扶着新娘下轿，跨过门槛上的马鞍，取"平安"之意。接着走过一段特殊的地毯，毯下有布料和高粱，取"步步高升"之意。

接下来就是新人拜堂，无甚可述。拜过堂之后，新娘在全可人儿的搀扶下，和新郎前去新房"坐帐"。坐帐的环节和旗人相似，但是一来民人不使用萨满，所以时间短很多，二来民人坐帐时帐内有很多瓜果，如花生、枣、栗等，都是取吉利含义。坐完了帐，新郎将新娘的盖头挑下来，小夫妻俩这才第一次见面。接着在全可人儿的帮助下喝交杯酒，之后便可以上喜床了。

上喜床之前，两位全可人儿抱来一男一女两个小娃娃，让他们俩在床上待一会儿，作为吉祥寓意。如果有个小娃娃在床上尿尿，清代人认为这反而是最好的兆头呢。不一会儿，两个小娃娃被抱走，全可人儿在喜床上又撒了一些花生、枣、栗之类的吉祥果子，就纷纷退出去了。终于，新郎和新娘开始了洞房花烛夜。

不同于旗人要"坐财"，民人婚礼的话，当晚就可以成其好事。不过有一点需要注意，就是喜床前面有两根红烛，样子很明显，被叫作"喜烛"。汉俗认为，两根喜烛分别象征着新郎和新娘的福寿运势，所以动作一定要小，不能把谁的喜烛给弄灭。

到了第二天起床，有专门的全可人儿进来给新娘梳头"开脸"，将新娘的抓髻都拆掉，改梳已婚女性的发饰。这标志着新

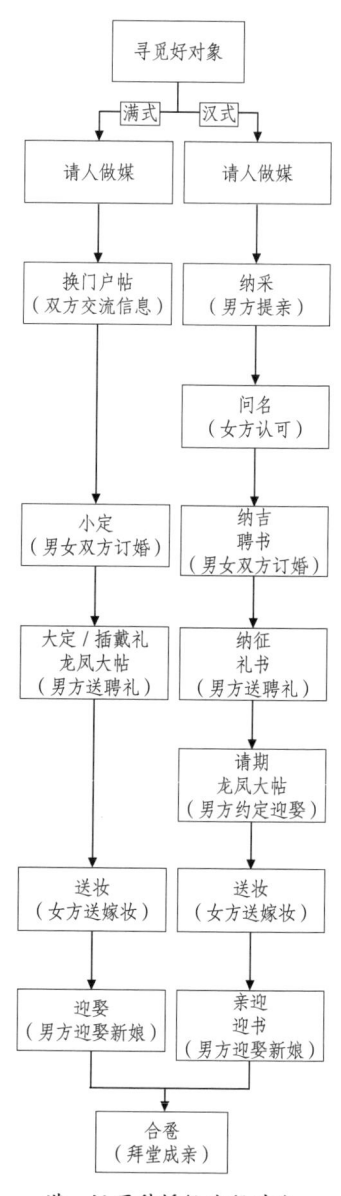

满、汉两种婚俗流程对比

娘已经正式成为"妇人"。之后便是下地拜佛、拜祖先、拜长辈，然后圆饭，等等。

同时，贾家这时还会派人去新娘家"报喜"。这个报喜要求从进胡同便开始高呼"报喜来咯"，不但要让新娘家人知道，还要让街坊邻居也知道。其实，这个报喜直指着女性的贞洁问题，如果新娘在新婚当晚被确定有贞洁，便会正常报喜。如果被夫家正式确定新娘没贞洁，报喜自然是没有了，估计吵闹一番是少不了了，甚至还有因此退婚的呢。

主妇的生活：
"宅斗"什么的也太小儿科了

本节之中，我们想要讲解清代贵族家庭主妇的生活。相信大家对于清代贵族家庭主妇生活的了解大多来自电视剧，所以我们会主要针对常见电视剧里的情节进行讲解。

清代贵族家庭主妇的责任，主要有三个方面：第一是侍奉长辈，第二是管理内宅事务，第三是负责交际。

侍奉长辈比较好理解，特别是清代的旗人贵族家庭对此尤为讲究，号称"晨昏定省"，即每天早晨要向长辈请安，晚上要服侍长辈就寝。每顿饭也都要先去长辈房里伺候长辈吃饭，之后才能回到自己屋里吃饭。如果需要出门，出门前要向长辈"告假"，回来后第一时间要向长辈"问安"，礼节十分烦琐。

管理内宅事务，即字面意思。清代贵族家庭主妇身边一般都有四种仆妇，号称"四妈"，即看妈、奶妈、跟妈、水妈。其中，看妈是地位最高的仆妇，地位类似女总管，负责管理事务。奶妈即乳母，只负责养育子女，别的不负责。跟妈也叫"媳妇"，指的是具体办事或跟随主妇出门的仆妇。水妈也叫"灯火"，是做体力活儿的仆妇。这四种仆妇均受主妇指挥，以运作内宅。每天内宅中均会有大量事务需要主妇知晓或决定，这些事的确都有先例，而且的确可以按照成例进行。但是如果所有事情都按照先例来做，主妇"大甩手"，那么下人往往就开始徇私舞弊，这通常就是败家的先兆。因此主妇均要事事过问。

负责交际，则是指主妇需要花费大量时间进行交际，无论是丈夫和自家的亲戚还是丈夫在朝中的同僚，均需要不时走动以维持关系，而且各家有各种喜事、丧事，均需打点，十分繁杂。

整体来讲，清代贵族家庭中的主妇，并不是像很多人想象的只是一个"大管家"，她们第一职责是作为"主妇"代表自己家族进行关防内的交际，以维持世家之间的关系。故而要求她们能做决断，能立住威信，并且有交际能力，有"面子"代表家族。在这之后，才是处理财政的职责。而且这个"财政"，一般指的是决策力和监督力，而并非去算计一点点的蝇头小利。我们可以看看恭王府普通的一天会有多少事情。

光绪三十二年（1906）闰四月十一日，这一天是一个最普通的日子，唯一的活动就是福晋去了前圆寺上香。根据档案记载：

此日司房钱库呈报：

茶房（负责府内茶点）领钱，九十六吊四百四十文；

大爷（即当时的恭亲王溥伟）洋报钱，八吊文；

伦贝子（溥伦）同福晋差人看大爷（差人看某人，即给某人请安问候），赏钱二吊文；

广五爷差人看大爷，赏钱二吊文；

阎大夫车钱，十二吊文；

赏前圆寺香资钱，八吊文；

赏老道茶水钱，八吊文；

二格格送吃食赏苏拉钱，一吊文。

此日司房银库呈报：

嶙阿哥（溥伟之子毓嶙）种花赏先生，银八两。

此日银库呈报：

栅栏门坐更灯油钱，四百文；

阿斯哈门坐更洋烛钱，四百文；

后铁门坐更灯油钱，四百文；

看街人领煤油钱，一吊二百文；

巡更官员柏唐阿四名钱，二吊文。

可见事务之繁杂。

除此之外，网络文章或者电视剧里还经常有一些关于清代贵族内宅的错误说法，接下来，我们分别讲解。

贵族男子结婚前都有"试婚的房里人"。

这种说法其实各家情况都不太一样。清代在用女婢的习惯上，南方整体多于北方。像北京的世家，不但家里使用丫头数量少，有的人家还特地规定不让男性主人在房里使用丫头，甚至到晚清有世家把"不用丫头"和"不抽大烟"作为两条规矩当作家训。因此，有些贵族男子直到结婚时，还不懂男女之事。金启孮先生曾经讲述过这样一个故事：

> 过去府邸、世家的阿哥、哥儿多早婚，有的早到十四五岁。婚前，除读《四书》《五经》外，绝不许看邪淫的书，弄得这些少年到结婚时，还不懂人事……北京流传有许多"傻姑爷的故事"……有这样一个故事：
>
> 入洞房以前，陪房教给新郎说："把您撒尿用的东西，放在新娘撒尿用的东西里就行了！"那时男、女夜间撒尿都有专用的尿盆。第二天早晨陪房到新房中照看，小声问新郎"怎么样？"新郎指着尿盆回答说："按你说的办了！"陪房一看，不禁笑得失了声。原来新郎把自己的尿盆放到新娘的尿盆里了。陪房说："不是这样！"新郎还说："你不是说让我把用作撒尿的东西，放在她用作撒尿的东西里面吗？"陪

房只好再红口白牙地教。[1]

不仅如此，就连纳妾，其实也比网络小说或电视剧里描写得少。一般来讲，清代贵族纳妾都是有前提的。一般常见的情况有：

一、嫡室很久没有生出孩子，或者特指男孩。这种情况为了后嗣，自然会想到给房里添人。

二、嫡室年纪大了，又生有子女。因为古代女性的生育期跟我们现在比要短一些，而且在那个万恶的一夫一妻多妾制的社会，男人经常会有"这块地耕久了，换块新地接着耕"的邪恶想法。而嫡室已经有子女，年纪也大一些了，整天忙于管家和交际，也就乐得轻松让丈夫纳妾。

三、丈夫外任。丈夫出京外任的时候，嫡室因故不能陪同，这时候就经常会有纳妾的举动。为的是"让爷有人伺候"。清代人常说的"身边没人伺候怎么成"就是这个意思。

同属于第三种情况的，还有嫡室亡故，在续娶的间隙内纳妾。还有嫡室患了比较严重的病，比如说瘫痪或者体弱，也会导致纳妾。

总之呢，清代中期以来，隔三岔五就纳妾而且特别随意的人家其实还是少数。特别是世家，多数以门风、门第自诩，家里一般都管得比较严。

至于一些人幻想的"丫头逆袭当嫡室"，其实在贵族家里也

---

[1] 出自金启孮《金启孮谈北京的满族》。

比较难。清代世家基本上不存在"扶正"这一说，因为妾的出身跟嫡室完全不能比。如果嫡室故去，妾被扶正，妾就要作为主妇跟其他的世家主妇进行交往。人家的福晋、夫人坐在一起，聊的都是夫家和娘家的人物，随便说个福晋，都是人家的亲朋故交，此时，妾的处境就会十分尴尬。因此，清代贵族大多是选择继娶，而并非扶正。

而且，就算允许扶正，清代妾室的晋升路线也都很曲折，大致分为数个阶段。

第一阶级——丫头。普通的丫头，也叫小丫头，负责一些外面的工作，多数连进主人屋子的权利都没有。

第二阶级——大丫头。丫头的"进化体"，高等丫头，负责主人身边的工作。

第三阶级——房里人。房里人根据出身不同，称呼也不同。自己家的叫房里人，嫡室带来的一般叫通房[1]。这个等级就是丫头里的极致了。

第三阶级之后是第一跳板——发生关系。

第一跳板之后是第二跳板——家内承认。

在古代，丫头即使和男主人发生了关系，甚至有了基础的名分，还是会有可能被撵出去、卖出去。不过，要想往上升，就必须先得到家里的承认，从"丫头"到"类主人"。如果得不到承认，

---

[1] 这里的称呼也不是很严格，有的时候通房也可以称呼为房里人。

就要一直当"有实无名"的房里人，就这么当丫头到死，或者被嫁或者被卖给别人。

一旦获得承认，称呼就要变了，便是第四阶段——姑娘。这时候已经获得承认，但是说到底没什么地位，代表好歹不是丫头的身份了，但是也不是什么主子。

第五阶段——姨娘。能够得上"姨娘"，肯定是生了孩子并且有了一定地位的。

第六阶段——姨奶奶。如果姨娘在宅邸里再受一些尊敬，就会被尊称为"姨奶奶"，这就跟"大奶奶"同属于"奶奶"阶层了。

第六阶段之后，发展情况就要凭运气了。如果运气一般，根据辈分的增加，只会被改称为"姨太太"（比姨奶奶大一辈）、"姨老太太"（比姨奶奶大两辈）。而如果身份继续增加，被宅邸里进一步尊敬，就会被改称为"侧奶奶"，以及相对应的"侧太太""侧老太太"。

最终阶段——取消前缀。如果亲生儿子仕途特别顺利，而且丈夫和嫡室已经不在了，那么就很有可能在家里作为唯一的大长辈而被尊敬。另外由于亲生儿子的地位，也可能会摆脱"侧"这类的前缀，直接被称为"太太""老太太"。

不仅如此，清代也并不是仅凭"多生"就能够上升阶层，主要是客观条件可能就达不到。要知道，清代还属于旧社会，科技不发达，特别是医疗条件很差，其后果不光是人的平均寿命不如现代长,生育子女的夭折问题更是可怕。举个例子,户部尚书英和,他虚岁十三岁娶亲,只有一位嫡妻,虚岁三十二岁停止生育。这十九年中,英和夫妻生了十二胎,六子六女。而其中长大成人的,只有两子一女,夭折率为75%。再看下一代:英和有两个长大成年的儿子,长子娶妻后生有十二胎,五子七女,次子娶妻后生有九胎,七子两女,加起来,英和一共有十二孙九孙女,而最终长大成人的,只有六孙六孙女,夭折率约为43%。

总之,由于条件所限,清代无论是贵族还是平民,生育子女的夭折率都十分高。北京人管夭折叫"立不住""未立住",由于有这种情况,清代有许多旗人取名"立柱""保柱"等,都是为了祈祷顺利长大,不要夭折。像英和这样只有一位嫡妻,还没有宅斗的情况下,夭折率就已经这么高了。如果那时候的贵族真的都跟电视剧里一样热衷于宅斗,那估计就更难让孩子成年。

6

饮食文化篇

札木札雅木碗　附铁鋄金盒（台北故宫博物院藏）

　　自康熙年间每年初春，西藏常进贡木碗贺年，宫廷中常用这些木碗来饮奶茶，故这些木碗被称为"奶子碗"。

　　此件木碗材质轻巧，丝状纹理对比分明，用材珍贵，并以铁镀金嵌绿松石镂空圆盒盛装，为西藏贵族进献宫廷的珍品。

饮食习惯：
一天吃六七顿不嫌多

在清之前，不同朝代，饮食习惯可能有较大差异。比如说，"炒"这种烹饪技法，要到南宋时才普及开来。而由于清代距离现在比较近，所以我们今天所见的煎炒烹炸、酸甜苦辣，从满汉席面，到欧洲大餐[1]，基本在当时出现过。这里只讲解清代饮食习惯跟现在不同的地方。

首先是蔬菜食材。

我们现在日常饮食中的蔬菜，基本在清代都已经出现，但是有一些还是比较少见，它们的特点是多数都带个"洋"字或者"西"字。比如说洋柿子，也就是西红柿、番茄，它大概是在明代传入我国，但是一直以来都被当成一种观赏植物来看待。到了晚清，人们

---

[1] 当然西餐是晚清才传入北京的。

才普遍开始食用它。同样带有"洋"字的还有洋白菜、洋葱等,带"西"字的有西葫芦等,其他还有生菜、菜花,水果类则有木瓜、草莓等,这都是明清时期刚刚传入我国的新品种,在社会上被接受的程度不高。当然了,晚清吃高档西餐的话,就另当别论了。

其次是肉类食材。

兽肉方面,清代北方以猪肉最为普遍,这个时期,猪肉的烹调方法比较成熟,价格又相对低廉,加上满族传统的萨满信仰,也带来了各种烹调猪肉的新方式,故而人们普遍以猪肉为主要兽肉。紧随其后的是羊肉,这也是中华传统的兽肉之一。不过清代人对于羊肉有着特别明确的爱憎观,要么极爱吃羊肉,论珍馐无过之,要么则嫌弃其膻味,虽一口而不食。至于其他的兽肉嘛,清代对于牛肉的限制不如之前的朝代,民间食用者不少,但是仍没有像今天这样普遍。另外,由于清代统治者出身东北少数民族,内务府以及八旗王公在东北都拥有大量的牧场,且有专人负责"打牲",每年固定向北京呈进许多"野味"。这些"野味"的呈进数量远高于这些贵族的食用数量,故而多余的野味经常在北京城就地贩卖,如鹿、狍子等,都十分常见,价格也不算太贵,对于小康之家,可以偶尔来调剂一下口味。此外,满族入关前还有吃马肉的习惯[1],但是在入关后并不常见,有可能是马肉并

---

[1] 《满文老档》天聪六年正月初二日条有"汗请大贝勒、莽古尔泰贝勒及众台吉至内廷,宴之……是宴也,列筵三十度,杀马一、牛三、羊五,宴之"。即是当时吃马肉习惯的表现。

不好吃[1]的缘故。禽类跟现在一样，清代主要流行的也是鸡肉和鸭肉，其次是鹅肉，至于野味方面，有野鸡肉，市面上很常见，炒山鸡瓜[2]不仅是旗人餐桌上一个相当著名的菜品，在内陆省份也很常见。

最后是调味料。

中华菜品传统的调味料，特别是香料，一直都是花椒、姜、茱萸三种，号称"三香"。后来到了唐朝，胡椒开始广泛传入。明代末期，辣椒又开始传入，于是到了清代，民间所熟悉的"三香"，便成了辣椒、姜、胡椒。

说完食材，再来说说饮食的时间，也就是所谓的"餐制"。

清代餐制因人、因地点、因时间而异，有"一餐制""两餐制""三餐制"等不同。

一餐制比较常见的是在行军之中，由于情况紧急，经常一日一餐。另外，据说康熙年间曾经有过一次比较严重的旱情，以至于康熙皇帝以身作则厉行节约，一日只一餐，不过后来随着旱情的缓解也就取消了。总之，一餐制过于辛苦，也不常见。三餐制，即一天吃三顿正餐。相比于不常见的一餐制，清代三餐制则相对普遍。一方面，清代南方普遍实行三餐制，这大概是南方日照时间比北方长，气候又温和，人们活动时间长的缘故。另一方面，在晚清时期，受到西餐的影响，清代北方也逐渐改为三餐制。两餐制，则在

---

1 据说马肉纤维很粗，不容易炖烂，味道酸涩，不甚好吃。
2 鸡瓜，即鸡的腱子肉或胸脯肉。

清代北方最为普遍。清代宫廷和北京的人家，大多数时间奉行的都是两餐制。

所谓的两餐，名字上一般就称为"早餐"和"晚餐"，但是其用餐时间跟我们现在三餐制的早、晚餐有所不同，而且不同阶级的用餐时间也不尽相同。清宫的两餐制，按照制度上的规定，早餐在早上六点半，晚餐在中午十二点半，而事实上，早餐一般在早上五点到中午十一点之间，晚餐一般在中午十一点到下午三点之间，按主人的意愿进行。而清代王府、世家贵族的两餐制，一般早餐在中午十二点左右，晚餐在傍晚五点左右。至于民间，早餐一般在上午十点左右，晚餐一般在晚上六点左右。

然而，这里涉及一个很重要的问题，即所谓"餐"的标准。

我们现在的人，早上喝一杯牛奶，吃两片面包，就叫"早餐"了。而在清代人的概念中，能够称为"餐"的，必须是比较正式的一顿饭。而够不上"餐"标准的，则一概称为"点"[1]。所以，无论是"一餐制"还是"两餐制"，都是专指"餐"而已。在"餐"之外，可以有各种的"点"进行搭配。

当然，每天能吃多少"点"，也是跟阶级有关系的。如宫廷、世家这种富贵人家，中午之前有早点，中午前后有午点，傍晚前后有晚点[2]，夜里还有夜宵。如果全都"点"了的话，一天可以达到

---

[1] 夜宵也属于"点"。
[2] 之所以描述为"前后"，是因为根据两餐时间的不同，午点和晚点也可以在餐前或者餐后进行。

六七顿。而一般的穷人家，顶多是早上出门时来一些"早点"而已，其余的"点"就无福享用了。

除了食材和餐制之外，还需要了解的就是饮食排场的问题。正如我们今天吃饭，有出席正式宴会的，有比较大场面的聚餐的，有日常到餐馆随便点两个菜的，也有自己家里的家常便饭，清代也有类似的区分。

清代北京城的饮食行业十分兴盛，饮食场所也有不同的种类，不同种类提供的服务不同，只有分清饮食的排场种类，才能将它们一一对应，分清在什么地方消费什么类型的饮食。

第一类的饮食场所是饭庄，名号一般都叫"某某堂"，如聚贤堂、会贤堂等。饭庄通常都是一座很大的宅院，数进的院子，还附有戏台等建筑，一切陈设都华贵精致，所以是专门服务于有钱人家的，有点儿类似现在的高级会所。

这种饭庄，提供的饮食是"席面"。所谓席面，有些类似我们现在的宴会。每一桌席面都由一大套菜品构成，其中最为普遍的形式是"四四到底"的四四席[1]，从凉菜到热菜，再到大菜、点心，面面俱到。根据席面组成的不同，可以分成上中下数个级别，各级的差距也是十分明显的。比如一桌上等的官席，一个方桌，最多只能坐六个人，有时遇到贵客，甚至只坐一两个人，菜品却是几十个、上百个之多。而最下等的乡席，一个圆桌最多坐十个人，菜品只有

---

[1] 指菜品以种类划分，每个种类均有四品，故而称为四四席。

十个[1]左右。

饭庄即是专门承接席面的,而且都是大场面,一般都是几十桌那种,极少承接小场面[2]。不过,这类饮食虽然价格不菲,绝非一般人家可以接受,但是菜品、口味只能说是中等。而且饭庄很少有炒菜,更多的是焖、熘、熬、炖一类的菜品,这是由其场面决定的,换句话说,在饭庄吃饭,吃的是那种排场和奢华的气氛,而不一定是精致的口味。

总之,如果是要跟几个朋友吃个便饭什么的,可千万别奔饭庄去。一来人家基本不接待散座,二来有很多饭庄是所谓的"冷饭庄",平日根本就不起火,只在有预约的情况下才开火。

第二类的饮食场所是饭馆,名号一般以"某某楼"为多,如庆云楼、东兴楼等。饭馆的格局就要比饭庄小很多,经常是一两进的院子,或是两层的铺面,比较符合我们现代"餐馆"的概念。

清代饭馆里一般都设有许多雅座来供应席面,与饭庄相比,一来是场面小一些,四五桌、一两桌都可以,另外菜品则以炒菜居多,这才是体现"手艺"、体会"味道"的场合。另外也有极少量的散座,是给普通的用餐者提供饮食的。所以说到底,饭馆的饮食也并不是我们今天餐厅那种风格,还是以席面为主的,只是席面跟

---

1 清代饮食的量词,一般以"品"为多。如粥一品,即粥一种。而我们今日流行的所谓"道"的量词,在清代饮食上则指"次"的概念。如四四席,一"道"即是四"品"菜,而不是我们今日所谓的一道即一盘。
2 到民国之后,饭庄由于不景气,才开始逐渐经营散座。

饭庄的席面各有特色而已。

清代的饭庄和饭馆，一般都有自己的招牌拿手菜，不过相比之下，饭庄更加偏向于排场，而饭馆更加偏向于口味，所以跟三五好友想要好好饱餐一顿，最好还是找一家好的饭馆。另外，清代饭馆里的炒菜，菜量都不大[1]，所以可以品尝更多的种类。而且店家跟顾客的关系一般较为亲密，想尽各种方法让客人满意，特别是一些饭馆遇到贵客或者老主顾，还会额外奉上"敬菜"[2]，以拉近客人跟店里的关系。

第三类的饮食场所是饭铺，顾名思义，饭铺的格局就要小得多。在清代前期或中期，想要像现在一样进个餐馆随手点两个菜吃吃的话，那么可能就要到茶馆去，那里有兼卖炒菜的，而不是去饭庄或饭馆。如前面所介绍的，饭庄和饭馆都以席面居多，随便点两个炒菜，去那里肯定是不合适的。

到了晚清，这种有炒菜的店逐渐从茶馆中分离出来，就被叫作饭铺，也被称为"二荤铺"[3]。如果想要随便吃几样菜来果腹，或者随便找个地方喝两杯，这种地方最合适。至于更小一些的饭铺，大多以卖主食为业，如包子、馅饼、烙饼、面条等，连炒菜都没有

---

1 炒菜是最能体现食材味道，也是最能体现所谓厨师功夫的。但是很多炒菜，为了方便掌握烹调程度，所以一次不能做太多的量，这样才精细。如酱爆鸡丁一类的爆炒菜品，一旦量多料多，就难免口感下降。
2 敬菜，一般来讲是菜单上没有的菜品，通常是用自己店内常见的剩余食材进行制作，手艺十分巧妙，如羊肉馆的麻豆腐，以及一些馆子的三不沾等。
3 二荤铺为何名为"二荤"尚有争议。有人说以猪肉、猪下水为二荤；有人则说以自作菜为一荤，以客人带来之食材炒菜为一荤。

了。当然，无论能不能炒菜，饭铺这种地方不是有身份的人应该涉足的。

第四类的饮食场所叫饭摊，也就是路边摊，一般卖的都是小吃，是专门卖给穷苦人的。

贵族的饮食：
皇帝碰到爱吃的菜也不能多吃几口吗

清代贵族都吃什么呢？是不是跟《红楼梦》的"茄鲞"似的？其实早就有学者指出，茄鲞只是一种文学描写而已，不过是一种文学虚构，光是食品保质期估计就是重要问题。

不过，提到清代贵族，最上层的贵族肯定就是宫廷了。对于宫廷吃什么，大家可能听说过各种民间的传说，作为其集大成者，晚清民国的相声、评书里都偶尔会提到清代皇帝吃饭的排场。让我们看一看他们是怎么形容的吧：

> 咱们常说吃一看二眼观三，就是从皇上这儿来的。这"看"，是看一眼端下去。"观"，是放在那里不动。看的菜先上来。四个小太监搭一个两个桌

子那么大的盘子，用江米弄一座山，山前面用金糕[1]条和鸡蛋黄摆出字来，"万里江山"四个字。菜端上来，太监一跪，皇上站起来，拿着筷子一划拉，这叫"万里江山一扫平"。之后马上端走，上观的菜，一溜儿上来十三个海碗[2]，每个碗两边有牌子，各写一个省的名字。十三个省，都太平无事，就上十三道菜。比如说广东出事了，广东那碗就不上，皇上心里就知道了。至于那"吃"的菜，一共三百六十五道，象征一年三百六十五天，各种口味都得有。而且皇上吃饭有规矩，每天吃多少都有规定，少吃半碗多吃半碗那都不行。

这段看起来说的还是挺像那么回事，不过这其实只是民间的臆想而已，请千万不要当真。清代宫廷有专门记载宫廷内用餐的档案，叫作《膳底档》，是在乾隆朝开始设立的。通过这套档案，我们可以看到清代宫廷每一天吃的正餐的内容。

不同于相声艺术中说到的三百六十五道菜，以《膳底档》的记录来看，清代宫廷的饮食排场是逐渐发展的，从乾隆朝初期的一餐十八品[3]上下，到乾隆末年的一餐四十品上下，再到慈禧太后时期

---

1 即山楂糕。
2 海碗，即一种口大底小之碗。
3 品即菜品的量词。其中主食、小菜、甜点也包括在内。

乾隆五十五年

正月初五日奏事太監王進福傳

旨 明日早膳春藕齋伺候 欽此

駕 正月初六日寅正一刻請

旨 卯正二刻外請 辰初十分

春藕齋進早膳用填漆花膳桌擺 燕窩掛爐鴨子掛爐肉野意熱鍋一品 肥雞酒炖肘子熱鍋一品 燕窩蔥椒鴨子熱鍋一品 羊肉片一品

上傳炒雞蛋一品鄭二做 清蒸鴨子鹿尾攢盤一品 糊豬肉攢盤一品 竹節饊小饅首一品 孫泥額芬白糕一品 螺螄包子豆爾饅首一品 銀葵花盒小菜一品 銀碟小菜四品

旨 乾隆五十五年正月初五日福常安傳 正月初六日早膳後

九一

《膳底档》

的一餐一百品上下,就是排场的极限了。

但是,所谓"吃一看二眼观三"这种说法,虽然的确是清代就有的,但未必如民间传说的那样使用。具体来讲,在清代宫廷中,一餐大致上是由九部分构成,即锅子[1]、热菜、熟食、蒸食、酱菜、主食、粥汤、甜点以及特殊菜品[2]。到了晚清,又加上了名为"吉祥菜"[3]的部分,除此之外,还有所谓"额食"或"添安膳"等额外的菜品,这些部分便组成了一套所谓的"餐"。其中"吉祥菜"大概就是所谓的"看菜"[4],而"额食",似乎就是所谓的"观菜"[5]了。

让我们来看看具体的菜单吧。

第一份:乾隆四十四年(1779)十二月初八日乾隆帝同豫轩早膳膳单:

> 燕窝挂炉鸭子挂炉肉野意热锅一品、鹿筋冬笋三鲜鸡热锅一品。(这两品为锅子)
>
> 肥鸡拆肉一品、托汤鸭子一品、额思克森[6]一品、

---

[1] 即火锅。
[2] 应时当令的菜。
[3] 即是四道大碗菜,每碗菜上都用燕窝摆出一个字,四道四字,根据日子不同字也不同。如"万寿无疆""江山万代""福寿万年"等吉祥话。
[4] 一般认为,看菜指的是距离食用者较近的菜品,只用来欣赏,而不是食用。清代"吉祥菜"形成于咸丰年间,基本上都是以吉祥字作为主题,所以是看菜。
[5] 一般认为,观菜指的是距离食用者较远的菜品,只用来欣赏,而不是食用。清代"额食"一般比正式享用的菜品数量多很多,似乎都是放在远处起装饰作用,以有"丰盛"的感觉。
[6] 似是蒙古语,应是一种羊肉菜品。

鸡丝炒菠菜冬笋锅烧鸭丝咸肉野鸡瓜攒盘[1]一品、冬笋炒腌菜糟鸭子攒盘一品。（这五品为热菜）

清蒸鸭子鹿尾羊乌叉攒盘一品。（这一品为熟食）

竹节卷小馒首一品、孙泥额芬白糕一品、螺蛳包子豆尔馒首一品。（这三品为蒸食）

银葵花盒小菜一品、南小菜一品、糟两样小菜一品、老腌菜一品、酱两样小菜一品、鹿尾酱一品、碎剁野鸡一品。（这七品为酱菜）

鸭子鸭腰下面进一品。（这一品为主食）

腊八粥进些。（这一品为特殊菜品，同时也属于粥汤）

额食（额外菜品）四桌：

饽饽[2]九品、攒糖一品、奶子[3]五品（这十五品为甜品部分）、青水海兽碗菜二品，共十七品一桌。

盘肉十盘一桌。

羊肉四方二桌。

第二份：光绪十年（1884）十月初七日慈禧太后膳单：

---

1 攒盘，即由数个小盘子组成图形的一套盘子。
2 即点心、面食。
3 即牛奶。

火锅二品：八宝奶猪火锅、金银鸭子火锅。（这两品为锅子）

大碗菜四品：燕窝"膺"字锅烧鸭子、燕窝"寿"字三鲜肥鸡、燕窝"多"字红白鸡丝、燕窝"福"字什锦鸡丝。（这四品为吉祥菜）

怀碗菜四品：燕窝白鸡丝、海制蜜制火腿、三鲜鸽蛋、大炒肉炖榆蘑。

碟菜六品：燕窝拌锅烧鸭丝、口蘑熘鱼片、青笋晾肉胚、肉片焖玉兰片、碎熘鸡、煎鲜虾饼。（这十品为热菜）

片盘二品：挂炉鸭子、挂炉猪。（这两品为熟食）

饽饽四品：寿意白糖油糕、寿意苜蓿糕、澄沙馅立桃、枣泥馅万寿桃。（这四品为蒸食）

汤菜一品：燕窝八仙汤。（这一品为粥汤）

面一品：鸡丝卤面。（这一品为主食）

克食二盘、蒸食四盘、猪肉四盘、羊肉四盘。（以上为额食）[1]

从中可以发现，清代宫廷中的食材其实还是比较普通的，都是以鸡鸭猪羊等为主，民间所谓"山中走兽云中雁，陆地牛羊

---

[1] 均出自《膳底档》。

海底鲜，猴头燕窝鲨鱼翅，熊掌干贝鹿尾尖"，在宫廷中实际也并不多见。而且菜品的口味一般比较平和，很少有酸、辣等刺激味道，这才能最大程度地体现食材的味道，也是清宫饮食的一个特点。另外还有一点从档案中不能直接看到的是，清宫食材十分注意安全，肉一般剔骨，鱼一般无刺，烧烤也都是"片"下来的，故而清宫膳食里海鲜较少。顺便一提，这种尽力避开骨、刺的烹饪习惯，也体现在了当今的国宴中。

说完了宫廷再说说其他贵族，就以王府为例好了。王府的饮食跟宫廷自然是不能比拟的，但也是"具体而微"，也是由凉菜、热菜、熟食、酱菜、粥汤、主食、蒸食、点心、特殊菜品组成的一大套吃食。

金寄水先生在回忆睿王府的饮食时说道：

> 每餐照例是四个七寸盘、四个中碗和两大碗汤菜。除汤菜外，其中包括两荤、两素、两凉拌，差不多都是家常菜，没有山珍海味。甚至连拍黄瓜、素拌菠菜也算一盘。在中碗里，偶尔有一两样如烩什锦丁、鸡丝烩豌豆、烩三鲜等等，就算是上等菜了。但每餐必备有两个五寸盘熟食，如小肚、清酱肉等，和两个小三寸盘酱咸菜。[1]

---

[1] 出自金寄水《王府生活实录》。

溥杰先生在回忆醇亲王府的饮食时也说道:

> 每顿饭都照例是四碗四盘,另有粥和饭以及一盘面类蒸食并两小碟的咸菜等。……至于每日早餐,则是不分大人小孩,每人都有从外面买来的油炸果[1]和马蹄烧饼各两份和一桶粥并一些咸菜。不过我的祖母照例要加上两个煮鸡蛋和一碗牛乳,我的父亲则是加上两盘炒菜,我的母亲加上一些熏鱼、熏肉之类或是另炒一些半荤素的菜。[2]

金寄水先生出生于民国四年(1915),成年后,睿王府在经济上已经乏力,所以在他回忆府中饮食的时候,可以明显地看到饭菜质量有所下降。再结合溥杰先生的回忆可以看出,睿王府的饭菜质量虽然下降了,但排场还是基本保持着。

对于我们现在的人而言,早上吃很多荤菜,似乎并不觉得舒服。这其实是我们现代人所谓的"健康饮食"习惯。您或许还记得《左传》中就有个词汇叫"肉食者",孟子曾经说"七十者可以食肉矣",可见古代吃肉是比较少见的。这种情况到了清代也是如此,特别是对于下层人民而言。根据一些学者的估算,明清时期的

---

[1] 即油条。
[2] 出自溥杰《回忆醇亲王府的生活》。

普通江南农民，每年大约有二十天可以吃荤[1]，其余的三百四十五天则基本吃素，偶尔能够作为"甘旨"[2]的就是鱼类和鸡蛋[3]。

比如说晚清名臣曾国藩，其家境本身不太好，只是个下层绅士，后来中了进士，当了京官，还经常寄钱回老家孝敬父母，在其家书中经常有"因俞岱青先生南回，付鹿脯一方，以为堂上大人甘旨之需""九弟前带回银十两，为堂上吃肉之费，不知已用完否"。[4]可见"吃肉"的确很不容易，普通民间的人，吃得都十分素。如《儿女英雄传》中的一段：

> 只见两个车夫、三个脚夫，每人要了一斤半面的薄饼，有的抹上点子生酱卷上棵葱，有的就蘸着那黄沙碗里的盐水烂蒜，吃了个满口香甜。还在那里让着老爷，说："你老也得一张罢？好齐整白面哪！"

下层劳动人民能吃上白面，已经很不容易了。所以说，清代贵族基本上顿顿吃荤，在餐桌上其实很少见到纯素菜的影子，这对于清代贵族而言，既被认为是身份的象征，也被认为是理所应当的事情，自然也就不认为吃素菜是"健康"的表现，甚至认为那很"丢

1　出自方行《清代江南农民的消费》。
2　即美食。
3　这里的鱼类和鸡蛋不算作荤食。以南方而言，鱼类比鸡蛋廉价。
4　出自张宏杰《给曾国藩算算账》引《曾国藩全集·家书》。

人"，一般只有在需要斋戒的情况下才会吃素。即便是当时的点心和夜宵，其实也并不清淡。我们概念中的点心就是几块甜点而已，但是清代贵族的点心、夜宵也都是有排场的呢。比如晚清的敬懿皇太妃，她每天夜里十一点前后要进"晚粥"，其晚粥的内容是"小菜十几样，粥两样，面食三样"[1]。可见一斑。

顺便一提，有一种经典的说法，是说宫里吃饭"每样不能超过三口"，这种说法最早可能见于《宫女谈往录》。不过怎么说呢，这个说法一定不要死板地看待。一方面，清代宫里主位们吃饭，每样菜品不会吃很多这是事实。首先他们从小培养礼仪，无论吃什么，都不会死盯着一个菜来吃。另外，无论是什么菜，对于他们来讲都不"新鲜（罕见）"。如果他们爱吃，可以年年吃、天天吃、顿顿吃，自然不需要珍惜每一次的机会，何况每一餐有那么多菜品呢。至于说皇帝的喜好怕别人知道什么的，其实仅从《膳底档》上就可以大致看出皇帝对菜品的喜欢，如乾隆皇帝的膳单里极少有海鲜，而光绪皇帝的膳单里海鲜较多，慈禧太后的膳单里鸭肉尤其多等，都能体现他们的喜好，乾隆皇帝的膳单里还有他特地点名制作的一些菜品。何况清代宫廷主位们吃饭，多数是由太监来"布菜"的，也就自然没有吃多少口的顾虑了。退一万步来讲，以清代皇权之盛，哪个太监有胆量跟皇上说"这盘儿肘子您吃了四口啦，以后就再也不给您上这道菜了！"，估计

---

[1] 出自周春晖《清宫太监回忆录》。

他早就死了千八百回了。

至于吃剩的菜品,首先,宫廷里的菜经常赏给别人吃,如乾隆四十六年(1781)十二月二十三日乾隆皇帝进早膳,"上进膳毕,将膳桌上剩下野鸡热锅一品,野意热锅一品,野鸭子丸子炖豆腐热锅一品,攒盘肉一品,鹿尾酱一品,碎剁野鸡一品,蒸肥鸡一盘,鹿尾一盘,煺鹿肉一盘,煳猪肉一盘,烧野猪肉一盘,匙子饽饽红糕一品,共十二品送至妃嫔公主等位"[1],就是一个例子。另外,如果不赏给别人,则会"散下去",即是让周围的奴仆来吃。王府中也是如此,"每日两餐之后,先由太监拣走一两样炒菜,其余的则由那些'有头有脸'的仆妇在此共食"[2]。总而言之,清代贵族的餐桌,其实在某种意义上有些类似于现代的"自助餐"。基本上,每一餐中都会为贵族提供各种各样的菜品,以供他们自由选择。所以吃不完之类的顾虑,是完全多余的。

到晚清时,还有一种说法,是说宫里的饭菜很难吃。但是说白了,要看是谁写的。一般写书说宫里的菜难吃的,是被宫里"赐菜"的人,据说有时从宫里"赏"出来一盘烧饼,结果烧饼竟然是夹生的。遇到这种情况,被赐的人只能乖乖收下,不能发表怨言。但是这种事情,在帝后那里都不大可能发生,谁敢给主人吃半生不

---

[1] 出自《膳底档》。
[2] 出自金寄水《王府生活实录》。

熟的东西呢？所以说到底，要看宫里的菜是给谁做给谁吃的。不过话说回来，清代个别王府的菜倒是出了名的难吃，这是因为清代王府的厨师都是"世袭罔替"的。简单来说，各个王府的包衣都有各自的"势力范围"。如张家专管库房的事情，赵家专管看坟的事情，一般来说这些差事都是祖传的，"世代职掌"，厨房也是如此。所以要是王府碰上手艺好的包衣，代代相传，还算好运，万一碰上代代手艺堪忧的，主人也只能从外面雇来额外的厨师来调剂口味。

席面与特色菜品：
真正的满汉全席都吃啥

在吃这方面，王公贵族的饮食看起来很奢华，但其实主要是排场大，口味未必就那么好，而且基本没有"点菜"这一说，很不自由。[1]相比之下，中等人家反而要好得多。让我们来看一看清代北京城中等人家一天的吃食。

先说"点"吧。早上起床，洗漱完毕，稍歇一会儿，就要吃早点。叫来家里的仆妇吩咐下去，仆妇一般会表示，早点已经买来了，请享用。在清代的北京城，早点很少由家里制作，普遍都是去外面买。从清晨开始，就有那些卖早点的小贩串着胡同走，他们多数都跟某一片儿的居民形成了熟识的关系，每天固定都来卖早点，甚至连哪家哪户喜欢买什么样的早点他们都知道。这种早点比较

---

[1] 清代宫廷或者王府吃饭，一般都是由膳房自行安排，而不会提前点菜，顶多是根据当天的菜品加一两种，所以说到底没什么选择权。

简单,一般来讲,清中后期的早点主要是以烧饼、火烧和油炸鬼[1]为主,当时的油炸鬼甜咸都有[2],任君选择。这些主食一般就着咸菜吃,家里条件好一些的,则用前一天的剩菜配上一些熟食,也可以搭配一些点心来吃。至于稀的,清代北京人似乎习惯在早上喝一些甜味的东西,所以甜口味的粥[3]和杏仁茶比较常见,其次则是白粥。

早点之后,一般就是中午前后吃早饭,吃完了早饭,在下午一般要加一顿午点,这种饮食结构有点儿类似于西方的下午茶,但是跟西方下午茶以喝茶为主不同。清代北京的午点一般是小吃、点心的性质,所以也经常是从小贩那里买来的,像茶汤[4]、面茶[5]、豆汁[6]这类的比较常见,经常配以点心、水果、乳品等食用。至于夜宵,则一般比午点口味要重一些,经常以面点和荤食为主,其实也未必就多健康。

说完了"点",咱们来说"饭"。如果是官员,跟人家谈事或者聚会,就经常会去饭馆吃席,那可就相当讲排场了。我们一提清代的"席",可能都会想到"满汉全席"。其实,在清代,席面是分成"汉席"和"满席"两大种的。所谓"满州菜多烧煮,汉人菜多羹汤"[7],汉式菜品和满式菜品本身特色不同,比如汉席的大菜一

---

1 即油条,也叫"油炸果""炸果子"。
2 宣统年间宫中《膳底档》便有甜油炸果和咸油炸果的区分。
3 清代还有一种粥叫甜酱粥,用黏性的面熬成,味略甜,现已失传。
4 用热水冲制的一种甜饮食,今存。
5 一种用小米面和芝麻酱做成的咸味饮食,今存。
6 绿豆渣发酵之后的一种有酸腐气味的饮食,今存。
7 出自袁枚《随园食单》。

般是燕窝、鱼翅、海参，而满席的大菜一般是烤乳猪之类的烧烤。最开始，旗人请客一般都用满席，汉人请客一般都用汉席，大家觉得各吃各的"理所应当"。结果到了清中叶，在"吃货"思维的影响下，很多人便开始将两种席面糅合起来，在汉席的基础上，再增加满席特色的烧烤菜和点心[1]，这就成了新的"满汉席"。因此，所谓的"满汉席"，就是一个席面上不光有汉席菜品，还有满席菜品，而不是指相声段子里那一大串固定的菜单，更不是现代餐饮业"复原"的那种有固定菜单的天价菜。

让我们看看清后期北京上等官席：

> 开筵以二十品侑酒，计：四鲜果、四干果、四蜜饯果（原注：如红果、甘棠、温朴、杏脯之属，预备沃奶点心用者），八冷荤（原注：或用四大拼盘，每盘二种）。首先以八宝果羹或蒸莲子（原注：皆用大海碗），次之以燕窠，又加之以鱼翅，中加烧烤者为最上等（原注：即烧整猪、整鸭片上），或代以蒸鸭、整尾鲜鱼。总之，大件凡五簋，中碗炒菜亦八味（原注：谓之小炒），中间以点心三道，皆每人一份，谓之各吃。一甜点心，二奶点心（多以厚奶皮实于小碗中，自以蜜果拌之），三荤点心（如饺子、春

---

[1] 据说满席的各类点心要较汉席丰富。

卷类）。最末以四大汤菜、四�菜为殿。冬日尚加以十锦火锅。[1]

这段记录里有些顺序有问题，整理如下：简单说，第一拨儿是四盘鲜果、四盘干果、四盘蜜饯果配上一大碗八宝果羹或蒸莲子，这些都是瓜果和甜菜，只是"前奏"；第二拨儿是八盘冷荤和八盘炒菜，都是"前锋"菜品，这些一上来，大家便开始喝酒吃菜了；第三拨儿是大件，数量根据等级而不同，燕窝、鱼翅、烧烤、鲜鱼等，这都是"主菜"，也是席面里的"高潮"；第四拨儿是汤菜和小炒菜，这些其实都是下饭的菜品，是搭配主食来吃的，这是席面里的"后续"环节；第五拨儿就是最后的点心、甜品了，属于"收尾"阶段。

炒菜里面肯定是鸡鸭鱼肉俱全，再加上燕窝、鱼翅、烧烤，其实就是一套比较标准的"满汉席"了，在晚清时，被称为"燕翅席带烧烤"，或者直接简称为"烧烤席"。

不过说到底，能吃得起"燕翅席带烧烤"的也终究是少数人，以其为顶端，之下还有各种席面等级，一般以大件命名，如鱼唇席、鱼肚席、海参席等，再差一点儿的则俗称为中桌。

山东孔府里的普通一桌席面菜单如下：

---

[1] 出自崇彝《道咸以来朝野杂记》。

三大件：红烧海参、清蒸鸭子、红烧鱼。

八凉盘：薰鱼、瓜子、盐卤鸡、海蛰、松花、花川、靠虾、长生仁。

八热盘：炒鱼、汤泡肚、炒软鸡、炸胗干、炒玉兰片、鸡塔、烩口蘑、山药。

四饭菜：清鸡丝、红肉、烧肉饼、海米白菜。

点心：甜、咸各一道。

大米干饭每桌同。[1]

这种等级大概属于"海参席"吧，顺便一提，这每桌的价格是"钱八千五百文"，一般人家肯定是负担不起的。

还有，目前很多餐饮业都推崇八大碗，各地都有自己风格的八大碗，各个民族也都推出了自己的八大碗，但是其实在清代来讲，"八大碗"一般是席面里等级最低的一种，不过换一个角度来说，也就是一般人家能吃得起的席面。

比如说山东的孔府，末代衍圣公孔德成的姐姐孔德懋曾经这样回忆说：

> 最低等的酒席是给当差的、老妈子们吃的……每一桌席有十碗菜，这种菜的规格叫"十大碗"，据一

---

[1] 出自《孔府档案选编》。

张十大碗的菜单记载,这十碗菜有:海参、鱼肚、红肉、清鸡丝、瓦块鱼、白肉、肉饼、海米白菜、八仙汤、甜饭。[1]

事实上,孔府的"十大碗"虽然是府里下人吃的,但是已经比民间一般人家的席面奢华多了。一般来讲,民间的"八大碗",都是由猪肉大菜[2]组成的,基本上没有鱼之类的海味,朴实得很,这才是一般民众能偶尔负担得起的。

至于日常场合的菜品,其实清代距离我们现代这么近,很多菜品都是现在还能见到的。比较少见的,大概也就是一些满族特色菜品了吧,这倒是可以简单地介绍几种。

饽饽

一听到饽饽这词儿,第一别认为这是满洲话,第二别想到饺子。饽饽这个词是一个十分地道的汉语词汇,主要流行于北方,直到今天,河北和山东的广大地区还在用这个词。顺便一提,满语对饽饽的称呼是"efen"。

那饽饽是什么意思呢?其实这个词有三种含义。

第一种含义,是对所有米面类食物的统称,这也是饽饽这个词的基础含义。所以,馒头、烙饼之类的,都可以叫"饽饽"。《儿

---

[1] 出自孔德懋《孔府内宅轶事》。
[2] 回民菜则以羊肉为主。

女英雄传》里描写何玉凤出嫁时说道：

> 姑娘这才不言语了，低着头吃了三个馒头，六块栗粉糕，两碗馄饨，还要添一碗饭。张太太道："今儿个可不兴吃饭哪！"姑娘道："怎么索兴连饭也不叫吃了呢？那么还吃饽饽。"说着，又吃了一个馒头，两块栗粉糕，找补了两半碗枣粥，连前带后，算吃了个成对成双，四平八稳。

可以看到，何玉凤吃的馒头和栗粉糕都可以算作"饽饽"。

第二种含义，是对所有点心类食物的统称，这可能是清代特有的含义。简单说，就是一切点心类的食物，无论是米做的、面做的、奶做的还是什么做的，都可以统称为"饽饽"。清代满洲人在婚丧时常用的一种成桌的点心，就被称呼为"饽饽桌"。

第三种含义，是对所有非正餐类小餐的统称，如金寄水先生就曾经说"'吃饽饽'一词是王府常用语，一般指吃早点"[1]，同时还指午后的简餐。

清代饽饽一词有这么多的含义，使用起来肯定十分混乱，所以在使用时，经常会加前缀、后缀。这些前缀、后缀有的是分类用的，比如玉米面饽饽、黏米饽饽、奶油饽饽、奶饽饽等，这些是以

---

[1] 出自金寄水《王府生活实录》。

原料进行区分的。有的则直接起了新的名字，如如意饽饽、棋子饽饽等。还有的经过组合形成了新的词汇，如饺子，被北京旗人称呼为"煮饽饽"，这个"煮"字一定不能丢掉，《儿女英雄传》里提到安家过年，就是"包煮饽饽、作年菜"；还有"饽饽菜"，则是对以饽饽为主食时所配之菜肴的称呼。

清代有记载的饺子馅和今日不同的有猪肉吉祥菜[1]、猪肉菠菜、猪肉韭黄、烧鸭豆芽菜、鸭丁烩鲜莲子、烧鸭鲜莲子[2]，另外还有一种素馅的，据说"其馅以葫萝卜、大白菜为主，配以香菇、冬笋、芝麻、面筋、油条，以及其他素食，用香油搅拌，名之曰'全素煮饽饽'"[3]。味道应该还是不错的。

至于其他的，大概奶饽饽比较吸引人。清代旗人中满洲、蒙古人居多，嗜食乳品，所以清代奶制品比较丰富。基础的如奶子、奶皮子就不多说了，比较好吃的有奶酪，满语叫"tara"。不同于欧洲的奶酪，此种奶酪是用牛奶和糯米酒、糖制成的，味道醇厚，今日在北京依然可以买到。还有乌塔，即满语的"uta"，汉译为"奶油糕"，根据《御制增订清文鉴》的记载："sun maishan muke i jergi jaka be šatan suwaliyame sun nimenggi de orobuhangge be gemu uta sembi。"译为："奶和枸杞水之类的东西混上砂糖，凝成奶油的，称为奶油糕。"根据晚清的记载，这种乌塔"洁白

---

1 吉祥菜即今天的马齿苋。
2 这两种莲子馅都是夏天当季的。
3 出自金寄水《王府生活实录》。

如霜，食之口中如嚼雪"[1]，十分美味。

不过话说回来，清代似乎也只有部分人习惯于吃乳制品，普通下层民众通常不以为然。《儿女英雄传》里有一段提到南方来的程相公跟着安老爷逛北京的街市，书中说道：

> 程相公此时是两只眼睛不够使的，正在东睃西望，又听得那边吆喝："吃酪罢！好干酪哇！"程相公便问："甚么子叫个'涝'？"安老爷道："叫人端一碗你尝尝。"说着，便同他到钟楼跟前台阶儿上坐下。一时端来，他看了雪白的一碗东西，上面还点着个红点儿，便觉可爱，接过来就囔道："哦哟，冰生冷的！只怕要拿点开水来冲冲吃罢？"安老爷说："不妨，吃下去并不冷。"他又拿那铜匙子舀了点儿放在嘴里，才放进去，就囔说："阿，原来是牛奶！"便龇牙裂嘴的吐在地下。安老爷道："不能吃倒别勉强。"随把碗酪给麻花儿吃了。

由此可见这位程相公就不觉得乳制品好吃，认为牛奶、奶酪这种东西不值得一喝。

---

[1] 出自富察敦崇《燕京岁时记》。

包饭

包饭,又叫"饭包",口语上一般简称为"包",是一种特殊的食物。根据金寄水先生的记录:

> 据说,在努尔哈赤以"十三甲"兴兵初期,一次,被敌围困,全军绝粮,他命部属捡拾菜叶,包着野果野菜充饥,坚持战斗。不久,破敌突围。此后,所部日渐壮大,领土增多,但不断以菜叶包食物作为满族食品,大概也有忆苦之意。后来,吃"包"之风,遍及辽东,并于明万历年间,明宫亦食这类食品。"以各样精肥肉,姜、葱、蒜剁如豆大,拌饭,以莴苣大叶裹食之,名曰'包儿饭'。辽东人俗亦尚此。"(见《明宫史》火集)其实,不是"辽东人俗亦尚此",而是地道的满俗,从东北传至明宫的。

而讲到包饭的具体做法时,金寄水先生描述道:

> 将白菜大叶用水洗净,再把小肚、酱肘、香肠等熟食切成丁,另备摊黄菜、炒豆腐等几种普通菜肴拌和在米饭之中,然后,摊开白菜大叶,涂抹黄酱,再把拌好的米饭舀在菜叶上,以双手包严实,然后

捧食。[1]

当然啦,北京旗人各家制作包饭的方法各有不同,虽然都是以大白菜和酱为基础,但是搭配的内容却因情况而异,比如叶赫颜扎氏一家制作的方法即是:

> 拿大白菜叶,底下抹一层酱垫上底,炒麻豆腐就扛到里头,然后有一点儿卷饼的那种菜,叫合菜,什么粉丝啦,菠菜啦,肉丝啦,都炒到一块,现在就是肉末,跟米饭拌上。[2]

顺便一提,这种包饭在现在的北京已经很少见到了,但是在东北还有所保留。不过东北包饭形式虽然和北京相似,内容却有很大不同,有机会可以去尝一尝。

白肉

白肉也叫白煮肉,发源于满洲传统的萨满祭祀。简单说,满洲萨满一般要用整猪进行祭祀,所以就有大量的猪肉剩余下来,丰富了各家的餐桌。同时,有大量的猪肉需要处理,也丰富了烹调猪肉

---

[1] 出自金寄水《王府生活实录》。
[2] 出自杨原《诗书继世长——叶赫颜扎氏家族口述历史》。

的技法，即所谓的"烧""燎""白煮"三大做法，其中最为民间称道的即是白煮。

所谓白煮肉，即是将上等的猪肉进行长时间熬煮，汤味浓厚，旗人最爱吃这个，一般是蘸着酱油或其他调料食用，而且"他们还常常把切肉片剩下的肉块切成肉末烫饭，称为'白肉烫饭'"[1]。肥而不腻，十分美味[2]。

锅子

锅子就是火锅，北京人有的习惯叫"锅子"，特别是旗人。满族的锅子跟汉族和回族的火锅有一些区别，最重要的就是满族锅子以"熬煮"为主，以"涮"为辅，其锅子内放置有多种熬煮而成的食材，既吃这些熬煮好的食材，也在这基础上去"涮"一些新的食材。

还是以金寄水先生所回忆的锅子作为例子吧：

> 冬至这天要吃火锅……照例是涮羊肉，但与"东来顺"的涮羊肉不一样。它的汤很考究，作汤的原料包括烤鸭、生鸡片、蘑菇、虾米、干贝等，此外，还有两种与北京市民所用的一样，一是丸子，二是炉

1　出自金启孮《金启孮谈北京的满族》。
2　时至今日，北京尚有砂锅居专营白肉。

肉。……这许多原料熬出来的汤涮羊肉，其味无穷。羊肉片无非是大三叉、小三叉、上脑、黄瓜条等。除了羊肉之外，还要有全部羊肚，所谓全部也并不全，首先不要肚板，嫌它不好嚼。羊肚主要是吃肚脸，去了两层皮的肚仁。除了羊肚，还要有腰子和肝，这是不能少的，这样才叫"全涮羊肉"。但要说清楚，王府涮羊肉所用的调料不象今天"东来顺"所用的调料这么多，这么全。当时，只有白酱油[1]、酱豆腐、韭菜末[2]和糖蒜。象什么芝麻酱、虾油、料酒、炸辣椒等佐料一概没有，同时也不涮白菜，而只涮酸菜、粉丝。[3]

另外，满洲锅子的材料相当丰富，根据主料不同，也有各种名字，如金寄水先生的记录中，既有山鸡锅、白肉锅、银鱼紫蟹蝴蝗火锅、麋鹿黄羊野味锅等，也有"一品锅"，"此锅为纯锡所制，大而扁，因盖上刻有'当朝一品'字样故名，它以鸽蛋、燕菜、鱼翅、海参为主"。

1　类似于今日的生抽。
2　按金受申《北京通》中的说法，应为腌韭菜，与韭菜花不同。
3　出自金寄水《王府生活实录》。

消遣饮食：
乾隆也爱喝奶茶

在正式饮食之外，还有一些作为消遣的饮食，就是烟、酒和茶。整体而言，清代烟、酒、茶跟现代的差别不是很大，比较贴近我们的生活。

首先咱们来说说茶吧。

清代北京城的茶铺，大多是安徽人开的，至于种类嘛，无论想要喝红茶还是绿茶，在北京城都能找到，但是每种茶叶是否普遍就不好说了。总体来说，清代北京城里最为流行的是茉莉花茶、绿茶以及普洱茶[1]。

茉莉花茶，是经过窨熏[2]的茶叶，现代好茶者，特别是南方

---

1 除这三种茶之外，清代北京城还流行"珠兰茶"，是一种轻微窨熏的茶，有花茶的香味，但是还能凸显出茶原本的味道。另外则是各类其他花茶，如菊花茶、玫瑰花茶等。至于晚清，红茶则开始走入市场。
2 这种窨熏被称为"窨"。

人,似乎多不喜爱这种茶。他们认为这种窖熏过的茶叶遮盖了茶叶原本的味道。而清代北京人则特别嗜好茉莉花茶,他们不仅直接把茉莉花茶简称为"花茶"或"香片",更有"除却花茶不算茶"的说法,认为没有比茉莉花茶更好喝的茶了。可以说,清代北京城里无论身份高低,普遍爱好茉莉花茶,就连那靠体力赚钱的力巴(力工),歇了工有了零钱,还要去喝一壶"高碎"[1]呢。

与茉莉花茶相对的是绿茶。正如清代北京人将茉莉花茶一概称为"花茶"和"香片"一样,对于绿茶,清代北京人一概称为"龙井茶"。走进清代的茶叶铺子,若看到挂着许多牌子,写着"黄山凤眉""双窨梅蕊""明前贡龙"什么的,千万别以为它们真的叫这些名字。清代茶叶铺虽然给它们起了各种好听的名字以昭门面,但是一般买茶叶的时候,人们却只说"某某价位的龙井或香片,来多少包",既不怎么论斤称,也完全不用那些"雅名字"。

另外则是普洱茶。清代普洱茶在北京十分流行,这是因为满蒙旗人特别喜爱砖茶。相比于"香片"和"龙井"经常以"清茶"的形式饮用,清代北京人饮用普洱茶,最常见的形式是做成奶茶。清代奶茶和现代南方流行的奶茶的最大区别在于——清代奶茶习惯加盐熬煮,而并非加糖[2]。清代宫廷在晚清之前,也一直都盛行喝奶

---

[1] 高碎又叫高末,实际上是筛花茶时筛下来的茶叶末子,虽然形状不怎么样,但是味道浓郁。一般专卖给贫民。
[2] 顺便一提,时至今日,蒙古奶茶依然是咸口儿。

茶,甚至比喝清茶还要多一些[1]。

仔细说来,喝茶这事情,其实是以先放茶叶后注水为"沏",而先注水后放茶叶为"泡"的,但北京人喝茶,无论口头说是沏茶还是泡茶,都是先放茶叶后注水。并且,清代北京人对喝茶比较直率,他们推崇"饮茶",而不是"品茶"。

在这种"饮茶"的概念之下,清代北京人喝茶相对简单。茶器方面,茶壶一般瓷、铜、锡皆可,个别讲究的,也就用个紫砂壶而已。至于茶碗,则一般流行用茶盅,讲究一些的则用盖碗。盖碗茶专给贵客使用,但是清代北京的盖碗多数还没有固化成今天所谓的"三才碗",即盖、碗、碟一套的固定搭配。所以有的是有盖有碗,有的是有碗有碟,有的则是一个单碗,需要特别地配茶托和茶船。一般来讲,茶托和茶船都是金属制的,茶托类似于现代盖碗茶的茶碟而略大,有荷叶状的边缘,而茶船则是两头高高挑起的元宝形。

清代北京城茶馆林立,但是也有各种细分,主要取决于饮茶者的需求。

第一类叫大茶馆,占地比较大,经常是几进的院子。如我们在本篇第一节所提到的,在清初和清中叶,这种大茶馆通常还兼具饭馆的功能,晚清还从中分出了二荤铺之类的饭铺。所以要是约几个

---

[1] 清代各省都要定期向宫廷进贡本省的特产,其中即包括茶叶。故而,清宫里有各式各样的茶叶,种类、数量都很大,而并没有专门的所谓某一种"贡茶"。清宫饮茶,主要分为奶茶、清茶和特色茶,所谓特色茶,如以梅花、佛手、松实为原料,用雪水烹制的"三清茶"等。

朋友聊天喝茶，顺便还想吃口便饭，这种大茶馆最为适合。

第二类叫书茶馆，一般比大茶馆小一些，到这里来主要是听评书。比较大的书茶馆，一般一天有三场书，下午一点到三点为"说早儿"场，三四点到六七点为"白天"场[1]。在每场开书之前，书茶馆的伙计会来卖清茶，之后则喝着茶听书。一般来讲，一场书的正书是六回，正书说完了，收一次钱，然后继续说，每四回收一次钱。总之呢，这地方是消遣的所在。

第三类叫清茶馆，规模和书茶馆差不多，但是没有说书的活动，相对而言比较静。要是约一两个好静的朋友，聊聊天、下下棋什么的，这里最合适，清代北京的清茶馆还有很多棋社之类的民间组织呢。要是普通人家，想找个工作也可以来这里。清代北京各职业的"攒儿""口子"，一般都设在清茶馆。比如说想要搬点儿货，赚点儿体力钱，就要打听一下哪个清茶馆是这方面的"攒儿"，然后到了这里，要上一杯茶，自然就有专门的人来询问。

第四类叫茶酒馆，规模就更小了，大概也就跟我们现代路旁小吃店那么大，既卖茶又卖酒，是专门给平民大众聊天的地方，文人雅士莫往呀。

说完了茶，咱们再说说酒。

一般来讲，清代北京城里最流行两种酒，即烧酒[2]和黄酒。这两种酒都很好地传承了下来，所以这里也不作太多介绍了。在清代

1　从民国开始，又有晚场，一般是晚上七八点到十一二点，叫作"灯晚儿"。
2　烧酒即白干。

北京城里，烧酒和黄酒都很常见，不过似乎因为黄酒更柔和，所以有身份的人喝黄酒更多，而民间喝烧酒更多。当然了，这也不能一概而论，一般上等的席面都是备好"烧黄二酒"的，而且当时的人认为这两种酒也有不同的搭配作用，比如说吃螃蟹这种性寒的东西，就配烧酒来得好，这又是另外一层讲究了。

清代北京人这种对烧酒和黄酒的不同态度，也影响到了酒馆的定义。也就是说，清代酒馆也分为烧酒馆和黄酒馆两种。其中黄酒馆，因为黄酒的定义问题，所以多是中上阶层前往，酒馆的陈设等也都比较雅致，凸显身份。而烧酒馆，店内放置着很多大酒缸，酒缸上面盖着很大的朱红色的缸盖子，客人们就用这个缸盖子来当桌子喝酒。这样具有豪放风格的烧酒馆，自然是平民阶级以及个别落魄文人所前往的了。

最后咱们来看看烟吧。

现代人所谓"饭后一支烟，赛过活神仙"，古人大概也深有同感，故而每日中午和晚上吃过正餐之后，清代北京人只要是条件允许的，多少都有抽烟的习惯。不过今天的人抽烟多数是抽卷烟，那种卷烟到晚清才传入中国，在清代，最流行的有四种烟，即旱烟、潮烟、水烟、鼻烟。

旱烟，顾名思义，指的是烟叶基本上已经晒干了的烟草。抽旱烟大概是四种烟草里最为直接的，要的就是那种"烟劲儿"，所以其档次以"劲儿"大小来区分，其中以"劲儿"最大的"关东烟"为上等，而以"劲儿"小的"白叶子烟"为下等。因为一切以"劲儿"为核心，所以旱烟多数还是大老爷们儿抽的，特别是做体力活儿的人，经常要提个神，抽一袋烟正好。而有些贵族子弟，则嫌弃旱烟土腥味儿大，烟劲儿又猛，不喜欢抽它。

抽旱烟的时候，所用的工具是烟袋，也就是清宫戏里纪晓岚老拿着的那玩意儿。一副完整的烟袋，由烟袋锅、烟袋杆、烟袋嘴儿和烟荷包四部分构成，别看烟袋这东西不大，但是因为大家都要手里拿着，难免就有个互相攀比，特别是有钱人家，就有了各种讲究。比如这烟袋杆，一般以乌木和斑竹为优，而烟袋嘴儿呢，则一般以翡翠、白玉为优，要是个官宦世家的人，拿个料器[1]甚至铜的烟袋嘴儿，估计就要被人耻笑咯。

潮烟，清代北京以"湿"为"潮"，因为潮烟是将烟丝切细之后稍加水润湿的，所以才叫潮烟。这种潮烟"劲儿"小一些，嗜好旱烟的人不屑抽，主要是妇女以及一些贵族男子抽用。至于器具呢，跟旱烟的烟袋是一个套路，但是一般来讲，抽潮烟的烟袋，烟袋杆较细较长，烟袋锅也小一些，但是各个部分的精巧程度都要远优于旱烟烟袋。除此之外，跟潮烟相似的，还有一种"兰花烟"，也很有名。电视剧里说纪晓岚喜欢抽兰花烟，但其实因为兰花烟这种烟"劲儿"比较小，而且香味浓重，所以清代一般都是妇女，特别是老太太喜欢抽。北京民俗所谓"老爷（叶）子烟儿，关东杆儿。老太太烟儿，兰花籽儿"，说的就是旱烟和兰花烟的区别。

---

[1] 即染色玻璃。

另外比潮烟和兰花烟"劲儿"再弱一些的，就是水烟了，因为抽水烟，烟要过一遍水，味道相对柔和了很多，对人体的危害也小，所以在贵族阶级中嗜好水烟的人居多。而相比于旱烟和潮烟都是那种长形烟袋，水烟所用的水烟袋也别具一格，一般由铜制成，主体是一个方形的水壶，水壶有两个口，一个口是烟嘴儿，又长又弯，用以吸食；另一个口是烟锅，用以燃烟，吸食的时候拿在

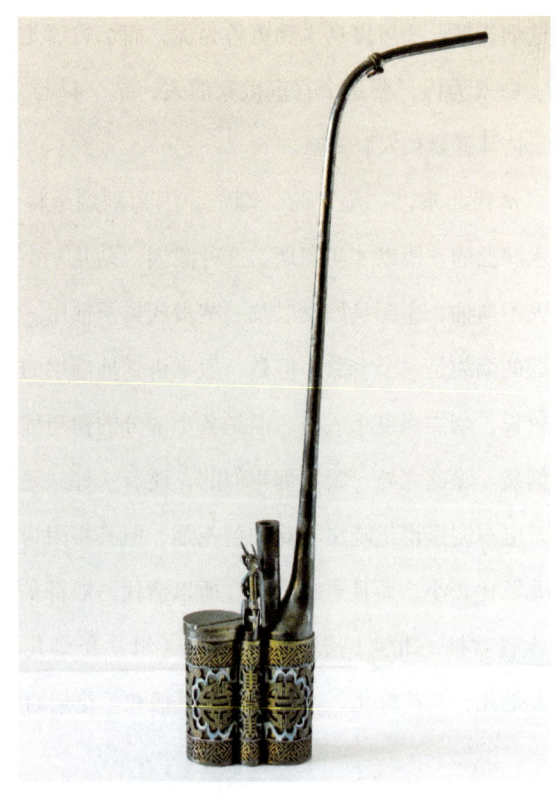

银烧蓝水烟袋（故宫博物院藏）

手中，呼噜呼噜的，别有一番风味。还有一种特别的水烟袋，俗称"仙鹤腿"，是贵族专用的，其烟袋嘴儿特别长，吸食时必须有仆人跪在低处点烟，而基本不能自点自吸。

最后一种则是鼻烟，这个东西现在很少见到了，所以要特别地说一说。

鼻烟又叫闻烟，如其名，是用鼻子来吸食的烟草。具体来说，是将上好的烟草晾晒之后进行研磨，做成"烟坯"，然后加入一些特定的中药材以及花瓣、花露进行"陈化"。最终，这种鼻烟既有烟味儿又有花草的香味儿，在清代极为流行。特别是因为这种鼻烟靠鼻子吸食，不会像其他烟草一样点火燃烧，所以在官场上极为流行。民间也认为吸鼻烟不仅能够提神，还可以"通气"。如《红楼梦》中，晴雯头痛，贾宝玉就让麝月"取鼻烟来，给他嗅些，痛打几个喷嚏，就通了关窍"。[1]

盛放鼻烟的容器，即是鼻烟壶。清代鼻烟的盛行也带动了鼻烟壶的发展。从清初到清末，金属、木头、石头、玉石、玻璃、陶瓷等材质的鼻烟壶层出不穷，每类鼻烟壶也都独具说道儿。如玛瑙质地的鼻烟壶，就以小坛形为上品；玉质地的鼻烟壶，就以白玉，特别是带皮子的白玉为上品。到了晚清，则又流行料器的内画壶，即一种玻璃质地的鼻烟壶，图画是从壶内勾勒的，工艺十分巧妙。

鼻烟的用法，可以参考《儿女英雄传》里描述的细节：

---

[1] 我国鼻烟由于制作方法的关系，也有一定的药用价值。

见还有二位在那里敬鼻烟儿。一个接在手里且不闻,只把那个爆竹筒儿的瓷鼻烟壶儿拿着,翻来覆去看了半天,说:"这是'独钓寒江'啊。可惜是个右钓的,没行,要是左钓的就值钱咧!"说着,把那鼻烟儿磕了一手心,用两个指头搦着,抹了两鼻翅儿。不防一个不留神,误打误撞真个吸进鼻子一点儿去,他就接连不断打了无数的嚏喷,闹得涕泪交流。

也就是说,取出一点儿鼻烟,抹到鼻翅周围,就已经是很不错的方式了,不过清代人也经常有所发挥,有些老北京人抹出所谓的"花蝴蝶儿"[1],认为那样才"地道"。

玛瑙鼻烟壶　　　白玉鼻烟壶　　　玻璃内绘垂钓图鼻烟壶
(台北故宫博物院藏)　(台北故宫博物院藏)　(台北故宫博物院藏)

---

[1] 指在鼻子下方两侧各"抹"出一片"翅",就好似蝴蝶的两个翅膀。

7 官私服饰篇

清人画玄烨便装像小屏（故宫博物院藏）

康熙帝身着常服，坐在花园中。

服饰基础知识：
清朝时尚指南

基本特点——满洲特色与满汉间的游走

提到清代的服饰制度，大家脑中首先想到的可能就是男人脑后的辫子，以及"剃发易服"政策和清初一系列反剃发的人民斗争。的确，作为少数民族入主中原的朝代，清代服饰制度最明显的特色就是具有鲜明的少数民族风格，尤其在男装的样式和男性的发型上，满洲风格显而易见，这也是清代的基本国策之一。

女真民族的传统发式就是髡发[1]。一般认为，这种发式是女真人作为渔猎民族而形成的习俗。清代建立之后，这种辫发发式不仅在旗人社会里作为"旧俗""国俗"被传承，更在民人社会里作为"归顺"的一种象征而在清初被严格执行。这种"归入大清，首要

1　现在对于金代女真的发型的具体形制尚有争议，但是对于髡发的认知基本一致。一般认为，金代女真人是在髡发的基础上，脑后留发，分左右梳辫。

即是剃发"的思维,直到乾隆朝依然被朝廷强调。

网上一些文章认为,清代初期辫发必须特别细,清中期开始变粗,清后期变得更粗,其实这并不绝对。如果接触过大量的清代画像,可以发现,清初的画像中也有发辫很粗的,甚至仍然留发髻或留有很大鬓角的男性也出现过。反之,在清末的画像和照片中,也有发辫很细,并且以发辫细为美的记录。事实上,除了清初"剃发易服"矛盾闹得特别严重时,南方一些地区有些严苛要求之外,发辫的粗细还是相对随意的,而且和个人的发质也有关系。

至于男性的服装制度,其实早在入关之前,皇太极就有过关于服饰到底是"从汉"还是"从满"的讨论。当时他说道:

> 先时,儒臣巴克什达海、库尔缠等屡劝朕改满洲衣冠,效汉人服饰制度,朕不从,辄以为朕不纳谏。朕试设为比喻,如我等于此聚集,宽衣大袖,左佩矢,右挟弓,忽遇硕翁科罗巴图鲁劳萨[1]挺身突入,我等能御之乎?若废骑射,宽衣大袖,待他人割肉而后食,与尚左手之人何以异耶![2]

翻译过来是说,皇太极认为,坚持满洲的服饰制度,也就是坚持满洲的传统旧俗,能够保持满洲的尚武传统。当然,后来历史

---

1 劳萨,镶红旗满洲人,姓瓜尔佳氏。
2 出自《大清太宗文皇帝实录》崇德元年十一月十三日条。

证明这二者之间着实没有什么必然的联系。不过这条上谕点明了满汉服饰的基本区别，即汉人习惯"宽衣大袖"，满洲习惯"紧衣窄袖"。

清代官方的男女服饰制度都是根据满洲服饰体系建立的，其中男性的服饰执行得较好，毕竟官方服饰制度规定的都是做官为宦的人，多数不敢在服饰制度上有差错。与之相对，清代女性服饰制度虽然也都是根据满洲服饰体系建立的，但基本只有旗人按照其规定执行，民人的女性多数还是因循明代命妇的服饰，这也是清代女性服饰的特点。

这就使得，如果我们走在清代北京城的街市上，经常很难通过一个男性的服饰来区分他是旗人还是民人。反之，在女装上，只要了解基础的服饰制度，基本可以从服饰上一眼就分辨出来。这些识别功能，放到今天的一些场合同样有用。例如，某收藏家自称是某位皇后的本家后裔，为证明身份，他拿出一张清代老照片，照片里是一位老诰命夫人，穿着"凤冠霞帔"，他说这张老照片是他的家传，照片里的老太太则是皇后的母亲。实际上，如果具有清代服饰基础知识的话，就知道凤冠霞帔是清代民人命妇，也就是清代汉族诰命夫人的标准服饰，而与之相对的旗人命妇则是穿着朝服或者吉服，二者绝不可以混淆。也就是说，这张老照片显然是这位收藏家从外面收来的旧物而已。

话说回来，清代服饰虽然有满洲文化和汉文化相互斗争、抵触的一面，但同时也有相互借鉴、相互促进的一面。比如说，清代官方的服饰制度虽然都是以满洲制度为核心建立的,在形制上有明显的满洲"紧衣窄袖"的特色,但是其用料和纹饰等方面则受汉人服饰的影响较大。特别是在清代刚入关的时候,许多官员的朝服袍均是使用明代的旧衣料制作的,这些衣料的各种纹饰,后来也逐渐反馈到了制度上。而在民间服饰中,双方也各以自己的文化为核心,直接或间接地吸取对方的元素。

清代官方服制源流与基本构成

清代的服饰制度可以通过"服制"归纳,所谓服制,指的是依照适用场合不同而规定的相互独立的服装体系。比如我们现在有"休闲装""正装"等概念,大概就类似于服制,只不过清代的服制是由官方规定的。

一般来讲,学术上归纳清代的服制共有七套,即朝服、吉服、常服、行服、便服、雨服、戎服,其中雨服和戎服属于专门类的服制,本书不作过多讲解,其他五种服制则是了解清代服饰制度的基础。

这几种服制,也不是突然就出现在清代制度之中的,而是经过了好几朝的发展才最终被确定下来。入关前,满洲的服饰并没有经过特别广泛的归纳,当时的统治者只规定了一些特殊服饰的使用禁忌,并且规定了官员在城内、城外分别要穿什么样的服装,都比较粗略化。崇德元年(1636),后金正式把国号改为清,也仿照中原王朝建立了各种制度,官方的服饰制度才初见端倪,但是这时候的官方服饰只有一类，也就是后来的"朝服"。崇德元年规定的冠服制度，也就是朝服制度，在入关后开始逐步完善。顺治九年（1652），补褂制度确立。顺治十八年（1661），花翎制度也确立。在入关之后的顺治、康熙两朝中，吉服、常服和行服已经在事实上进行使用，只是尚未进入官方制度，到了雍正五年（1727），才正式将吉服、常服和行服纳入官方服饰体系里。再后来，乾隆十三年（1748），乾隆帝将各品级男女冠服绘成图册，清代的服制才基本定型。[1]

清代的每一套服制，都可以由三个基础部分构成，这三个基础部分也是满洲服饰的基本组成，即冠、袍、褂。

冠，实际上是所有冠帽的统称，简单可以理解为"帽子"。而在不使用"冠"的时候，则凸显为各种发式。袍，是一件通体的，上至颈，下至踝，有大襟[2]的，袖长至腕的长衣。褂，是一件半身或多半身的，上至颈，下至腰或者膝、踝的，对襟[3]或大襟的，袖长至肘或腕的短衣。

在穿着服饰的时候，特别是穿着官定服饰的时候，一定要记住"袍褂相连"这个词，它不仅是满洲服饰的基本特点，也是清代官方服饰的基本特点。具体来讲，袍褂相连的含义是：清代旗民男性和旗人女性在正式场合的穿着中，一般要内穿袍外穿褂，

---

1 顺便一提，清代最后定型的是雨服，是乾隆三十三年（1768）五月才定制的。
2 大襟，指纽扣偏在一侧，一般衣料从左侧压向右侧，在右侧系纽扣。
3 对襟，指两襟相对，在胸前系纽扣。

二者缺一不可。[1]

如何在清代穿对衣服

要说如何在清代穿对衣服，可是一门大学问，大概要做到三点：分清等级与身份，确认时间与发展，分清服制与组成。

等级与身份，这点很多人都能注意到。比如，五品官不能戴一品官的帽子、穿一品官的补褂，或者后宫的宫女不能穿皇后的朝服袍等。但问题是除去这些基础的外，很多人脑中的"等级"其实是错误的。比如龙、蟒这些纹饰谁能用，很多人都是听民间宣传，以为用了龙、蟒纹的就是皇帝、王爷。前几年有些地方电视台做节目，说东北某地方发现了一个清代墓葬，棺椁打开后发现里面的男尸穿着有龙、蟒纹的袍子，地方的民间学者煞有介事地说这人是什么贝勒或者什么朝臣。实际上，清代官方规定的服饰制度中，七品以上的男朝服袍和所有品级的男吉服袍都是有龙、蟒纹的，他们所猜测的男尸，不过是一个普通的清代官员罢了。另外如前文讲到的拿标准汉装女性照片或者画像当成满族来介绍的，也是没有区分等级与身份。

至于时间与发展，这点是很多人所忽视的。比如我们在各种清代影视剧里看到，无论是入关之前、入关初还是清末，旗人女性都是

---

[1] 根据清代规定，有一些场合可以只穿袍，而且有一些画像也只穿了袍，比如清代历朝皇帝的朝服像，便多数只穿了朝服袍，而未穿朝服褂。另外，女性服饰，特别是便服方面，"袍褂相连"的要求相对宽松。

梳着"大拉翅"满街跑。而实际上，旗人女性的"两把头"头式大概是在乾、嘉时期才初步形成，经过道、咸、同的发展，到了光绪朝才有了"大拉翅"这个东西，而且光绪朝的"大拉翅"体积并不算大，到了宣统和民国初期才逐步加大其体积。又比如，网络上有一些博物馆公开了一些清初的画像，很多朋友看到画像后发现跟自己了解的服饰制度有区别，却没有想到他们是在用乾隆朝的服饰制度去看顺治、康熙朝的服饰，这就是无视了时间和发展上的先后。

最后则是服制与组成的问题，这点需要有相当丰富的服饰知识才能了解，也是"懂行"与"外行"的区分。服制之所以是一种"制"，就在于其有相当强的"规则性"。具体来说，也就是根据场合、身份的不同，有着不同的固定搭配，而这种固定搭配在习俗上很难被打破。比如在现代社会，公司要办一场正式的晚宴，就绝对不能穿着大背心去参加。相反，如果是和几个朋友约着去海边度假，到了海边，则不能穿着一身严实、笔挺的西装去晒太阳。清代也是一样，需要穿着朝服袍褂的时候，绝对不能穿着吉服袍褂。反之，日常居家躺在凉椅上的时候，穿着上班时办公的服饰也是很奇怪的。而且，因为了解这些需要相当程度的知识，所以很多电视剧里面的服制不仅是错误的，还是"错乱"的，如大臣穿着"吉服冠＋朝服披领＋行服袍＋补褂"等"混搭"现象屡见不鲜。

总而言之，清代服饰制度十分繁杂，在本章中只能提供十分基础的服饰知识，以求读者具有基本的服饰识别能力。如果您认真学习并记忆，相信一定会有收获。

朝服：
一年要穿几次朝服

源流

朝服是清代服制之中最早出现于官方制度里的一套服制，也是清代官方最早定义的"官方礼服"。早在努尔哈赤的天命年间，就有类似朝服的相关记载，到了天聪六年（1632），皇太极曾经明确指出八旗诸贝勒在城外时要穿"sijigiyan"，而在城内时要穿"ergume"。这里的"sijigiyan"一般认为是后来的常服袍一类，而"ergume"则被认为是后来的朝袍一类。到了崇德元年（1636），皇太极改国号为清，正式仿照中原王朝建立起了比较系统的冠服制度。崇德元年的这套官方冠服制度里只有一套服制，就是后来的朝服，换言之，清代朝服的基础也就是在崇德元年确立的。再之后，经过顺治、康熙两朝结合汉地传统进行的修改，朝服制度也越发完善，最终在雍正元年（1723），朝服服制正式定型，后来历朝再也没有进行过大的更改。

需要注意的是，本书讲解的，基本是雍正元年正式定型之后的朝服服制。

定义

朝服，清代文献中也称之为"礼服""具服"。如果在清代文献中看到"着礼服"这样的记载，一般即指朝服。而之所以又称为"具服"，应该是袭用了隋唐朝服的名称。

很多人从字面上理解，认为朝服就是"上朝的衣服"，这种理解实际上是错误的。清代朝服主要用于两种场合，第一种是重大典礼[1]，第二种是重大祭祀[2]。请注意"重大"这个词，普通的典礼和普通的祭祀，一般都是不需要穿朝服的。

根据清代官方规定，所有等级的男性官员都有对应的朝服制度。而在女性中，宫廷里只有皇太后、皇后、皇贵妃、贵妃、妃、嫔六种位分的后宫才有朝服制度，宫廷外的命妇里，只有一品到七品的命妇才有朝服制度。也就是说，低于嫔位的内命妇和低于七品的外命妇，均没有官定朝服制度。而且，女性之中，基本只有旗人命妇才会穿着官定的朝服，这是因为朝服基本只有在宫廷典礼、祭祀上才会使用，所以大臣的妻子只有在入宫参加典礼或祭祀的时候

---

[1] 如元旦、冬至、进册宝等庆典。
[2] 如祭天、祭地、祭堂子等祭祀。

才需要穿朝服。清代"传差"[1]的命妇均为旗人命妇，所以民人命妇基本上与朝服无缘。在一些重大礼仪性场合中，民人命妇基本继承了晚明命妇的穿戴习惯，戴凤冠，穿红蟒袍、官绿裙，披霞帔，也就是民间俗称的"凤冠霞帔"。

另外，穿朝服机会的多少也与身份直接挂钩，简单说，身份越高，能参加的重大典礼和重大祭祀就越多，穿朝服的机会也就越多。所以清代穿着朝服机会最多的人即是皇帝本人，而如果只是个八九品的小官，虽然制度上有规定的朝服样式，但是一生中实际上没有多少次穿用它们的机会，就算是机会最多的皇帝本人，一年之中使用朝服的机会也不过十余次而已[2]，而且每次穿着的时间也很短。主要是穿戴这套服制的过程实在烦琐，也不适合日常活动，所以皇帝、后宫乃至于大臣们，在典礼、祭祀的前后，都是穿着其他服制的。

顺便一提，清代的官员服饰，除了极个别的冠、袍、褂可能是皇帝加恩赏赐的之外，基本上所有官员的其他服饰都是需要自己掏腰包置办的。也正是因为这样，加之朝服价格过高、使用次数过少，所以清代很多中下级官员并没有置办自己的朝服，而是在需要穿着朝服的时候去找那些世家子弟借用。

---

1 "传差"是指宫廷内需要官员之妻进宫帮助举行典礼或者祭祀。
2 根据《穿戴档》的记录进行统计，乾隆十七年（1752）这一年中，乾隆皇帝一共穿朝服十七次，其中祭祀占了八次。咸丰四年（1854）这一年中，咸丰皇帝一共穿朝服十二次，其中祭祀竟然占了十一次之多。从中可以看出朝服的罕用程度。

朝服的组成

一套标准的男朝服,除去内衣、底袍这些基础外,主要由朝冠、朝袍、补褂或端罩、朝珠、朝带、朝靴六部分组成。具体来说,即是头戴朝冠,内穿朝袍,外穿补褂或者端罩,颈挂一挂朝珠,袍外腰上系朝带,下穿朝靴。

一套标准的女朝服,也是由六部分组成,分别为朝冠、朝裙、朝袍、朝褂、朝珠、朝靴,但是还需要搭配金约、领约、耳饰和采帨等装饰品。具体来说,即是头戴朝冠,额戴金约,内穿朝裙为底,外穿朝袍,再外穿朝褂,褂上拴采帨,颈戴领约并挂一挂朝珠,两肩各斜挂一挂朝珠,下穿朝靴。

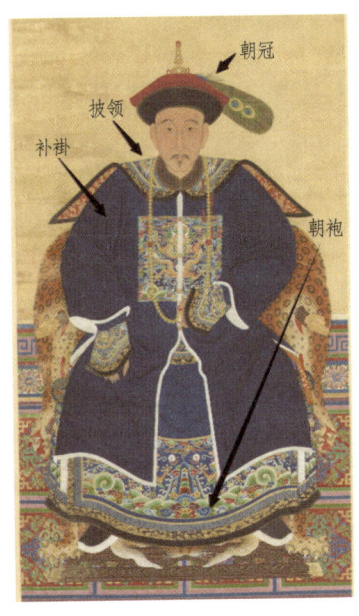

男朝服示意图 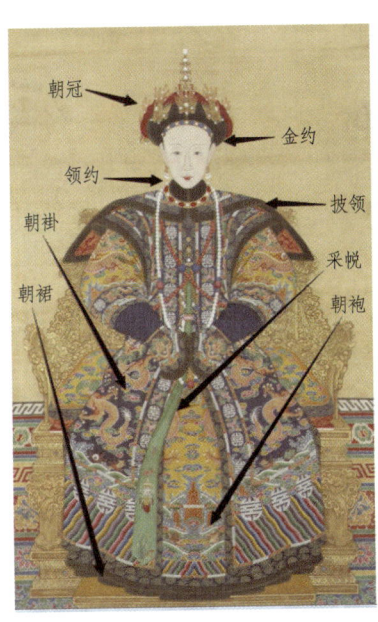　　　　女朝服示意图

朝冠

男朝冠分为冬、夏两款。冬朝冠一般以薰貂为质[1],青表朱里,帽檐上仰,上缀红绒,红绒长出檐。而夏朝冠一般以织玉草或藤竹丝为质,罗缘石青片金二层为表,红片金或红纱为里,帽檐敞开,上缀红绒,内加圈。

这只是朝冠的"底子",重点则在于其上的装饰,是用来区分等级的。朝冠的冠顶正中,会有一个核心装饰,民间一般称之为"顶子",朝冠的顶子一般来说是由底座和主宝石两部分构成的。另外需要特别注意的是,朝冠的主宝石除了个别受材料限制近乎圆形外,一般都是椭圆形或者菱形的,这点和一般人的印象很不一样,也正是因为这点,所以朝冠的顶子特别高耸。

薰貂朝冠
(台北故宫博物院藏)

清高宗夏朝冠
(台北故宫博物院藏)

---

[1] 二品、三品可以以貂尾为质,一品以上可以以青狐为质,只有皇帝可以以黑狐为质。

金镶东珠皇帝朝冠顶
（台北故宫博物院藏）

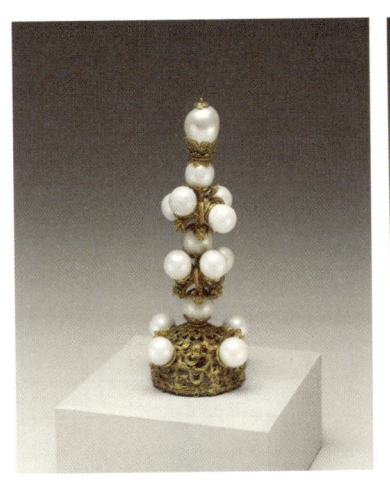

银镀金镶红色宝石朝冠顶
（台北故宫博物院藏）

具体来说，皇帝朝冠顶的底座是金龙三层，每层中央有东珠一颗，环绕有金龙四条，每条金龙镶嵌东珠一颗，然后在三层金龙的最上方，主宝石是一颗大东珠。等而下之的，皇子、亲王到辅国公的底座是两层金龙，而装饰的东珠数量依次递减，主宝石是红宝石。高级宗室[1]之下的就是大臣们，他们的底座都是镂花金座，金座的中间镶嵌一颗小宝石，主宝石则按照品级而不同。最后则是一些特殊人员的朝冠，比如说进士的朝冠，主宝石改用"三枝九叶"，举人和生员的朝冠，主宝石改用"金雀"和"银雀"，不过这些一般都很少能见到，具体如表7-1所示。

---

1 本书"官私服饰篇"中，将亲王、郡王、贝勒、贝子、辅国公、镇国公这六等统称为"高级宗室"。根据语义，有时也包含皇帝和皇子。

表7-1：男朝冠等级表

身份[1]	冠顶底座	底座装饰	顶珠（主宝石）
皇帝	金龙三层	每层东珠1，金龙4 每条金龙嵌东珠1	大东珠
皇子、亲王	金龙二层	东珠10	红宝石
郡王	金龙二层	东珠8	红宝石
贝勒	金龙二层	东珠7	红宝石
贝子	金龙二层	东珠6	红宝石
镇国公	金龙二层	东珠5	红宝石
辅国公	金龙二层	东珠4	红宝石
公	镂花金座	东珠4	红宝石
侯	镂花金座	东珠3	红宝石
伯	镂花金座	东珠2	红宝石
文武一品	镂花金座	东珠1	红宝石
文武二品	镂花金座	小红宝石1	珊瑚
文武三品	镂花金座	小红宝石1	蓝宝石
文武四品	镂花金座	小蓝宝石1	青金石
文武五品	镂花金座	小蓝宝石1	水晶石
文武六品	镂花金座	小蓝宝石1	砗磲
文武七品	镂花金座	小水晶1	素金
文武八品	阴文镂花金顶		
文武九品、未入流[2]	阳文镂花金顶		
进士	镂花金座		三枝九叶
举人、贡生、监生	镂花银座		金雀
生员	镂花银座		银雀

夏朝冠与冬朝冠相比，冠顶的装饰基本一致，但是高级宗室

---

1 本表中，固伦额驸与贝子同，和硕额驸与镇国公同，其余爵位等亦与其相对应之等级同，将公、侯、伯分列出来，是因为这三个爵位是超品的。
2 未入流，指未到九品的官员品级，是清代最低的品级。

们的夏朝冠多了一点儿装饰。

清代规定，皇帝的夏朝冠，冠前缀金佛，上嵌东珠十五颗；冠后缀舍林[1]，上嵌东珠七颗。皇子、亲王到辅国公这些高级宗室，夏朝冠前缀舍林，上嵌的东珠依次递减；冠后缀金花，嵌东珠或绿松石。

女朝冠，也分为冬、夏两款，但是女朝冠的冬夏之分只在于冬朝冠用薰貂制成，而夏朝冠用青绒制成，除此之外在形制上几乎是一样的，都是上缀红绒，然后在冠上进行装饰。不同于男朝冠的是，女朝冠的冠后有一葫芦状的护领，以遮蔽后面的视线。

仁宗睿皇帝夏朝服像朝冠（局部），注意金佛头

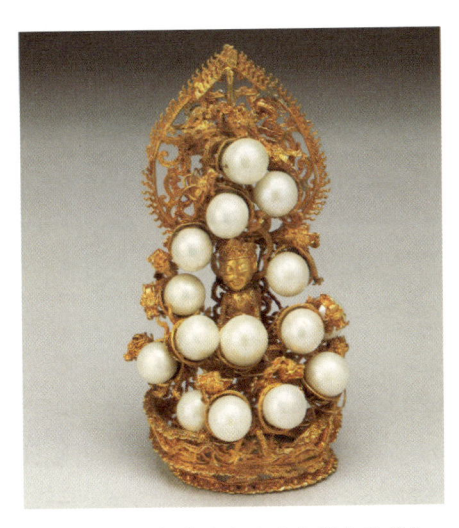

皇帝夏朝冠金佛（台北故宫博物院藏）

---

1 舍林，为一金龙形状的饰物。

清皇贵妃冬朝冠
（台北故宫博物院藏）

貂皮嵌珠皇后冬朝冠图
（背面），注意其护领

乾隆金镶东珠猫睛石嫔妃朝冠顶
（台北故宫博物院藏）

一位满洲命妇的冬朝冠，注意其三枚大簪

具体到装饰，也与男朝冠略有不同。冠顶部分，清代后妃与高级宗女[1]的冠顶与皇帝和高级宗室相对应，用金凤、金翟或普通镂

---

1 本书中，高级宗女指的是高级宗室的女儿，即有爵位的宗室女性（清代文献上的"宗女"指所有宗室女性）。

金形成三层或二层的底座,在之上加大宝石,并在底座的周围,装饰金质的凤凰、翟鸟或孔雀,每只凤凰、翟鸟或孔雀,也都有复杂的装饰。至于普通大臣的命妇,其冠顶均与其夫相同,只是在底座周围装饰金质大簪三枚,每枚都镶嵌珠宝,具体如表7-2所示。

表7-2:女朝冠等级表

身份	冠顶底座	底座装饰	顶珠（主宝石）	周围装饰
皇太后皇后	三层	每层承以金凤 每层东珠1 每金凤东珠3珍珠17	大东珠	金凤7 金翟1 各缀宝石若干有差
皇贵妃	三层	每层承以金凤 每层东珠1 每金凤东珠3珍珠17	大珍珠	金凤7 金翟1 各缀宝石若干有差
贵妃	三层	每层承以金凤 每层东珠1 每金凤东珠3珍珠17	大珍珠	金凤7 金翟1 各缀宝石若干有差
妃	二层	每层承以金凤 每层东珠1 每金凤东珠3珍珠17	猫眼石	金凤5 金翟1 各缀宝石若干有差
嫔	二层	每层承以金凤 每层东珠1 每金凤东珠3珍珠17	礓子	金凤5 金翟1 各缀宝石若干有差
固伦公主 皇子福晋 亲王福晋	镂金三层	东珠10	红宝石	金孔雀6 各缀宝石若干有差
和硕公主郡王福晋 郡主	镂金二层	东珠8	红宝石	金孔雀6 各缀宝石若干有差
贝勒夫人 县主	镂金二层	东珠7	红宝石	金孔雀6 各缀宝石若干有差

（续表）

身份	冠顶底座	底座装饰	顶珠（主宝石）	周围装饰
贝子夫人 郡君	镂金二层	东珠6	红宝石	金孔雀6 各缀宝石若干有差
镇国公夫人 县君	镂金二层	东珠5	红宝石	金孔雀6 各缀宝石若干有差
辅国公夫人 镇国公女乡君	镂金二层	东珠4	红宝石	金孔雀6 各缀宝石若干有差
辅国公女乡君	镂金二层	东珠3	红宝石	金孔雀6 各缀宝石若干有差
公夫人	镂花金座	东珠4	红宝石	金簪3 各缀宝石若干有差
侯夫人	镂花金座	东珠3	红宝石	金簪3 各缀宝石若干有差
伯夫人	镂花金座	东珠2	红宝石	金簪3 各缀宝石若干有差
一品命妇	镂花金座	东珠1	红宝石	金簪3 各缀宝石若干有差
二品命妇	镂花金座	小红宝石1	珊瑚	金簪3 各缀宝石若干有差
三品命妇	镂花金座	小红宝石1	蓝宝石	金簪3 各缀宝石若干有差
四品命妇	镂花金座	小蓝宝石1	青金石	金簪3 各缀宝石若干有差
五品命妇	镂花金座	小蓝宝石1	水晶	金簪3 各缀宝石若干有差
六品命妇	镂花金座	小蓝宝石1	砗磲	金簪3 各缀宝石若干有差
七品命妇	镂花金座	小水晶1	素金	金簪3 各缀宝石若干有差

朝袍

男朝袍分冬、夏两类，基本形制为圆领，上衣下裳分裁再连缀一体，腰部有细密的襞积[1]，领子周围缀有披领[2]，大襟右衽，大襟呈"厂"字形，开襟线在下裳部位作折角并形成称为"衽"的小方块，有马蹄袖，左开裾[3]。其中缀披领，"厂"字形大襟和左开裾，是朝袍的独有特点。特别是上下分裁和披领，是朝袍最明显的特点。

披领（故宫博物院藏）

清代规定，自皇帝以下到辅国公的高级宗室，以及文武二品及文三品以上的大臣，都有两式冬朝袍和一式夏朝袍。其中甲式冬朝袍用大量貂皮进行装饰，而乙式冬朝袍则与夏朝袍外观基本一致，

---

1 襞积，俗称为"褶子"。
2 披领，满语叫"ilten"，呈扇形，连接于圆领领口之外，形状类似于我们现代的披肩。
3 开裾即民间所谓的"开气儿"或者"开衩儿"。需要注意的是，朝袍开裾处衣料重叠一块，与其他服饰的开裾有所不同。

只是使用的材料不同。至于武三品以及文武四品以下的朝袍，则不分冬夏季节。

高级官员用的甲式冬朝袍，从外表上就能看出很多貂皮的使用，无论是披领的表面还是马蹄袖袖端，用的都是貂皮。上身装饰龙、蟒纹，两肩、前、后各有正龙或正蟒一条，下身则在腰下的襞积部位装饰行龙、行蟒。

高级官员用的乙式冬朝袍和夏朝袍，其上身装饰与甲式冬朝袍类似，也都是龙、蟒纹，两肩、前、后各有正龙或正蟒一条。而下身则是在腰部的腰帷和下方的下裳处装饰行龙、行蟒。

低级官员用的冬夏皆可的朝袍，装饰一下子有了改变。上身虽然还是装饰蟒纹，但却是局限在正中央的一个方框内的，前、后方框内各有行蟒一条，有点儿类似于补子。取而代之的，是通身的云纹，其腰帷、襞积、下裳，都没有蟒纹。而在八品以下官

男冬朝袍甲式　　　　　　男冬朝袍乙式

员的朝袍中，连方框内的蟒纹也没有了，只剩下了通身的云纹，具体如表7-3所示。

表7-3：男朝袍等级表

身份	颜色	纹饰	附注
皇帝	明黄	两肩、前、后正龙各一	冬二式 夏一式
皇子	金黄	两肩、前、后正龙各一	冬二式 夏一式
亲王	蓝或石青	两肩、前、后正龙各一	冬二式 夏一式
郡王	蓝或石青	两肩、前、后正龙各一	冬二式 夏一式
贝勒	蓝或石青	两肩、前、后正蟒各一	冬二式 夏一式
贝子	蓝或石青	两肩、前、后正蟒各一	冬二式 夏一式
镇国公	蓝或石青	两肩、前、后正蟒各一	冬二式 夏一式
辅国公	蓝或石青	两肩、前、后正蟒各一	冬二式 夏一式
公	蓝或石青	两肩、前、后正蟒各一	冬二式 夏一式
侯	蓝或石青	两肩、前、后正蟒各一	冬二式 夏一式
伯	蓝或石青	两肩、前、后正蟒各一	冬二式 夏一式
文武一品	蓝或石青	两肩、前、后正蟒各一	冬二式 夏一式
文武二品	蓝或石青	两肩、前、后正蟒各一	冬二式 夏一式
文三品	蓝或石青	两肩、前、后正蟒各一	冬二式 夏一式
武三品	蓝或石青	两肩、前、后正蟒各一	冬夏各一式
文武四品	蓝或石青	两肩、前、后正蟒各一	冬夏各一式
文武五品	石青	前后方栏内行蟒各一	冬夏共一式
文武六品	石青	前后方栏内行蟒各一	冬夏共一式
文武七品	石青	前后方栏内行蟒各一	冬夏共一式
文武八品	石青	云纹	冬夏共一式
文武九品 未入流	石青	云纹	冬夏共一式
举人 贡生 监生	青绸		冬夏共一式
生员	青绸		冬夏共一式

清代无论制度上还是民间，一般都规定五爪为龙，四爪为蟒。不过实际上，清代对于龙、蟒的称呼挺混乱，偶有"三爪龙""四爪龙""五爪蟒"的记载，又因为清代大臣的官服多数是自行购买，故而有时对龙、蟒的要求并不是很严格。简单来说，目前对于龙、蟒，一般是看穿着人的身份，穿着者的等级可以使用"龙"的称呼，则无论几爪，一概称之为龙纹，反之亦然。

穿着冬朝袍的清代高级官员

女朝袍的形制和男朝袍类似：圆领，领子周围缀有披领，大襟右衽，大襟呈"厂"字形，有马蹄袖，左右开裾或后开裾。开裾的差异，是因为清代规定后妃的冬朝袍一共有甲、乙、丙三种样式，夏朝袍则有甲、乙两种样式，而高级宗女和普通命妇则无论冬夏，都只有一种样式。具体来说，后妃夏朝袍的甲式与冬朝袍的乙式相同，夏朝袍的乙式与冬朝袍的丙式相同。换言之，只有冬朝袍的甲式是独有的，而这个甲式跟丙式几乎一模一样，唯一的区别就在于丙式是"裾后开"而已。所以说到底，女朝袍也就只有两种基本样式。

女朝袍甲式　　　　　女朝袍乙式

第一种样式，是只有后妃使用的，也就是后妃冬朝服里的乙式和夏朝服里的甲式。它的形制与高级官员的冬朝袍乙式很相似，主体装饰成半圆形，前后正龙各一，两肩行龙各一，腰帷行龙四，下幅行龙八。

第二种样式，即是最为普遍的，它的形制是通体都有纹饰，在前、后、正中各有正龙、正蟒一条，然后在两襟各有行龙、行蟒一条，三条龙、蟒在一个画面上形成鼎立格局。而在四品以下命妇的朝袍中，中央的正蟒被删除，只剩下两襟的行蟒向上移，呈现二龙上升的格局。这一种样式的朝袍，若是左右开裾，便成为后妃冬朝袍的甲式，若是后开裾，便成了后妃冬朝袍的丙式、夏朝袍的乙式，以及高级宗女、命妇朝袍的标准式。

同样，女朝袍与男朝袍一样，也是根据袍色、纹饰区分等级，具体如表7-4所示。

表7-4：女朝袍等级表

身份	颜色	纹饰	附注
皇太后、皇后	明黄	金龙九或前后正龙各一	冬三式 夏二式
皇贵妃	明黄	金龙九或前后正龙各一	冬三式 夏二式
贵妃	金黄	金龙九或前后正龙各一	冬三式 夏二式
妃	金黄	金龙九或前后正龙各一	冬三式 夏二式
嫔	香色	金龙九或前后正龙各一	冬三式 夏二式
皇子福晋、亲王福晋、固伦公主、和硕公主、郡王福晋、郡主、县主	香色	前后正龙各一 两肩行龙各一 襟行龙共四	冬夏一式
贝勒夫人、贝子夫人、镇国公夫人、辅国公夫人、郡君、县君、乡君、公夫人、侯夫人、伯夫人、一品、二品、三品命妇	蓝或石青	前后正蟒各一 两肩行蟒各一 襟行蟒共四	冬夏一式
四品、五品、六品、七品命妇	蓝或石青	前后行蟒各二	冬夏一式

对于朝袍而言，女袍比男袍多了"护肩"和"花接袖"两项。女朝袍中，从两肩向下到腋下，各有一块曲线的剪裁，那就是护肩，这是男朝袍所没有的。另外就是女朝袍的袖子，袖子的顶端是马蹄袖，之上是烙袖，烙袖再往上，和上臂的袍料之间，有一条带龙纹的剪裁，一般位于袖子的中段，那就是花接袖，也是女朝袍所特有的。这里护肩只在女朝袍中有，所以只能用在朝袍的区分中，而花接袖在吉服袍中也有，如果要区分吉服袍的男女样式，就只能看"花接袖"一项。

护肩与花接袖示意图

朝裙

朝裙是清代女朝服的组成部分之一,它不用于其他服制。其形制,制度上规定朝裙只有下半身的裙体部分,是系带式的裙子,分

朝裙

红色织金缎接石青色寸蟒妆花缎夹朝裙(故宫博物院藏)

为上下两部分，上部分为单色印花缎，下部分为石青色行龙、行蟒缎。而在实物中，经常体现为上衣下裳的形式，上衣圆领，大襟右衽，无袖。

根据清代制度规定，朝裙也分为冬、夏两款，实际上只是是否加毛皮缘边的区别而已。其等级根据颜色而区分为四等：

第一等级，后妃的朝裙，上部用红缎，上有织金寿字，下部用石青行龙缎。

第二等级，高级宗室之妻及高级宗女的朝裙，上部用红素缎，下部用石青行龙缎。

第三等级，公妻以下至三品命妇的朝裙，上部用红素缎，下部用石青行蟒缎。

第四等级，四品至七品命妇的朝裙，上部用绿素缎，下部用石青行蟒缎。

朝服使用的三种褂

朝服的褂一共有三种，即男性使用的补褂和端罩，以及女性所使用的朝褂。

补褂

补褂，顾名思义，以其饰有"补子"而得名，在清代的正式典制中，根据穿着者身份的不同，正式称呼也不同。其中，皇帝的补

补褂（故宫博物院藏）

衮服（故宫博物院藏）

褂被称为"衮服"[1]，皇子的补褂被称为"龙褂"，亲王以下高级宗

1　内廷档案中也称为"金龙褂"。

室和大臣的补褂则被称为"补服"。

补褂在形制上不分冬夏,可以自行参考气温在材料、薄厚上取舍。其形制为圆领,对襟,缀扣子五枚,平袖,袖长至腕,左、右、后三开裾,长至膝下,颜色为石青色,补子或四团或两团或两方[1]。

补褂的等级,以其绣上的补子进行区分,至于各品级的补子纹饰,大家一般都比较熟悉了吧,具体如表7-5所示。

表7-5:补褂等级表

身份	补子[2]	纹饰
皇帝	四团正龙	左日、右月、前后万寿篆文
皇子	四团正龙	
亲王	四团龙 前后正龙 两肩行龙	
郡王	四团行龙	
贝勒	两团正蟒	
贝子	两团行蟒	
镇国公、辅国公、公、侯、伯	两方正蟒	
文一品	两方鹤	
武一品	两方麒麟	
文二品	两方锦鸡	
武二品	两方狮	
文三品	两方孔雀	

---

1 补子分为圆形和方形两大类,称为"团"或"方"。方补只有前、后各一的"两方"制,而团补则除"两团"制外,还有前、后、两肩各一的"四团"制。
2 武七品与武八品使用的补服都是犀牛。另外武九品的海马,并不是海洋生物那种海马,而是"海里的马"。

(续表)

身份	补子	纹饰
武三品	两方豹	
文四品	两方雁	
武四品	两方虎	
文五品	两方白鹇	
武五品	两方熊	
文六品	两方鹭鸶	
武六品	两方彪	
文七品	两方鸂鶒	
武七品	两方犀牛	
文八品	两方鹌鹑	
武八品	两方犀牛	
文九品、未入流	两方练雀	
武九品	两方海马	
都御史、副都御使、按察使、各道给事中、监察御史	两方獬豸	

从这里也可以看出，一般情况下，团补等级高于方补，四补等级高于两补。

端罩

端罩，满语叫"dahū"，是高级官员在冬季时使用的一种代替补褂的翻毛外褂，其形制与补服类似，圆领，对襟，平袖，袖长至腕，后开裾，长至膝下，左右垂带。

因为端罩是翻毛的，所以没有补子，其等级是通过毛皮的质地而区分的。清代规定，皇帝的端罩用紫貂或黑狐制成，其里子是明

清乾隆江绸狐皮皇帝端罩（故宫博物院藏）

黄缎的。皇子的端罩用紫貂制成，里子是金黄缎的。亲王、郡王、贝勒、贝子的端罩是用青狐制成，里子是月白缎的。镇国公、辅国公的端罩是用紫貂制成，里子是月白缎的。其他大臣的端罩只允许用貂制成，里子用蓝缎。[1]值得注意的是，清代可以在官方场合穿着端罩来代替补服的，只有高级宗室和文三品、武二品以上，翰林、詹事、科道等官员，换句话说，只有高级官员或皇帝周围的官员才有这个权利，具体如表7-6所示。[2]

---

1 清代宫廷侍卫的端罩与众不同。一等侍卫用猞猁狲间以豹皮，月白缎里；二等侍卫用红豹皮，素红缎里；三等侍卫和蓝翎侍卫用黄狐皮，月白缎里。
2 当然，他们在日常生活中可以穿着皮褂，不在制度影响范围内。

表7-6：端罩等级表

身份	质地	里子
皇帝	紫貂或黑狐	明黄缎
皇子	紫貂	金黄缎
亲王、郡王、贝勒、贝子	青狐	月白缎
镇国公、辅国公	紫貂	月白缎
可穿端罩之大臣	貂	蓝缎
一等侍卫	猞猁狲间以豹皮	月白缎
二等侍卫	红豹皮	素红缎
三等侍卫、蓝翎侍卫	黄狐皮	月白缎

朝褂

朝褂，这里的朝褂专指女性的朝服褂，所以也有书直接将之称为"女朝褂"。朝褂的满语是"cube"，其形制与男性的补褂不同，为圆领，对襟，缀扣子五枚，无袖，左右后开裾或左右开裾[1]。

清代规定，凡是有朝服制度的女性，都有对应的朝褂。朝褂不

后妃朝褂甲式 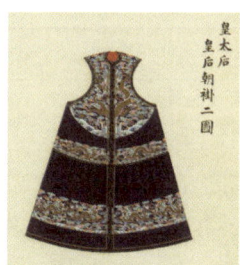　　后妃朝褂乙式 　　后妃朝褂丙式

---

1 根据款式而开裾不同。

分冬夏款式，但是宫廷的后妃朝褂有三种样式，而宫外的宗女和命妇只有一种样式，而且这四种样式都不相同。

后妃朝褂的甲式，左右后三开裾，整体由上而下分为五层，最上一层是两条向上的行龙，第二层和第四层画的都是两两相对的行龙，第三层和第五层则是万福万寿纹。

后妃朝褂的乙式，左右后三开裾，上身对襟处为一正龙，然后在腰间有两条龙，下幅则有四条龙，其他部位呈现素色。

后妃朝褂的丙式，左右二开裾，通身纹饰，两侧为两条向上的行龙，下幅八宝平水。

宫外宗女和命妇的朝褂与宫中后妃的丙式朝褂类似，左右二开裾，通身纹饰，以数个龙纹作为主纹饰，每面装饰龙纹由四至一不等，下幅八宝平水。宫外宗女和命妇的朝褂分为三个等级，具体如表7-7所示。

表7-7：朝褂等级表

身份	朝褂纹饰
皇子福晋、亲王福晋、郡王福晋、固伦公主、和硕公主、郡主、县主	前行龙四，后行龙三
贝勒夫人、贝子夫人、镇国公夫人、辅国公夫人、郡君、县君、乡君	前行蟒四，后行蟒三
其他大臣之妻可穿朝褂者	前行蟒二，后行蟒一

朝珠

朝珠,文献上又写作"数珠""素珠"。不要从文字上就认为它只有在穿着朝服的时候才可以使用,它在别的服制里也是可以使用的。

一般认为,朝珠是由佛珠发展而来的,明万历二十三年(1595),朝鲜人申忠一到过赫图阿拉,回去后在其《建州纪程图记》中说,他亲眼见到努尔哈赤"手持念珠而数"。大概入关之后,朝珠逐渐开始佩戴在帝后以及大臣的身上,有学者认为,朝珠固定地佩戴在正装上,或许是受顺治皇帝崇信佛教的影响。总之,到了康熙朝,朝珠基本定型。

一挂标准的朝珠,一般由本体和装饰物组成。本体是由108颗大小、质地相同的圆形宝石[1]串成。这108颗被分为4份,每一份之间装饰一颗稍大的其他材质的圆形宝石,根据方位的不同,称为

东珠朝珠(台北故宫博物院藏)

---

[1] 也有不用宝石而用木质的。

"佛头""佛肩"和"佛脐"。在两侧佛肩再向上一些的位置，分别垂下3串装饰，一般每串由10个小圆形宝石组成，底端则垂下一个宝石坠子。最后在佛头处，连接一个"佛塔"，垂下一长串装饰，最主要的是一块名曰"背云"的大型宝石，同时垂下坠子。

清代规定，皇帝、皇子等宫廷成员，亲王到辅国公等高级宗室，以及公以下，文职五品、武职四品以上，和其他品级的翰林、詹事、科道、侍卫等官员，均可佩戴朝珠。其等级由材质和绦子的颜色进行区分。皇帝的朝珠由东珠制成，绦子用明黄色。皇子、亲王、郡王的朝珠不得使用东珠，绦子用金黄色。其他官员的朝珠也是不得使用东珠，绦子用石青色。

因为一般只要规避东珠即可，所以大臣们的朝珠根据自己财力，有各种各样的材料，蜜蜡、砗磲、绿松石、碧玺、菩提子、檀香木、象牙、牛角，并且习惯上喜欢夏季佩戴木石的朝珠，其他三季则主要佩戴珠宝的朝珠。但是说白了，都要看官员的财力，一挂

蜜蜡朝珠
（台北故宫博物院藏）

绿松石朝珠
（台北故宫博物院藏）

金嵌宝石朝珠
（台北故宫博物院藏）

朝珠动辄就要数百两银子，很多中小官员都很头疼这个价格问题。一般来讲，朝珠的形制是规定好了的，四颗隔珠、背云、纪念，缺一不可，而有些佛珠虽然也有这些配备，但是自由度高一些，如有的只带隔珠，有的带小纪念等。当然，这二者本身有互通性，清代很多官员笔记中记载，他们的一些朝珠是从佛珠改过来的。

清代民间的习惯，认为三串纪念要分男女来挂。男性佩戴朝珠时，有两串纪念的一侧要在他的左肩，反之，女性佩戴朝珠时，有两串纪念的一侧要在她的右肩。虽然民间把这种习惯称为"金科玉律"，而且留存的记录里多数是按照这种习惯佩戴的，但是其实这种说法并不见于官方记载，也有不少不按照这个规则的画像、照片存世。有些清人笔记里还特地提到一些人家习惯反着戴，还是有典故的。所以对于这个问题，不要太死板才好。不过在穿朝服的时候，男性只佩戴一挂朝珠，而女性不仅要在颈部佩戴一挂朝珠，还

一挂正挂与两挂斜挂的朝珠

要在两肩斜挂两挂朝珠。清代官方制度中，对宫廷女性、宫外的高级宗室之妻和宗女穿朝服时的朝珠有明确的规定，具体可见表7-8。

表7-8：朝珠等级表

身份	朝珠质地	绦色
皇太后、皇后	东珠一盘，珊瑚两盘	明黄
皇贵妃	蜜珀一盘，珊瑚两盘	明黄
贵妃、妃	蜜珀一盘，珊瑚两盘	金黄
嫔	珊瑚一盘，蜜珀两盘	金黄
皇子福晋、亲王福晋、郡王福晋、固伦公主、和硕公主、郡主、县主	珊瑚一盘，蜜珀两盘	金黄
贝勒夫人、贝子夫人、镇国公夫人、辅国公夫人、郡君、县君、乡君	珊瑚一盘，蜜珀两盘	石青
其他可挂朝珠的官员之妻	珊瑚、青金石、绿松石、蜜珀随所用	石青

不过从画像和实物来看，后宫的嫔妃也好，福晋也好，佩戴朝珠还是比较随意的，总之不去用东珠即不违反典制。

朝带

朝带，简言之，即是男性在穿着朝服时所用的腰带[1]。但是因为朝服本身的官方服制关系，其腰带也不能随便使用。在电视剧里，我们总能看到皇帝穿着朝袍，系着颜色诡异又特别粗的腰带到处跑，那都是不符合清代习惯的。

---

1 女性穿着各种服制时是不系腰带的。

朝带的形制为缎质腰带，依次有带版四块，其中两块带版垂下佩帉，佩帉上窄下宽，下端尖锐，佩帉上端拴有荷包等活计[1]。朝带最重要的是其颜色，清代宗室系黄色腰带，觉罗系红色腰带，其他大臣则系石青色或蓝色腰带。另外，朝带还要通过带版的材质以及每块带版上镶嵌的宝石来进行等级区分，具体如表7-9所示。

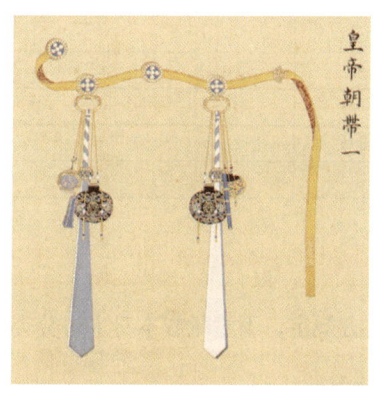

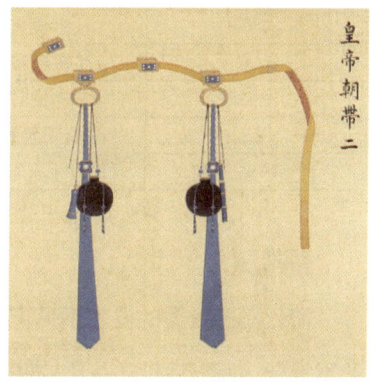

皇帝朝带　　　　　　　祭服带的方形带版（此为祭天用）

表7-9：朝带等级表

身份	带版形制	每块带版装饰
皇帝	龙纹金圆版	东珠5，珍珠20
皇子、亲王	金衔玉方版	东珠4，猫睛石1
郡王	金衔玉方版	东珠2，猫睛石1
贝勒	金衔玉方版	东珠2
贝子	金衔玉方版	东珠1
镇国公、辅国公	金衔玉方版	猫睛石1
公	镂金衔玉圆版	猫睛石1

1　活计，指的是旧时女红缝纫的各种小的布饰，如荷包、香囊等。

（续表）

身份	带版形制	每块带版装饰
侯	镂金衔玉圆版	绿松石1
伯	镂金衔玉圆版	红宝石1
一品	镂金衔玉方版	红宝石1
二品	镂金圆版	红宝石1
三品	镂金圆版	
四品	银衔镂金圆版	
五品	银衔素金圆版	
六品	银衔玳瑁圆版	
七品	素银圆版	
八品	银衔明羊角圆版	
九品、未入流	银衔乌角圆版	

朝靴

清代对于靴履的要求不见于官方规定，不过靴履本身来讲分类并不复杂，所以后世还是比较好了解。

皇帝朝靴
（故宫博物院藏）

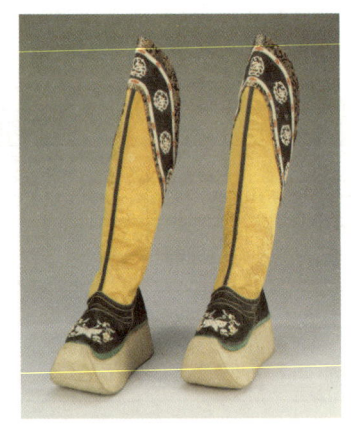

后妃高底朝靴
（故宫博物院藏）

清代的朝靴，男女基本一致，只是女靴在装饰上可能略微丰富一些。朝服所用的朝靴，其特点在于靴底厚，靴靿长，穿着这种朝靴，行走安稳，速度也很难加快，适合正式场合，故而也被称为"官靴"。皇帝及后妃们的朝靴，可以用黄色和青色两种颜色，而大臣们和命妇们，就只能使用青色一种。也就是说，清代女性穿朝服的时候，一般是不穿马蹄底鞋履的。

女性饰物

清代女性在穿着朝服的时候，依照官方规定，还必须佩戴相关的几种饰品，都是男性朝服中所没有的。而且因为是官方要求，所以也让以下饰物有了制度属性。

耳饰

清代官方规定，命妇[1]在穿着朝服时，要用耳坠。这个耳坠，满语叫作"ancun"，其实是一种固定形制的耳坠，并不是自由佩戴的。

这种耳坠的形制，是用金丝串大小东珠、珍珠两个，呈"葫芦"形。这种耳坠大致源自蒙古，在元代皇后画像中已经出现，后被明代宫廷继承，是明代宫廷耳坠中最正式的样式，这种情况也被清代沿用。至于其等级，则以金丝的形状和东珠、珍珠的大小进行区分，具体如表7-10所示。

---

1 这里主要指的是旗人命妇。

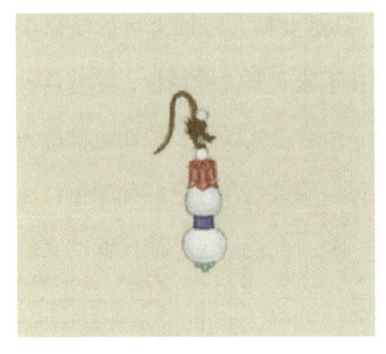

葫芦式耳坠　　　　　　　　葫芦式耳坠
　　　　　　　　　　　　（台北故宫博物院藏）

表7-10：耳饰等级表

身份	金丝形状	珠
皇太后、皇后	金龙	一等东珠
皇贵妃、贵妃	金龙	二等东珠
妃	金龙	三等东珠
嫔	金龙	四等东珠
其他命妇	金云	珍珠

另外，旗人女性在使用耳饰时，特有"一耳三钳"之风俗。乾隆四十年（1775），乾隆皇帝曾下上谕说道：

> 旗妇一耳带三钳，原系满洲旧风，断不可改节。朕选看包衣佐领之秀女，皆带一坠子，并相沿至于一耳一钳，则竟非满洲矣，立行禁止。[1]

1　出自《清稗类钞》。

这里虽然并不是穿朝服的场合，但是便服已经如此要求了，朝服作为礼制最高的服制，又怎能不讲究呢？所以，旗人妇女每耳至少要打三个耳洞，并以正式场合每耳佩戴三个耳环、耳坠为旧俗方可。

顺便一提，从流传于后世的画像来看，在清初，"一耳三钳"只是"最低标准"，画像中的旗人妇女一耳四钳等情况亦十分常见，并且在穿着常服时，也有一耳四钳的情况。到了晚清，一耳三钳有了新的变体，故宫博物院所藏的慈禧太后朝服像和隆裕太后朝服像中，其所佩戴的耳饰均是一钳，但是由一钳垂下三列葫芦形装饰，可谓巧妙。

孝诚仁皇后朝服像（局部），注意一耳三钳

银镀金点翠嵌珠宝荷叶耳坠（台北故宫博物院藏）

金约

　　金约，口语和档案中称之为"额箍""头箍""发箍"，满语为"gidakū"，其形制为一个圆箍形，上有装饰，后部有垂下来的珠串、缎带。在佩戴朝冠时，要先戴上金约以束发，然后再戴朝冠，故而金约佩戴的位置为朝冠的下檐处，有些类似于今日的发卡。根据清代官方规定，金约的等级根据其装饰和垂珠进行区分，具体如表7-11所示。

金约

表7-11：金约等级表

身份	装饰	垂珠
皇太后、皇后	镂金云13，各饰东珠1，间青金石	金衔绿松石结，珠五行三就，每行大珍珠1，中间金衔青金石结2，每结东珠、珍珠各8，缀珊瑚
皇贵妃、贵妃	镂金云12，各饰东珠1，间珊瑚	金衔绿松石结，珠三行三就，中间金衔青金石结2，每结东珠、珍珠各6，缀珊瑚
妃	镂金云11，各饰东珠1，间青金石	金衔绿松石结，珠三行三就，中间金衔青金石结2，每结东珠、珍珠各6，缀珊瑚
皇子福晋、亲王福晋、固伦公主	镂金云9，各饰东珠1，间青金石	金衔绿松石结，珠三行三就，中间金衔青金石结2，每结东珠、珍珠各4，缀珊瑚

（续表）

身份	装饰	垂珠
嫔	镂金云8，各饰东珠1，间青金石	金衔绿松石结，珠三行三就，中间金衔青金石结2，每结东珠、珍珠各4，缀珊瑚
和硕公主	镂金云8，各饰东珠1，间青金石	金衔绿松石结，珠三行三就，中间金衔青金石结2，每结东珠、珍珠各4，缀珊瑚
郡王福晋	镂金云8，各饰东珠1，间青金石	金衔绿松石结，珠三行三就，中间金衔青金石结2，缀珊瑚
贝勒夫人、县主	镂金云7，各饰东珠1，间青金石	金衔绿松石结，珠三行三就，中间金衔青金石结2，缀珊瑚
贝子夫人、郡君	镂金云6，各饰东珠1，间青金石	金衔绿松石结，珠三行三就，中间金衔青金石结2，缀珊瑚
镇国公夫人、县君	镂金云5，各饰东珠1，间青金石	金衔绿松石结，珠三行三就，中间金衔青金石结2，缀珊瑚
辅国公夫人、镇国公女乡君	镂金云4，各饰东珠1，间青金石	金衔绿松石结，珠三行三就，中间金衔青金石结2，缀珊瑚
辅国公女乡君	镂金云3，各饰东珠1，间青金石	金衔绿松石结，珠三行三就，中间金衔青金石结2，缀珊瑚
其他大臣之妻可用朝服者	中镂金火焰1，饰珍珠1，左右金龙凤各1	

领约

领约，口语和档案中称之为"项圈"，满语为"monggolikū"，其形制为镂金的圆环形状，有开合式的活口。环上镶嵌宝石，活口处垂下两条绦。领约是在朝袍褂外穿用，压于披领之上。领约的等级从其装饰和绦色进行区分，具体如表7-12所示。

领约

表7-12：领约等级表

身份	装饰	绦色
皇太后、皇后	东珠11，间以珊瑚	明黄
皇贵妃	东珠7，间以珊瑚	明黄
贵妃、妃、嫔	东珠7，间以珊瑚	金黄
皇子福晋、亲王福晋、郡王福晋、固伦公主、和硕公主、郡主、县主	东珠7，间以珊瑚	金黄
贝勒夫人、贝子夫人、镇国公夫人、辅国公夫人、郡君、县君、乡君	东珠7，间以珊瑚	石青
其他大臣之妻可用朝服者	红蓝小宝石5	石青

采帨

采帨，又作"彩帨"，口语和档案中称之为"手巾""拴扮手巾"。满语为"miyamigan fungku"，直译为"装饰手巾"。其形制为一条长条形丝绸，绣有花纹，上窄下宽，上端拴金属环或玉环作为连接，并垂下数条小挂坠，均系上各类宝石坠角，末端呈尖锐状。在女性穿着朝服时，一般将采帨佩戴在朝服褂的第二颗纽扣上。

根据清代官方规定，采帨的等级根据其颜色、纹饰和绦色进行区分，具体如表7-13所示。

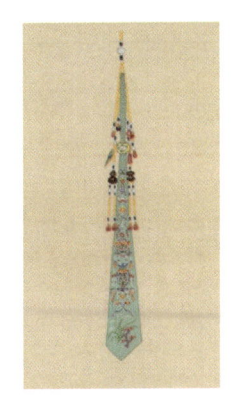

采帨

表7-13：采帨等级表

身份	颜色	纹饰	绦色
皇太后、皇后、皇贵妃	绿色	五谷丰登	明黄
贵妃	绿色	五谷丰登	金黄
妃	绿色	云芝瑞草	金黄
嫔	绿色	无	金黄
皇子福晋、亲王福晋、郡王福晋、固伦公主、和硕公主、郡主、县主	月白色	无	金黄
其他大臣之妻可用朝服者	月白色	无	石青

不过虽然规定是这样的，但是目前存世的采帨上，纹饰十分丰富，远远超过"五谷丰登"和"云芝瑞草"两种，可见这个也是比较随意的。[1]

---

[1] 顺便一提，宫内采帨的颜色也十分丰富，红色、粉色都有。这也凸显了清代服饰在制度的规定下仍然有活用的一面。

吉服：
吉服和朝服有啥不一样

吉服是清代服制中等级仅次于朝服的服制，相比于朝服而言，吉服的使用就常见多了，不仅是在朝廷里使用，民间的官宦人家也会偶尔使用它，所以远比朝服贴近生活。

源流

清代崇德元年（1636）第一次确定官方服饰制度的时候，只有朝服一套服制。入关之后，冠服制度逐渐细化，便出现了"吉服"这一套服制。清代正式将吉服作为官方服制确立，是在雍正五年（1727）九月。当然，这并不表明雍正五年之前就没有吉服，正是因为当时吉服已经发展得比较成熟，它才会最终被确立在官方服制当中。

定义

吉服，清代文献中也称之为"嘉服""盛服""彩服""花衣"。又因为其主要组成部分之一的吉服袍被称为"龙袍""蟒袍"，故而这两个词也常作为吉服的代表。[1]

如其名"吉"字所显示的，吉服主要用于一般的喜庆仪式、典礼，以及祭祀上，其使用场合的重要程度仅次于朝服的使用场合。而对于宫外的官宦人家而言，迎接"天使"[2]、诏书，以及过寿、婚庆等，都会用到吉服。另外，清代官宦人家"百年之后"，也经常是穿着吉服下葬的。[3]

根据清代官方规定，所有等级的男性官员都有对应的吉服制度，女性中，宫廷里只有皇太后、皇后、皇贵妃、贵妃、妃、嫔六种位分的后宫才有吉服制度，宫廷外的命妇里，只有一品到七品的命妇才有吉服制度，也就是说，低于嫔位的内命妇和低于七品的外命妇，均是没有官定的吉服制度的。同时，与朝服一样的是，女性中穿着吉服的人以旗人为多，对于民人命妇而言，在应该穿着吉服的场合，她们更习惯于穿汉服传统的凤冠霞帔来代替吉服。

比较有趣的是，虽然吉服和朝服一样都是比较正式的高级礼服，但是吉服因为使用场合多，所以灵活度是高于朝服的，其中以女性为甚。具体而言，清代中期以后朝袍的样式，几乎没有与官方

---

1 需要注意的是，虽然朝袍和吉服袍上都有龙、蟒纹，但是清代时"龙袍""蟒袍"是专指吉服袍的，而朝袍则用"礼服""朝袍"来称呼。
2 即宫中派来的使者。
3 也有一些是穿着朝服入殓的。

规定不同的，而清代女吉服袍，在官方规定的几种样式搭配之外，还有很多灵活的样式和搭配，凸显了其生活性的一面。

吉服的组成

一套标准的男吉服，除去内衣、底袍这些基础外，主要由吉服冠、吉服袍、补褂或端罩、朝珠、吉服带、朝靴或便靴六个部分组成。具体来说，即是头戴吉服冠，内穿吉服袍，外穿补褂或端罩，颈挂一挂朝珠，袍外腰上系吉服带，下穿朝靴或便靴。

吉服示意图

一套标准的女吉服，是由五个部分组成，分别为吉服冠、吉服袍、补褂、朝珠、朝靴或便靴或高底鞋，同时搭配耳饰。具体来说就是头戴吉服冠，内穿吉服袍，外穿补褂，颈挂一挂朝珠，下穿朝靴或便靴或高底鞋。但是根据民间的使用情况而言，吉服冠可以替换为钿子[1]，单挂朝珠可以改用为三挂，装饰物则可以加用领约、采帨等，较为自由。

吉服组成之中，男补褂或端罩、朝珠、朝靴，配饰中的领约、采帨等，在朝服一节都有讲解，具体请翻看相关的部分。

吉服冠

男吉服冠分为冬、夏两款。冬吉服冠一般以海龙、薰貂、紫貂为质，帽檐上仰，上缀朱纬，基本与冬朝冠相同，唯一的区别在于，朝冠上铺设的是一层厚实细密的红绒，并且"长出檐"，而冬吉服冠用的则是朱纬，而且只是"长及檐"。夏吉服冠一般以织玉草或藤竹丝为质，罗为表，红片金或红纱为里，帽檐敞开，上缀朱纬，内加圈，基本与夏朝冠相同，区别在于，夏朝冠表面有两层，呈阶梯状，且红绒较厚，夏吉服冠表面只有一层，朱纬较薄。

更重要的区别在于"顶子"的不同。朝冠的"顶子"均由底座和宝石两部分构成，其底座较大，装饰复杂，宝石也多为椭圆形或菱形，而吉服冠的"顶子"虽然也是由底座和宝石两部分构成，

---

[1] 实际上，清末民初的旗人照片中也有用坤秋等便帽或者两把头等便装发式来搭配吉服袍的，此处不作细致讨论。

高宗吉服像（局部），注意其冬吉服冠

夏吉服冠
（台湾历史博物馆藏）

但是吉服冠的底座虽然称为底座，其实不过是一个金质的"托"而已，小且简单，没有过多的纹饰，而宝石更是均为正圆形。所以看起来，吉服冠要比朝冠"矮小"得多，具体如表7-14所示。

表7-14：男吉服冠等级表

身份	顶珠
皇帝	东珠
皇子	红绒结顶
亲王、郡王、贝勒、贝子、奉恩镇国公、奉恩辅国公	红宝石
固伦额驸、和硕额驸、不入八分镇国公、不入八分辅国公	珊瑚
公、侯、伯、一品大臣	珊瑚
二品大臣	镂花珊瑚

（续表）

身份	顶珠
三品大臣	蓝宝石
四品大臣	青金石
五品大臣	水晶
六品大臣	砗磲
七品大臣	素金
八品大臣	阴文镂花金
九品大臣、未入流	阳文镂花金
举人	素金
监生、生员	素银
外郎、耆老	锡

一品大员的朝冠还能用红宝石顶，到了吉服冠就只能用珊瑚顶。由此可知，朝廷有的时候赏赐某些公爵或一品大员"加恩赏用宝石顶"，即吉服冠顶。顺便一提，吉服冠正式形成于雍正朝，雍正五年（1727）确定了吉服冠之后，在雍正八年（1730）又下达了一条上谕，提到冠顶过于昂贵，很多大臣佩戴不便，所以允许他们使用料器以替代之。所以后来吉服冠的冠顶多数是用玻璃代替宝石的，即用亮红料器替代红宝石，用涅（暗）红料器替代珊瑚，用雕花涅（暗）红料器替代镂花珊瑚，用亮蓝料器替代蓝宝石等。当然，还是有一些所谓的"世家旧族"或豪富人家在坚持用宝石质的顶子。

红绒结顶，俗称"算盘疙瘩顶"，满语称为"ijasha mahala"，是用红绒结成的一团球状物作为帽顶。别看它看上去特别朴实，但

金镶东珠皇帝吉服冠顶
（台北故宫博物院藏）

金镶珊瑚吉服冠顶
（台北故宫博物院藏）

是只有皇帝和皇子可以在冠上用这种大红绒的顶子。曾经有某位皇子指着某亲王的红宝石吉服冠顶，开玩笑说："您这顶子，动辄几百两银子，我这红绒只需要几百铜钱，但是我这比您的厉害多啦。"

清代女吉服冠则只有冬季一款，其样式和男冬吉服冠基本一致，顶子部分也和男吉服冠一样，只有金质的小底座，上衔一颗正圆的顶珠，具体如表7-15所示。

女吉服冠

表7-15：女吉服冠等级表

身份	顶珠
皇太后、皇后、皇贵妃、贵妃	东珠
妃、嫔	碧琈玒
皇子福晋、亲王福晋、郡王福晋、 贝勒夫人、贝子夫人、奉恩镇国公夫人、奉恩辅国公夫人、 固伦公主、和硕公主、 郡主、县主、郡君、县君、乡君	红宝石
不入八分镇国公夫人、不入八分辅国公夫人	珊瑚
公、侯、伯夫人，一品大臣命妇	珊瑚
二品大臣命妇	镂花珊瑚
三品大臣命妇	蓝宝石
四品大臣命妇	青金石
五品大臣命妇	水晶
六品大臣命妇	砗磲
七品大臣命妇	素金

目前认为，女性没有夏吉服冠，是因为当时已经形成了在夏季佩戴钿子的习惯，所以默认为夏季戴钿子。具体对于钿子的讲解，详见后文发式一节。

吉服袍

男吉服袍只有一款，没有冬、夏之分，按照当时的气候来决定材质和单、夹、棉、裘[1]。基本形制为圆领，大襟右衽，斜襟，有马蹄袖，前后开裾，宗室出身者四开裾。

---

1 单即单层的单衣，夹即双层的夹衣，棉即棉衣，裘即有毛皮沿边的。

皇帝吉服袍（故宫博物院藏）

这一款男吉服袍几乎用于所有男性官员，其具体形制为袍体通身明纹，正后、正中、两肩、两襟均有龙、蟒纹，下幅八宝立水。其等级依照袍色和龙、蟒纹的多少来体现，具体而言，男吉服袍可以分为四个等级，具体如表7-16所示。

表7-16：男吉服袍等级表

身份	袍色	纹饰
皇帝	明黄	通体纹九龙[1] 领子及大襟沿边处绣四正龙三行龙
皇子	金黄	通体纹九蟒 领子及大襟沿边处绣四正蟒三行蟒
亲王至辅国公，公、侯、伯，一品到三品官员	蓝及石青	通体纹九蟒 领子及大襟沿边处绣四正蟒三行蟒

---

1 所谓九龙，即前后各一条，两肩各一条，前后两襟每襟各一条，两肩底襟（压在胸口）一条。

（续表）

身份	袍色	纹饰
四品至六品官员	蓝及石青	通体纹八蟒
七品至未入流官员	蓝及石青	通体纹五蟒

也就是说，就算是未入流的官员，其吉服袍上也是有蟒纹的，因此不要一见到龙、蟒就老想着是王爷贝勒。

相比于男吉服袍而言，女吉服袍就要复杂一些。

女吉服袍的基本形制为圆领，大襟右衽，斜襟，有马蹄袖，左右开裾。女吉服袍同样没有冬夏之分，宫外命妇的女吉服袍也只有一式，但是宫内的命妇则有三式的吉服袍。

甲式的女吉服袍，宫内命妇与宫外命妇通用，实际上跟男吉

皇后吉服袍甲式（故宫博物院藏）

服袍纹饰基本一致，袍体通身明纹，正后、正中、两肩、两襟均有龙、蟒纹，下幅八宝立水。其等级同样依照袍色和龙、蟒纹的多少来体现，具体如表7-17所示：

表7-17：女吉服袍等级表

身份	袍色	纹饰
皇太后、皇后、皇贵妃	明黄	通体纹九龙，领子及大襟沿边处绣四正龙三行龙
妃	金黄	通体纹九龙，领子及大襟沿边处绣四正龙三行龙
嫔	香色	通体纹九龙，领子及大襟沿边处绣四正龙三行龙
皇子、亲王、郡王福晋，固伦公主、和硕公主、郡主、县主	香色	通体纹九蟒，领子及大襟沿边处绣四正蟒三行蟒
贝勒、贝子、辅国公、镇国公夫人，公、侯、伯夫人，一品到三品官员命妇	蓝及石青	通体纹九蟒，领子及大襟沿边处绣四正蟒三行蟒
四品至六品官员命妇	蓝及石青	通体纹八蟒
七品官员命妇	蓝及石青	通体纹五蟒

乙式的女吉服袍，为宫内皇太后和皇后专用。袍无彩色织绣的底纹，正后、正中、两肩、前后两襟处，各绣（饰）有一个圆形团龙纹[1]，领子及大襟沿边处，绣四正龙三行龙，下幅八宝立水。

---

[1] 这种通体用八个团形龙、蟒纹或其他内容装饰的服饰，无论是袍还是褂，都被俗称为"八团"。在清初，男性也有"八团"的服饰，但是从清中叶开始，"八团"逐渐成为女性专用的纹饰，故而有"女八团"之称。

丙式的女吉服袍，同样为宫内皇太后和皇后专用，实际上是乙式女吉服袍的简单变体，区别只在于乙式女吉服袍下幅有八宝立水，而丙式女吉服袍下幅为素色而已。

另外，虽然制度上只有这三种女吉服袍，但是在实际使用中，女吉服袍有许多种生活变体，也都十分美观。

如清宫内所藏的女吉服袍，可以看到明显属于吉服袍的形制：圆领，大襟右衽，斜襟，马蹄袖，明纹，左右开裾。但是其装饰使用的并非龙蟒纹，而是绣了八种不同的瓷器花瓶，瓶内有梅花、海棠、牡丹、芍药、寿菊、蜀葵等花卉，间绣彩蝶，领子及大襟沿边处也绣花朵，下幅为八宝立水。可以看出，其放置图案的方式与甲

生活式女吉服袍（故宫博物院藏）

式吉服袍是吻合的，只是对内容进行了更改。这种内容的变化，凸显了吉服袍在使用中的生活气息。

补褂（女）

女性穿着吉服的时候所用的褂和穿着朝服时所用的褂不同。在穿着朝服时，女性要穿朝褂，前面介绍过，那是一种无袖的女褂。而在穿着吉服的时候，女性要穿补褂，或者为了区别于男性，而称为女补褂，正式称呼上，后妃们的补褂被称为"龙褂"，而宫外命妇们的补褂则被称为"吉服褂"。

女补褂的形制与男补褂相同，不分冬夏，基本形制为圆领、

皇后龙褂（故宫博物院藏）

对襟、缀扣子五枚、平袖、袖长至腕、左右后三开裾，长至膝下，颜色为石青色，区别则在于补子，而且宫廷里后妃们的补褂略有不同，具体如表7-18所示：

表7-18：女补褂等级表

身份	主纹饰	次纹饰
皇太后、皇后[1]、皇贵妃、贵妃、妃	龙八团 两肩、前后正龙 两襟行龙	袖端各行龙两条，下幅八宝立水
嫔	龙八团 两肩、前后正龙 两襟夔龙	
皇子福晋	正龙四团 前后、两肩各一	
亲王福晋、 固伦公主、和硕公主、 郡主	龙四团 前后正龙 两肩行龙	
郡王福晋、县主	行龙四团 前后、两肩各一	
贝勒夫人、郡君	正蟒二团 前后各一团	
贝子夫人、县君	行蟒二团 前后各一团	
镇国公、辅国公夫人， 乡君， 公、侯、伯夫人， 一品至七品官员命妇	绣花八团	

可以看到，女补褂受到"八团"影响特别明显，特别是根据官

---

[1] 清代皇太后与皇后有两种补褂，一种如表内所示，另一种则是袖端无行龙，下幅无八宝立水，此处略去。

方规定的制度来看，大臣们的妻子都应该使用绣花八团。但是在实际操作中，宫中后妃有时也会使用一些并非龙、蟒纹的八团补褂，与并非龙、蟒纹的吉服袍相配合使用。而在宫外，规定只能使用绣花八团女补褂的命妇们，有时则会使用跟自己丈夫一样的前后两方式的补褂进行穿戴，特别是在民人命妇中，更习惯于使用两方式的女补褂。

绣花八团褂（故宫博物院藏）

吉服带

男性在穿戴吉服时用的吉服带，其形制与朝服带基本一致，缎质腰带，依次有带版四块，其中两块带版垂下佩帉，佩帉上端拴有荷包等活计，颜色也是宗室黄色、觉罗红色、其他大臣石青色或蓝色，至于带版的材质，也是按照等级确定，具体规定和朝服带一致。

吉服带（台北故宫博物院藏）

不过，吉服带和朝服带也有两点区别：

第一，朝服带不但规定了带版的材质，还规定了带版上复杂的珠宝装饰，而吉服带只规定了带版的材质与朝服带相同，在装饰上则没有规定，让大臣们随意装饰。

第二，朝服带的佩帉是上窄下宽，并且在低端呈尖锐形，但是吉服带的佩帉则是上下一样宽，低端是平直的。[1]

---

[1] 另外，皇帝朝服带的佩帉是浅蓝和白色各一条，而吉服带则两条都是纯白色。

便靴和高底鞋

在朝服服制中我们讲了朝靴，朝靴的特点在于靴底厚、靴勒高，故而走路稳当、缓慢，也被称为"官靴"。与之相对的则是便靴，其特点自然就是靴底比朝靴薄，靴勒比朝靴矮，这种便靴跟官靴相比，活动方便许多，故而被称为"官快靴"。

官快靴（故宫博物院藏）

而女性在穿着吉服的时候，还可以使用鞋履[1]，特别是高底鞋，一直是旗人女性在正式场合所用的鞋履。

目前的资料尚不能推断清初就有高底鞋，但是在雍、乾时期，旗人社会中已经出现了高底鞋和高底靴。这种高底以木头为质，外面包上棉布百纳底，穿上去舒适、方便。后来以这种高底鞋为基础，对高底进行形状的修饰，便衍生出了花盆底、元宝底、马蹄底等样式。其中，高底鞋的鞋底一般是比较完整的，只是较普通的鞋底高出许多而已；花盆底是上宽下窄，脚面下尚有普通鞋底大小，到接地处便只有三分之二的面积了，这种底和前一种底可以做得相当高；元宝底与花盆底略似，但是脚前坡弧度较大，后坡弧度

---

[1] 鞋履与靴的区别主要在于勒的高矮。

较小，整体鞋底体积不大；而马蹄底则是由两个明显的弧形夹起来的，接地面积最小，也最难穿用。

花盆底鞋（故宫博物院藏）

凤头高底鞋（故宫博物院藏）

船底鞋（故宫博物院藏）

马蹄底鞋（故宫博物院藏）

元宝底鞋（故宫博物院藏）

配饰的不同

具体到女性穿着吉服的配饰上，也和穿着朝服时有细微的区别。如在穿着朝服时，女性应挂三挂朝珠，而在穿着吉服的时候，一般只应挂单挂朝珠。其耳饰也有区别，虽然都是要求一耳三钳，但是在穿着朝服时，女性必须佩戴葫芦式的耳坠才符合制度，而在穿着吉服的场合,可以在一耳三钳的前提下随便使用耳环或耳坠。

并且,有一些画像还显示出清代女性在穿着吉服时,经常违背制度来搭配饰物,有用勒子[1]装饰在额头,并且用结子[2]来装饰勒子的,还有用领约来装饰的,不一而足,这些都体现出吉服制度本身有相当的弹性。

戴吉服冠的孝贤纯皇后,其额前装饰的是勒子和结子

---

1 勒子,也叫抹额、眉勒,一种巾饰,包于额头。
2 结子,即一种珠花,多为圆形,上嵌宝石,装饰在勒子的正中。

常服与行服：
工作和社交场合的穿搭模板

常服

源流

一般认为，常服是清代服饰制度之中最能体现满洲特点的一套，在入关之前，朝服、吉服都没有定制的时期，常服的原型应该就作为满洲中上层的正式服装所使用了。在崇德年间朝服被定制之后，常服虽然没有进入官定系统之中，但是无论在宫廷还是民间，常服的使用还是很频繁的。故宫博物院仅有的一件清代入关前的袍服实物，是皇太极时期的常服袍，据说是皇太极御用，并且赐给某位大臣，后来大臣的后代又交还给宫中的。

在入关初期，由于制度上没有严格的规定，导致常服和吉服之间界限不清，偶有混用的现象，很多当时的冠、袍、褂，很难按照后来的标准严格区分为吉服或常服。不过在雍正五年（1727）九月，吉服定制的同时，常服也被官方确定了下来，这样一来，常服才和吉服成为两套服制。

定义

常服。清代文献中也称之为"公服"[1]，因其应用场合的不同，有的时候也被称为"素服"。

清人画玄烨便装像小屏

清代常服大体而言有三种用途：第一种是作为"常礼服"来使用，在一些特别严肃、庄重，但是又不需要使用朝服、吉服的场合，都使用常服作为正式服装；第二种是作为日常正式服装，特别是在日常衙门办公的时候，均穿着常服；第三种是作为丧期、忌辰时表达肃穆时使用，这时也被称为"素服"。

清代官方只规定了所有大小官员的常服制度，对于女性则没有相关规定，故而有学者以官方制度为出发点，认为清代只有男性才

---

1 其中"公服"一词，有时特别偏向于指代用补褂的常服，详细见后文。

有常服。事实上，通过清代实物和容像，可以确定清代旗人女性也一样穿着常服，其不作为制度规定，只是因为女性在官方制度中，只有朝会、祭祀两种官方活动，只使用朝服和吉服，其余服制，则不收入官方制度而已。换句话说，清代官方规定了男性官员的常服制度，但是民间的旗民男性和民人女性都可以穿着常服。

常服的组成

常服不同于朝服和吉服，虽然其组成也有标准的形态，但是因为有着三种不同的使用场合，故而在不同场合，其组成也有细微的区别。

男常服示意图　　　　　　女常服示意图

一套标准的男常服，除去内衣、底袍这些基础外，主要由常服冠、常服袍、褂或端罩、朝珠、常服带、便靴六个部分组成。具体来说，即是头戴常服冠，内穿常服袍，外穿褂或者端罩，颈挂一挂朝珠，袍外腰上系常服带，下穿便靴。根据场合的不同，使用的褂也不同，而且要依照场合来决定是否佩戴朝珠。

女常服因为不见于制度，故而没有严格的标准可言，但是一般来说，也是由常服冠、常服袍、褂、朝珠、鞋履五部分组成的。即头戴常服冠，内穿常服袍，外穿褂，颈挂一挂朝珠，下穿鞋履。另外，朝珠以及各种饰物，因场合不同而自行取舍。

常服冠

男常服冠分为冬、夏两款，对于大臣们而言，冬夏常服冠的形制、材质、装饰、顶珠等，都与冬夏吉服冠一模一样，没有任何区别。这点对于大臣们来讲，也十分便利。

紫貂皮红缨冬常服冠（故宫博物院藏）

唯一在吉服冠和常服冠上有区别的，就是皇帝本人了。皇帝的冬夏常服冠，在形制上与冬夏吉服冠一模一样，但是顶珠有所不同。冬夏吉服冠，皇帝的顶珠为东珠，而冬夏常服冠则用红绒结顶。

女常服冠方面，虽然没有官方制度的规定可以研究，但是从女性吉服冠以及大臣们常服冠的制度上，大致可以推断出女性常服冠只有冬季一款，并与女吉服冠装饰相同。另外，女性在夏季则使用钿子或便帽，详见后文发式一节。

常服袍

男常服袍只有一款，没有冬夏之分，按照当时的气候来决定材质的单、夹、棉、裘。其基本形制为圆领，大襟右衽，斜襟，有马蹄袖，前后开裾，宗室出身者前后左右四开裾。

女常服袍也只有一款，无冬夏之分，其基本形制为圆领，大襟右衽，斜襟，有马蹄袖，左右开裾。

常服袍和吉服袍的区别只在于明暗纹。无论男女，吉服袍通体都是用明纹进行修饰的，所谓明纹，即是用鲜明的色彩进行描绘。吉服袍上的龙、蟒纹也好，八宝立水也好，女吉服袍上的花卉也好，彩蝶也好，都是明纹的。而常服袍则是暗纹的，换言之，常服袍通常是素色的，就算有纹饰，也是用深蓝、黑色这类暗色线进行勾勒的。是否使用明纹，是区分吉服袍和常服袍的标准。也正是因为其使用暗纹，故而官方对于常服袍的纹饰也没有具体的规定。

其中需要注意的是袍色的问题。除了明黄色、金黄色、香色属

男常服袍（故宫博物院藏）

女常服袍（故宫博物院藏）

于禁色需要规避外,其他颜色理论上都可以作为常服袍的颜色。不过一般来讲,男性常服袍大多是暗色,女性常服袍则会选用一些清爽的颜色,比如说水蓝色等。但蓝色[1]的常服袍最为特殊,其不仅是常服袍色里最为正式的颜色,同时也是"素服"的标准色。

褂

清代穿着常服的时候,根据场合和要求,可以选择穿用补褂、端罩、常服褂或素褂。补褂和端罩前文已经讲解过,而常服褂,与补褂形制一模一样,只是没有缀上补子,并且可以使用暗纹。至于素褂,与常服褂基本一致,区别只在于颜色,常服褂的颜色一般用石青色,而素服用的褂则均为元青色[2]。

至于什么时候要使用补褂,什么时候要使用常服褂,有一些场合,是"惯例"穿用补褂的。比如每月的初一、十五和逢"五"、逢"十"的日子,惯例穿补服。清人笔记中就曾经写道:"引见官员,例由吏部带领,应着蓝袍天青褂,挂朝珠,每逢朔、望,及五日、十日,着补褂。"[3]翻译一下,就是"吏部引见官员的时候,被引见的官员应该穿蓝色常服袍和天青色的素褂,而如果遇上了初一、十五以及逢'五''十'的日子,就要改穿补褂"。至于其他场合,需要使用补褂的时候,朝廷则会提前下发通知。

1　清代的蓝色,比较接近我们现在的深蓝色。
2　石青色比蓝色深,而元青色比石青色还要深,一般来讲,元青色可以直接认为近乎黑色。
3　出自崇彝《道咸以来朝野杂记》。

常服褂（故宫博物院藏）

举个例子来说吧。七月十二日是慈安太后的生辰，在宫中被称为万寿节。同治元年（1862）六月，考虑到下个月慈安太后要过寿，但当时尚在咸丰皇帝的丧期内，不应该大规模欢宴，故而朝廷下达了这样的上谕：

> 谕内阁：礼部题本年七月十二日慈安皇太后万寿圣节礼仪服色请旨遵办等语。朕奉慈安皇太后、慈禧皇太后懿旨。是日，著停止升慈宁宫宝座，毋庸设立仪仗。皇帝于行礼时用龙褂，毋庸照例服用龙袍，礼毕常服。其初七、初八、十一、十三、十四、

十五等日,均仍素服。王公百官于正日行礼时,毋庸照例穿蟒袍,咸补褂挂朝珠,礼毕常服挂朝珠。其初七、初八、十一、十三、十四、十五等日,均常服不挂朝珠。[1]

清代规定,在世帝后过寿,寿日当天之前的三天,以及寿日之后的四天,都属于"花衣期",即要穿着吉服以示喜庆。慈安太后的生日是七月十二日,但前后跳过了几天,是因为忌辰的问题。清代已故帝后的生日和祭日都要被后世纪念,所以在已故帝后的生辰,宫里要行礼,而在已故帝后的忌辰,不但宫里要行礼,这一天宫外的大臣们还要穿素服,并且不能办喜事。七月初九是孝静成皇后的忌辰,而七月初十是孝懿仁皇后的忌辰,都需要穿素服,不能算在花衣期内,所以要错开日期。根据文本可以看出,皇帝给太后祝寿,习惯上要穿龙袍和龙褂,即是穿着吉服袍褂。但是这时因为正在丧期,故而减一等,用常服袍加补褂的组合来代替。行礼完毕,即换补褂为常服褂。本身在丧期内,应该穿素服,而因为这一天是寿辰,正常寿辰应该穿吉服,一加一减,故而穿常服。这里可以明显看出常服具有三种不同的用途。至于大臣们,万寿节"照例穿蟒袍",也就是要穿吉服袍褂。但是这时候在丧期中,故而在行礼时降一等,"咸补褂挂朝珠",也就是常服袍加补褂加朝珠,行

---

[1] 出自《大清穆宗毅皇帝实录》同治元年六月癸亥条。

礼完毕则再降一等，"常服挂朝珠"，也就是常服袍加常服褂加朝珠。而非正日子之外的花衣期，则要比正日子再降一等，即是常服袍加常服褂而不挂朝珠。

朝珠、常服带、便靴、鞋履

常服的朝珠与朝服、吉服的一致，穿着常服时是否佩戴朝珠，或按惯例来使用，或由朝廷临时通知，上文已经有所提及。女性穿常服佩戴朝珠的记录并不多，就算佩戴，应该也是只戴一挂而已。

清代皇帝及大臣们的常服带与吉服带完全一致，系在吉服袍外即为吉服带，系在常服袍外即为常服带。便靴和鞋履亦均见前文讲解。

行服

源流

行服是一种特殊的常服，与常服一样，有着鲜明的满洲特点。满洲是渔猎民族，其骑射、狩猎的生活映射在常服当中，所形成的变化即是行服。行服作为常服的特殊形态，原本一直依附于常服。在清代入关之前，行服应该已经形成，但是"被正式纳入朝廷制度当中"这一成就，还是在雍正五年（1727）九月，与吉服、常服一起达成的。

定义

行服。其中行褂民间称之为"得胜褂",行袍民间称之为"得胜袍",故而也有人用这两个词来指代行服。如其名"行"字所表示的,行服便于活动,主要用于出行[1]、狩猎,乃至于行军打仗。

杨遇春像,注意其身穿行服行裳　　　　兆惠身穿战甲

这里特别要注意的是,电视剧中经常可以看到八旗将士穿着各自旗色的甲胄在宫廷里站班,其实那都是不存在的。清代的整身甲胄大致有两类,一类是阅甲,另一类是战甲。阅甲多为棉质,装

---

[1] 这里指的是去郊外的远距离出行,而不是去喝茶、逛庙会时的近距离出行。

饰复杂，纹饰美观，但是主要用于阅兵等"军礼"，属于"军礼服"，并没有太多的实战作用，电视剧里看到的那种八旗各色的甲胄基本上都是这种阅甲。而战甲则金属感较强，从外表上就能体现出金属质感，装饰比较注重实际，也比较沉重。战甲一般是战场上指挥官所穿戴的，对于一般兵丁而言，他们基本是穿着行服上战场的，条件稍好者，则在上身穿锁子甲，外表还是行袍、褂的模样，就连一些将官，也是不穿整身盔甲的，这在乾隆朝的功臣图中有明显的体现。

清代在制度上，只规定了皇帝及各品级大臣的行服制度，没有提及宫外女性的行服制度。可以确定的是，宫外的男性也可以穿着行服，并且十分普遍，但是女性似乎极少有穿着行服的记录，就算她们出门，一般也选择穿常服或者便服。目前对于女性是否可以穿着行服仍有待研究，不过清代的确不乏骑马出门的女性，到了清末依然如此，所以女行服很可能即是借用男行服而存在的。

行服的组成[1]

一套标准的行服，除去内衣、底袍这些基础外，主要由行冠、行袍、行褂、行服带、便靴或鞋履五个部分组成，并且根据需求，还可以选择穿戴行裳。具体来说，即是头戴行冠，内穿行袍，外穿行褂，袍外腰上系行服带，下身系行裳，下穿便靴或鞋履。

---

[1] 因为不确定女行服是否存在，而且目前推论女行服即是借用男行服，故而本文只介绍男行服。

行服冠

行服冠分为冬、夏两款，其形制和顶珠等制度和常服冠类似，但均有细微的不同。

在冬行服冠方面，皇帝的冬行服冠和冬常服冠的质地有区别，其冬常服冠由海龙、薰貂、紫貂制成，而冬行服冠则由黑狐、黑羊皮、青绒或青呢制成。除此之外，其余各品级大臣们的冬行服冠，无论形制还是顶珠装饰，都和他们的冬吉服冠、冬常服冠相同。

在夏行服冠方面，皇帝和大臣们夏行服冠和夏常服冠的不同，在于冠檐上的装饰。在表面上，夏常服冠内外均裱以织物，装饰用丝线制成的朱纬，而夏行服冠内外均不裱织物，用长过冠檐很多的朱氂，所谓朱氂，一般即用染红的牦牛尾，朱氂一般要长于檐许多。另外，皇帝的夏行服冠在帽顶的装饰上也与夏常服冠不同，夏常服冠帽檐上不缀宝石，冠顶用红绒结顶，不加梁，而夏行服冠则在帽檐正前方加小珍珠一颗，冠顶用黄绒结顶，加黄色梁。值得一提的是，虽然制度上这样规定，但是皇帝的夏常服冠和夏行服冠在实物上经常混淆，主要还是因为二者太相似了。

行服袍

行服袍只有一款，没有冬、夏之分，按照当时的气候来决定材质的单、夹、棉、裘。其基本形制为圆领，大襟右衽，斜襟，有马蹄袖，袍身素色无明纹。行服袍跟常服袍基本形制相同，只是行服袍还多了三条：第一，无论出身，前后左右皆四开裾；第二，袍身

行服袍（故宫博物院藏）

长比常服袍短十分之一；第三，右裾短一尺。也就是说，行服袍整体要比常服袍稍微短一点儿，并且在右腿部分要缺一块儿，一般称为"缺襟"，故而行服袍也被称为"缺襟袍"。无论是四开裾还是袍身稍短或是缺襟的设定，都是为了方便骑射。袍身短，这样整体比较随意，方便运动。有缺襟，方便跨腿骑马、开步射猎。另外，因为行服主要是出行使用，所以行服袍在用色上和常服袍一样，崇尚深颜色。一些常服袍尚能使用轻快的颜色，但是行服袍基本见不到这种情况。总之，一旦看到了缺襟，就可以认定这是行服袍。

行服褂

行服褂又称为"马褂"。皇帝与大臣的行服褂和吉服褂相似，但是在长度和颜色上有所不同。

清代行服褂的基本形制为圆领、对襟、缀扣子五枚、左右后三开裾，这些和吉服褂一致，不同的是，行服褂要"长与坐齐"，并且"袖长及肘"。简单来说，无论是补褂、端罩还是常服褂，都是身长至膝、袖长至腕的，只有行服褂，是身长至坐[1]，袖长至肘。而这种区别，体现的也是行服便于活动的根本出发点。

行服褂（故宫博物院藏）

至于颜色，补褂和常服褂基本是石青色和蓝色，就算是皇帝也不例外。皇帝和普通大臣的行服褂还是石青色或蓝色，但是八旗体系中的职官因为八旗的军队属性，其行服褂颜色则不同，具体如表7-19所示。

---

[1] 一般来说即到腰部，或比腰部略靠下。

表7-19：行服褂颜色表

身份	行服褂颜色
皇帝	石青色
领侍卫内大臣、御前大臣、侍卫班领、护军统领、健锐营翼长	明黄色
正黄旗都统、副都统、前锋参领、护军参领、火器营官	金黄色
正红旗都统、副都统、前锋参领、护军参领、火器营官	红色
正白旗都统、副都统、前锋参领、护军参领、火器营官	白色
正蓝旗都统、副都统、前锋参领、护军参领、火器营官	蓝色
镶黄旗都统、副都统、前锋参领、护军参领、火器营官	金黄色本体镶红色边
镶红旗都统、副都统、前锋参领、护军参领、火器营官	红色本体镶白色边
镶白旗都统、副都统、前锋参领、护军参领、火器营官	白色本体镶红色边
镶蓝旗都统、副都统、前锋参领、护军参领、火器营官	蓝色本体镶红色边
火器营兵	蓝色本体镶白色边
健锐营前锋参领	明黄色本体镶蓝色边
健锐营兵	蓝色本体镶明黄色边
虎枪营总统、统领	金黄色，领子左右镶青色边到前裾
虎枪营虎枪校	红色，领子左右镶青色边到前裾
虎枪营兵	白色，领子左右镶青色边到前裾
豹尾班侍卫[1]	明黄色（无袖）
皇子、亲王以及其他大臣	石青色

---

1 豹尾班侍卫是一种特殊的随驾侍卫，他们虽然能穿明黄色的行服褂，但他们的行服褂是没有袖子的。

从制度上可以看出，皇帝、亲王等大臣都是不穿黄马褂的，明黄色的黄马褂只有御前侍卫里的高级官员这类人才穿用。当然，后来黄马褂成了一种殊荣，但是也不能乱用，比如需要穿补褂的场合，要是穿了黄马褂，就是场合错误了。

行服带

清代君臣的行服带和吉服带的样式、颜色等均一致，但是在佩帉和装饰上均有细微区别。

佩帉上，清代君臣的朝带，佩帉"下广而锐"，即上窄下宽，并且下端尖锐；吉服带、常服带，佩帉"下直而齐"，即上下一边齐，并且下端平直；而行服带，佩帉要比常服带"微阔而短"，并且皇帝的佩帉改用"高丽布"，而大臣们的改用素布，为的是耐磨，可以长期使用。

至于装饰上，只有皇帝的行服带装饰不同于常服带，皇帝的行服带不用带版、佩帉等配件，而是以香牛皮固定，结实牢靠，以求耐磨耐用。

行裳

行裳是行服所独有的部分，满语称之为"dusihi"，或布制或皮制，其形制为左右两幅，中开裾，两幅内侧有束腿带，整体上连腰襕，腰襕延出系带。

这种行裳在穿戴时，腰襕的系带系于腰部，两幅内侧束带系于腿部，似围裙状。在骑马出行时穿着行裳，起到保暖、护腿、防雨等作用。

行裳（故宫博物院藏）

翎子

翎子可用于朝服、吉服、常服、行服，由于不便分类，所以放在四种服制之后讲解。

翎子，亦称为"翎支"，是清代男性官员所特有的一种配饰，分为花翎和蓝翎两种。花翎，指的是孔雀的翎毛，其翎尾处有像眼睛似的一圈斑纹，便是所谓的"眼"。蓝翎，则是染蓝的雕翎，使用时，插在帽顶翎管内，垂于冠帽之后。

清代翎子的制度在入关前可能已经存在，以其本质而言，是一种军功制度，而且很有可能是从明代服饰中借鉴来的。在明代军服中，就有用动物羽毛装饰冠盔的习惯，不过明代的习惯是竖插在冠盔的顶上，而清代翎子则是垂于冠后。翎子的等级根据其翎尾的不同，分为四等：第一等级为三眼孔雀翎，第二等级为双眼孔雀翎，第三等级为单眼孔雀翎，第四等级为蓝翎。

在崇德元年（1636）的定制中，第一次明确地出现了翎子的制度，规定只有贝子、镇国公、辅国公三级皇族，以及护军统领、护军参领、护军校三种职官，可在冠上使用翎子，其中贝子用三眼花翎，镇国公、辅国公用双眼花翎，护军统领、护军参领用单眼花翎，护军校用蓝翎。这里可以看出，翎子作为军功的代表，一般只赏赐给一些特殊的官员，皇帝、亲王等有尊贵身份的人原本都是不

傅恒朝服像（局部），注意其冠帽上的三眼花翎

乾隆头等侍卫占音保像，注意其冠帽上的单眼花翎

用的，这就是所谓"亲、郡王、贝勒为宗臣贵位，向例皆不戴花翎，惟贝子冠三眼孔雀翎，公冠双眼孔雀翎，以为臣僚之冠"[1]。到了雍正、乾隆两朝之后，很多高级大臣都觉得戴翎子是一种荣耀，十分羡慕，所以翎子逐渐开始扩大了使用范围。

根据清代中期的规定，可以使用翎子的官员如表7-20所示：

表7-20：翎子等级表

翎子	所用人员
三眼孔雀翎	贝子、固伦额驸
双眼孔雀翎	奉恩镇国公、奉恩辅国公、和硕额驸
单眼孔雀翎	御前大臣、领侍卫内大臣、内大臣、散秩大臣， 一等侍卫、二等侍卫、三等侍卫， 额驸， 驻防将军、领队大臣， 武备院卿、上驷院卿， 前锋营统领、前锋参领、前锋侍卫， 护军营统领、护军参领、副护军参领， 火器营、健锐营五品以上旗人官员， 銮仪卫大臣、銮舆使、冠军使、云麾使、治仪正， 王府长史、一等护卫
蓝翎	六品苑丞， 蓝翎侍卫、整仪卫， 前锋校、护军校、亲军校， 司礼长、二等护卫、三等护卫

这些惯例戴翎子的，称为"例翎"。而另外很多大臣担任的职务原本不允许他们戴翎子，但是皇帝特赐他们佩戴的，称为"恩赏"，亲王等如果不是任侍卫官的话，戴翎子也需要"恩赏"才行。

---

1 出自《啸亭杂录》。

不过到了晚清，蓝翎和单眼花翎都可以"纳捐"，说白了就是花钱买，特别是在晚清战乱的时候，国家经费紧张，这些收入很重要。比如自咸丰九年（1859）开始，翎子可以花固定的钱来捐，三眼孔雀翎和双眼孔雀翎不能捐得，另外两种则明码标价，单眼孔雀翎七千两，蓝翎四千两。到了光绪之后，单眼孔雀翎和蓝翎特别泛滥，价格也随之下调，据说清末的时候，二百银圆便可捐单眼孔雀翎一支了。

发式与便服：
如何"梳"出身份，"穿"出时尚

男子发式与冠帽

清代男性的发式大概没有什么可说的，本篇第一节里已经提到，网络上所谓"清初一定细，清末一定粗"的说法并不准确。一个男性的发辫究竟是什么情况，和其本身的发质，以及审美、修饰条件都有关系，所以从清初到清末，辫子的情况也各有不同，但是一般来说无甚新奇，而且男性在发式上本身不像女性那样可以用很多装饰，顶多是在辫子的末端系上辫穗儿而已。

不过，辫子的情况实际上也反映了一个人的身份和所处的环境。比如，辫子不可能每天都要整理，所以一般要定时整理一次，通常和刮脸等其他清洁工作一起进行，所以辫子整齐也体现了此人的家世地位。晚清还专有一类人，刻意留一种松松垮垮的辫子，给人一种"浪荡"和"混江湖"的警示。另外，辫穗儿虽然简单，但也有具体的讲究，比如小孩儿或成年男子多用红色的辫穗儿，而老年人则多用黑色的辫穗儿，居丧之人则用白色或蓝色的辫穗儿等。

戴便帽的李鸿章　　　　　　　　皇帝如意帽（故宫博物院藏）

至于冠帽，清代男性在正式场合一般都会选择戴冠，常服冠之类的是适合正式场合的冠帽。再随便一些的场合，可以戴便帽，又叫"小帽"，也就是民间所谓的"瓜皮帽"。瓜皮帽的形制可能是源自明代的"六合一统帽"，但是根据清代男性的剃发特点，所以帽身要矮了很多。这种帽子一般以素色为主，装饰不多，最上方以蓝色丝绒为结。至于官宦人家的子弟，特别是年龄比较小的世家子弟，则用一种类似的帽子，但是帽身用各种刺绣装饰并且有沿边，帽子正前一片上则用宝石等制成"帽正"，最上方的绒结后面还垂下长长的大红穗子，这种帽子名为"如意帽"，实际上即是进行了装饰的高级瓜皮帽而已。除了小帽之外，还有凉帽、毡帽等便帽，使用起来完全看个人习惯。

女子发式与冠帽

相比之下,女性的发式就要复杂多了。清代"旗头"这个词是所有旗人女性发式的统称,而不专指那种民国的"大拉翅"。只是因为民国时期的旗头基本是那种大拉翅的样式,才给人一种旗头专指大拉翅的刻板印象。而且大拉翅形成的时期很晚了,特别是那种装饰着大花儿、大凤凰的大拉翅,其实到民国初期才形成。

清初,旗人妇女在正式场合一般是戴冠帽,在休闲场合则是梳盘发或者包头。

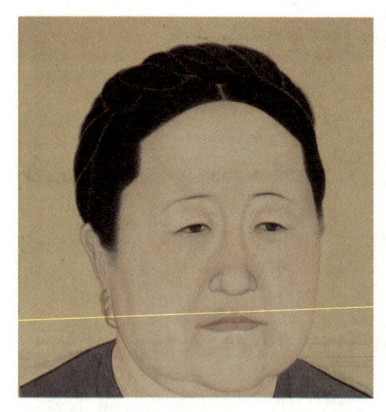

孝庄文皇后半身像,注意其盘发　　包头

盘发和包头,实际上是同一种发式。简单来说,先将头发编为大辫子,然后缠于头顶之上,即是盘发。所谓包头,指的是一种经过特别编织的青绫、绉纱,如果用编织好的暗色"包头"包系在盘发上,便是包头。

无论是盘发还是包头,都是可素可艳。素者,直接盘上或包上即可，无需过多装饰。艳者，则可以用各种簪、钗装饰其中。清初的画像中，甚至有用数个凤簪装饰的例子，也应算作制度外的"盛装"。另外值得注意的是，盘发和包头可能也是戴冠帽的时候在内部呈现的状态。

这种盘发和包头大致盛行于顺、康、雍三朝，并且大概在雍正朝的时候，以包头为基础，形成了钿子这种特殊的冠帽。钿子，满语称之为"šošon i weren"，即"发髻之帽圈"，是一种旗人女性专用的冠帽，根据装饰，可用于吉服、常服、便服等。在佩戴方式上，一般是女性先将辫发梳成盘发或者包头，然后再在包头上戴上钿子，所以钿子是属于冠帽系统的。

具体来讲，钿子分为骨架、钿胎和钿花三部分。骨架，一般用金属丝或藤等制作，经过造型，构成了简单的钿子形状。钿胎，即在骨架之上，以骨架作为支撑，用丝线、布乃至于纸，做成的一个形似"覆钵"的模子，这个模子看起来，与包头有着异曲同工之妙。最后则是钿花，实际上是装饰钿子的各种簪花的统称，一般以"块"计数。

在后来的发展中，根据钿花的不同，清中叶时钿子也逐渐有了半钿、满钿、凤钿之分，到了晚清还有"挑杆钿子"。所谓半钿，实际上指的是"珠翠半饰的钿子"，一般用五块钿花为饰，较为朴素，一般搭配常服、便服。满钿，则是"珠翠满饰的钿子"，一般用七块钿花为饰，富贵靓丽，一般搭配吉服。凤钿，则是一种特殊的满钿，主要因钿花均为凤翟形状而得此名，钿花经常比满钿装饰

半钿　　　　　　　满钿　　　　　　　凤钿
（台北故宫博物院藏）　（台北故宫博物院藏）　（故宫博物院藏）

得还要多，一般搭配吉服，特别是在新婚时使用。至于"挑杆钿子"，则是以满钿为基础，在满钿正面左上和右上两处去掉钿花，改插成排的假绒花，随后在绒花上插小流苏，在钿子左右侧以及后侧插大流苏，这种"挑杆钿子"形制极其繁复，是钿子最复杂的一种类型，也是搭配吉服使用的。

钿子发端于雍正朝，后来一直在旗人女性中流行，但是从清中期开始，另外一种发式开始成为便服的主流，即两把头。

挑杆钿子

根据鲍奉宽的说法[1]，两把头的发展有几个阶段。

第一阶段，是"知了头"阶段。一般认为这是两把头的发端阶段，时间大概是乾隆中后期到嘉庆时期。其形制为"头顶盘发一窠，耳前双垂蝉翼，形如知了"。换句话说，即是在头顶盘发的基础上，分两缕头发垂在双耳的前面，就好似两只知了。

第二阶段，是"脑后两把头"阶段。大概是在嘉庆时期，"知了头"原本垂在两耳之前的"知了"改为垂到脑后去了，并且在垂发内使用了"软翅"[2]，成为"双垂脑后，略成八字形"的形状。同时到了这个时期，才有了"两把头"的名字。不过这时候两把头是垂在脑后的，形制类似燕尾。

第三阶段，是"两把头"阶段。从道光朝直到同治朝，"两把头结构由矮而高，距离由窄而广，形式由直竖而平横"。虽然这个时期的两把头已经逐渐平直，但还是梳在脑后的，并且基本是在一些支架上缠绕真发梳成的。这种两把头也被称为"紧翅两把头"或"小两把头"。

第四阶段，是"两把头戴大拉翅"阶段。即是从光绪朝中后期开始，两把头不再用真发来梳，而是把真发梳成圆形的"底座"，然后将假发头面[3]固定在真发的"底座"上，这样两把头的位置就

1　出自鲍奉宽《旗人风俗概略》。
2　即小骨架。
3　假发头面，即所谓"大拉翅"。"大拉翅"本身指的是头座上的那个头面，两把头才是发式的称呼，故而晚清有"梳两把头，戴大拉翅"的形容。

第三阶段的两把头，　　第三阶段的两把头，　　第三阶段的两把头背面
注意开始有支架　　　　注意愈发平直

从脑后改成了脑顶，也就是民间所谓的"拉翅的两把头"[1]，这便是"大拉翅"一词的来源。

从第三阶段开始，两把头便有着复杂的装饰，特别是在第四阶段改用大拉翅之后，发式面积加大，并且随着年代的发展，大拉翅的面积越来越大，能够进行装饰的范围也就更大，装饰自然更精美，各种簪、钗都可以使用。当然，民间根据使用场合的不同，也可以比较朴素。

《儿女英雄传》中，曾这样描述一个两把头的装饰：

> 头上梳着短短的两把头儿，扎着大壮的猩红头把儿，别着一枝大如意头的扁方儿，一对三道线儿玉簪棒儿，一枝一丈青的小耳挖子，却不插在头顶上，倒

---

[1] 出自芙萍《旗族旧俗志》。

披在头把儿的后边。左边翠花上关着一路三根大宝石抱针钉儿,还戴着一枝方天戟,拴着八颗大东珠的大腰节坠角儿的小挑,右边一排三枝刮绫刷蜡的矗枝儿兰枝花儿。

前期的大拉翅背面

后期的大拉翅

清末民初的大拉翅

民国时期比较素的大拉翅,这时候已经可以清晰地看到大拉翅的底座

坤秋帽正面　　　　　　坤秋帽背面

这是第三阶段的两把头，但是已经可见其装饰之复杂。

除去上面说的盘发、包头、钿子和两把头之外，清代中后期比较流行的旗人女性冠帽发式还有坤秋和旗髾。

坤秋，与女暖帽较为类似，帽顶多用绒顶，周围裹如意云头之"帽头"，缀饰各种珠宝，帽后长垂飘带两根，飘带上也绣各种纹饰。而旗髾，又叫"旗鬏儿"，是清中后期的一种日常简易发式，其形制为以真发在头顶梳成"小包"状，上可插花或插简单的簪钗，是十分日常的发式。

便服袍

男性的便服袍一般比较简单，其形制为圆领，大襟右衽，素色，无马蹄袖。

其中是否有马蹄袖，应该算得上清代官方服饰和民间服饰的一个重要区别，也是区别一款服饰是否"正式"的标准之一。至于开

穿便服袍的男子 　　　男便服袍（儿童用）（故宫博物院藏）

裾，和便服袍的穿用场合有关。清代人作为服饰基础的"底袍"一般就是一件不开裾的便服袍，因为外袍如吉服袍、常服袍、行服袍等都是开裾袍，没有底袍的话会"走光"，故而作为底袍的便服袍一般是不开裾的。而作为外袍的便服袍，则前后开裾、左右开裾皆可，也可以不开裾，完全凭习惯使用。其单、夹、棉、裘，也完全随个人需求而定。

女性的便服袍也有如男性那样的素色袍，圆领、大襟右衽、素色，无马蹄袖，多数不开裾，主要作为底袍使用。但是女装一般都要凸显美感，所以清代比较流行的两种女便服袍是衬衣和氅衣。

衬衣，这个词本身是对所有底袍的称呼，后来基本专指女性的某一种便服袍。这种衬衣，圆领，大襟右衽，无马蹄袖，袖可长可短，身长掩足，不开裾，绣有各种明纹。

另外一种是氅衣。氅衣，在清代基本专指女性穿用的一种便服

衬衣一（故宫博物院藏） 　　　　衬衣二（故宫博物院藏）

外袍。这种氅衣，圆领，大襟右衽，无马蹄袖，衣肥袖宽，绣有各种明纹，袖长至肘呈折叠状，左右开裾至腋下"云头"[1]处。

在清中后期，衬衣和氅衣经常配套穿用，"内衬外氅"，其花

明黄色绸绣牡丹平金团寿单氅衣　　明黄色绸绣葡萄夹氅衣
（故宫博物院藏）　　　　　　　　（故宫博物院藏）

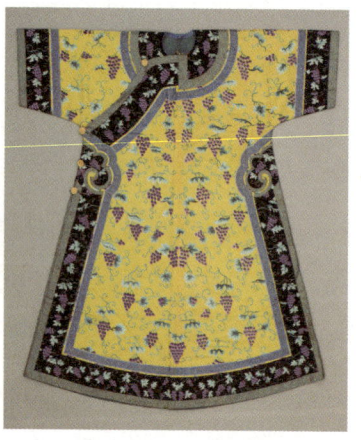

1　云头是一种纹饰，一般位于氅衣的两腋之下。

纹还要互相呼应。另外，根据气候和场合，女性也可以选择只穿衬衣，或穿了衬衣、氅衣后再搭配各种外褂，都是可以的。

便服褂

说完袍再说褂。清代男女的便服褂有许多种，其中最常见的有三种，即马褂、紧身和褂襕。

马褂，实际上即是行服褂，只不过用在便服上，就称作马褂。马褂与行服褂形制基本一致，但是更加灵活一些，大体来讲，是圆领、平袖、袖长至腕或袖长至肘，对襟、大襟或琵琶襟[1]，身长至腰。而且马褂作为生活中男女皆可使用的便服褂，质地和纹饰就比素色的行服褂复杂、鲜明得多，尤其是女用马褂，颜色十分繁杂，纹饰也十分漂亮。

明黄色暗葫芦花春绸草上霜皮马褂（男马褂）（故宫博物院藏）

草绿色绸绣牡丹团寿夹马褂（女马褂）（故宫博物院藏）

紧身，民间又叫"坎肩"，也是一种男女皆可使用的便服褂。其形制为圆领，对襟或大襟或琵琶襟，无袖，身长至腰。这种紧身

---

[1] 琵琶襟是一种在上半身弯折的衣襟形态。清代便服的褂衣襟比较自由，另外还有人字襟、一字襟等。

蓝色宁绸紧身（男紧身）（故宫博物院藏）　　酱色江绸钉绫梨花蝶镶领边女夹坎肩（女紧身）（故宫博物院藏）　　石青色缎绣牡丹蝶女夹坎肩（琵琶襟女紧身）（故宫博物院藏）

的用法和马褂也基本相同，只是没有袖子，更便于运动。纹饰也有男用的素色型和女用的明纹型。

褂襕，民间又叫"大坎肩"，是一种女性专用的便服褂。其形制基本和紧身相同，只是身长至踝，是一种整身的便服褂。

石青色缎平金百蝶大襟夹大坎肩（褂襕）（故宫博物院藏）

配饰

清代男女便服中最常见的配饰，主要是领子和活计两类。

清代的袍服大多是没有领子的，所以在需要领子的时候，男性通常会用领衣或假领，而女性在穿便服时，则经常用一种白色的绢折成长条，围在脖子上，民间称之为"领巾"。无论是领衣、假领还是领巾，都有挡风的作用，同时还有避免暴露太多肉体的礼仪作用。

活计（故宫博物院藏）

至于活计，官方又管它们叫"针黹"，实际上是泛指一切针线活，但是这里特指清代人用于装饰腰带的各种小缝纫物，如荷包、扇套、表套、槟榔袋[1]、褡裢[2]、扳指套、火镰套、镜套、粉盒等，丰富多彩。这些活计，就算在宫中，也经常让内务府制作，当作皇帝在重大庆典时赏赐给大臣们

象牙雕嵌金银扳指
（台北故宫博物院藏）

---

1 清代人嗜吃槟榔，以利消化。
2 褡裢的作用类似钱包。

玳瑁镶珠宝花卉指甲套
（台北故宫博物院藏）

镂空点翠镶珠冰梅纹指甲套
（台北故宫博物院藏）

嵌玻璃耳坠
（台北故宫博物院藏）

银镀金点翠嵌珠料石如意耳坠
（台北故宫博物院藏）

银嵌珊瑚松石戒指
（台北故宫博物院藏）

的礼品，民间用的就更多了，据说清代一些人用活计用到了痴狂的地步，比如据记载，"某尚书丰仪绝美，妆饰亦趋时。每出，一腰带必缀以槟榔荷包、镜、扇、四喜平金诸袋，统计一身所佩，不下二十余种之多"。[1]可以想见其情形。

除此之外，清代男女便服中还有很多配饰，比如男性有扳指，女性有指甲套[2]、耳坠、戒指等，不过这些也都好理解，这里就不一一讲解了。

---

1 出自《清稗类钞》。
2 需要注意的是，清代女性佩戴指甲套，一般只戴在第四指和第五指上。

汉装与其他知识：
清代汉族女装的极致宿命感

汉装的女性

清代男性，特别是士人男性的服饰，多数因被划入官方服制体系中而向满洲服饰靠拢，失去了汉族传统服饰上衣下裳、宽袍大袖的特点。另外，清代官方制度中的女性冠服都是满式服饰，汉族女装在清代是完全没有官方约束的，大家都自动参考明代的制度，故而汉族传统服饰只在民人女性身上体现较多。不过毕竟时代有差别，又没有官方约束力，所以在纹饰和搭配上也就有了一些出入。在习惯上，清代女性的汉装大致可以分为日常服饰和礼服两类。

日常服饰，一般是头梳各种汉式发髻，上身穿袄，下身穿裙，外穿背心或披风，下着弓鞋[1]。其中的袄，民间又称为"小

---

[1] 清代民人妇人多为裹脚，故穿弓鞋。

褂"，一般为大襟右衽，袄身长短不一[1]，但不会如旗人之袍一样长至掩足。背心是一种上半身的无袖罩衫，披风则是对襟、直领、大袖敞口的长衣，于开襟处系带，两侧开裾。

李鸿章夫人赵氏，身穿蟒纹方补的对襟披风（褂）、马面裙

---

1 根据流行等长短不同。

清代文学作品中曾经这样形容日常的汉装女性：

正说之间，听得房外响瓶叮当，又走进一个女妓，约年十七八岁。梳的元宝鬏，戴着金簪、金如意，斜插了一根烧金点翠丹凤朝阳耳挖。玫瑰花箍带了两柄玫瑰花，又斜插了两柄玫瑰花。圆胖脸，刷着虎爪，柳眉杏眼，贴了两张法琅银膏药。胖胖身材，穿了一件银红兴布元色缂丝大镶大滚外托肩小褂，加了一件福紫大呢面外托肩花边滚玉色板绫里夹背心。束着一条五色洋绉月宫裙，大红洋绉套裤。两个金响瓶，大红顺袋，须拖在短裙子旁边。有四寸半脚，白洋布袜套，银红缎倩三蓝满帮花木头底鞋子，蝙蝠银鞋鼻，大红洋绉鞋带。手腕上戴着镶金八宝叠金丝玳瑁镯，左手四指戴了一个赤金桶箍式戒指。[1]

至于礼服，由凤冠、蟒袍、马面裙、霞帔、革带等组成，系沿袭晚明命妇服饰并发展而来。

凤冠略呈圆形，后部做开口，上满缀珠翠，前部有凤一排，顶部上端左右又各有口衔长珠串流苏的凤一对，极尽华丽之能事。蟒袍为红色，长及膝下，圆领、大襟右衽、左右开裾、宽袖，满饰云

---

[1] 出自邗上蒙人《风月梦》。

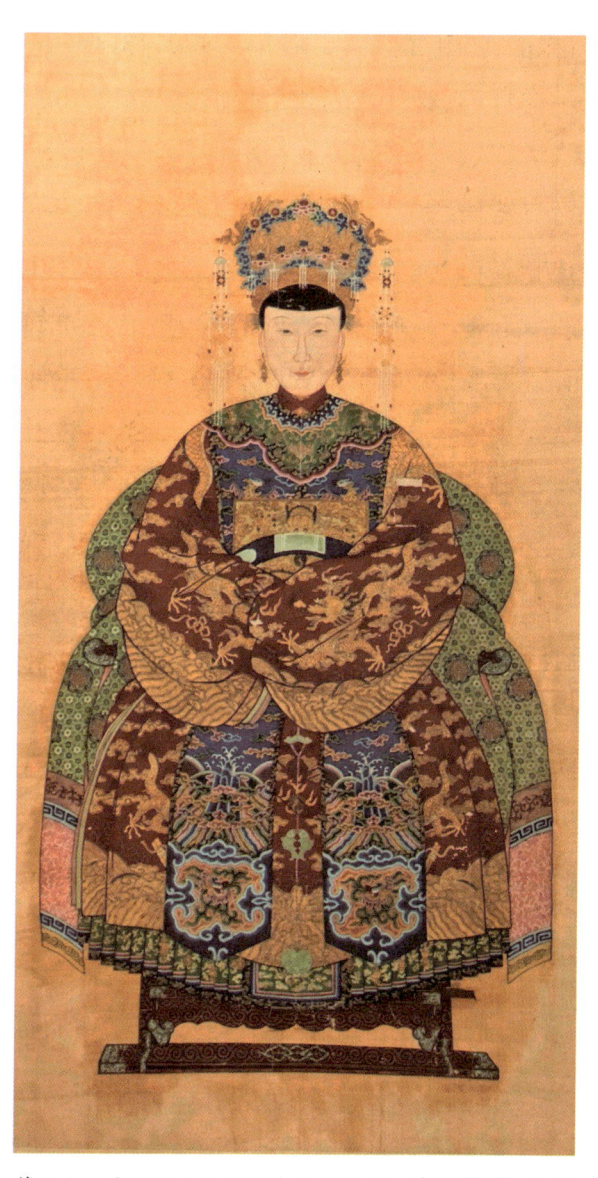

第七十一代衍圣公孔昭焕夫人陈氏像,穿戴凤冠、红蟒袍、官绿裙、霞帔、革带

蟒纹。马面裙一般为绿色，故明清两代一般通称为"官绿裙"，前后各有矩形裙门，裙身同样以云蟒纹为饰。霞帔则罩于蟒袍之外，多为深蓝、石青底色，对襟，形似仅在肩部相连的长坎肩，前后有方形补子，下端多缀流苏为饰。革带围于腰部，按一定规格缀有各式形状的带版若干。

另外，又有补子圆领、补子披风（褂）等服饰，与前面的一套礼服相比，主要用于次一等的正式场合，有些类似于男性的吉服、常服。

总之，这种上下两截穿衣和宽袍大袖，是清代汉族女装和满洲女装的最大不同。[1]

关于清代民间服饰的禁令

明清两朝以制度完备、森严而知名，在服饰上也是如此。洪武三年（1370），明太祖朱元璋便对天下庶民的冠服进行了要求，其要求禁令十分细致。如男女衣服"不得僭用金绣、锦绮、纻丝、绫罗，止许绸、绢、素纱，其靴不得裁制花样、金线装饰。首饰、钗、镯不许用金玉、珠翠，止用银"。这种要求和禁令随着时代不同而变化，如洪武二十三年（1390），"令耆民衣制，袖长过手，复回不及肘三寸；庶人衣长去地五寸，袖长过手六寸，袖桩广一尺，袖口五寸"。[2] 其中有一些是封建礼制的等级要

1　顺便一提，晚清时期，随着满汉文化的互相影响，旗人女装的袖子也逐渐宽大。
2　均出自《明史·志四十三·舆服三》。

求,但是更多的其实只是统治者的想当然,后来还要求庶人之妻不得用宝石首饰等,更是强人所难。[1]

清代入关之初,各种规章都学习明代,所以在顺治朝和康熙朝都下达过相关的服饰禁令,而且十分细致,比如,顺治九年(1652)四月规定:

> 小拨什库、外廊书吏、通事、耆老、兵民、商人,蟒缎、妆缎、金花缎、倭缎、闪色缎、各色花缎、彩绣、貂皮、猞猁狲、狐腋、豹皮俱不许穿,亦不许制被褥帐幔,止许穿青素缎、蓝素缎、绫、绸绢、纺丝、素纱、棉布、夏布,不许镶领袖,不许穿缎靴,不许靴上镶绿斜皮及云头金线,不许镶靴袜,不许带得勒素凉帽。有力者止许带貂皮帽,如无,许戴狐皮、灰鼠、皮帽。……其妻悉照其夫,许戴金首饰一件及金耳环,余不许用金、宝。[2]

当然,这种规定虽然制定出来了,民间却不一定百分百遵守。后来到了雍正朝,朝廷的大臣们认为还应当继续限制,结果雍正皇帝说了这段话:

---

[1] 当然,从明代开始,这种朝廷规则就是"上有政策下有对策",民间并不是一板一眼地执行。
[2] 出自《大清世祖章皇帝实录》顺治九年四月庚申条。

欲定官员军民服用，一概加以禁约。朕试问诸臣，照此定制以申禁约，能管束令其必改乎？断不能也。法令者，必其能禁而后禁之，明知法不能胜而禁止之，则法必不行。从前屡禁而不能，岂可复禁乎？且照此奏，各按等秩，将纪匹及貂鼠、猞猁狲等细裘悉行禁止不准服用，转令大臣官员得以贱价购而服之，是乃富室获其利也。其兵丁等，概令更换，则布匹等物一时价值腾贵，反致贫乏。兵丁难以为生，有何益哉？尔等见有服用僭越之人，诚饬约束，晓谕而训导之，以为伊等生计，渐至醒悟。数年之后，自然悛改，一遵俭朴矣。不必过于烦细，以致纷扰。[1]

意思是说，定制度就是为了执行。如果我们制度规定本身就不切实际，民间也不执行，有什么意义呢？所以后来清代在官方禁令上，就松弛了很多。当然，还是有很多东西需要一般人回避的，比如说五爪龙，明黄色、金黄色、香色，超过自己品级的官方服饰等。

关于民族与服饰的界限

清代民族与服饰一般是对应的，男性基本用满式的衣服，旗

---

[1] 出自《大清世宗宪皇帝实录》雍正三年八月丁亥条。

人女性一般都用官方的满式衣服，而民人女性一般则用汉装。但是民族和服饰的矛盾在八旗汉军身上就成了问题。汉军作为入旗的汉人，其服饰的民族属性也一直都是个问题。清代制度上要求旗人服饰均按照官方要求进行，也就是使用满式服饰，而在实际操作中则未必如此，比如在嘉庆朝就曾经有过这么一条上谕：

> 镶黄旗都统奏，查出该旗汉军秀女内有十九人俱经缠足，请将该管大臣交部查议，参佐领等交部议处等语。我朝服饰本有定制，必当永远遵守。今该旗汉军秀女竟有缠足者，甚属错谬。一旗既有十九人，其余七旗汉军想亦不免。……至此秀女十九人父兄本应照例治罪，惟此等汉军自幼乡居，是以沾染汉习，此次著格外加恩，暂免治罪。著通谕八旗汉军，各遵定制，勿得任意改装。……再，此次挑选秀女，衣袖宽大，竟如汉人装饰，竟尚奢华，所系甚重，著交该旗严行晓示禁止，务以黜华崇俭为要。[1]

意思是说，当年挑选八旗秀女，镶黄旗汉军有十九名秀女是缠过足的，被嘉庆皇帝批评为"改装"。实际上，清代八旗汉军成分复杂，有原居辽东、在入关前就已经入旗的"陈满洲"，他们一般

---

[1] 出自《大清仁宗睿皇帝实录》嘉庆九年二月丁卯条。

与八旗内的满洲、蒙古等世代通婚，文化上比较贴近满俗，这种是融入"旗俗"比较好的。另外还有"北京汉军""三藩汉军"等，是在入关之后或到了平定三藩之后才正式入旗的，而且入旗之后多数也不在京旗居住，或在京郊驻防，或在广州等地驻防，也就是上谕中所谓的"自幼乡居"，所以文化上基本还是以汉俗为主，基本没有融入"旗俗"。这种成分复杂的结果是因为各家成分不同。各家成分不同，汉军中满俗的情况自然也不同。有的几乎和满洲旗人没有差异，有的则基本跟民人一样还有裹脚等习惯，服饰上也还多少保持着汉式衣冠的宽袍大袖风格。

选秀女的时候已经如此，在民间生活上就更普遍，而且在流行上，满、汉文化也在互相借鉴，故而服饰和民族属性有时也很难"一刀切"。另外，晚清时候的一些照片，可能还有"摆拍"的嫌疑，比如刻意让民人女性穿上旗人女性的服饰，但是因为对旗人女性服饰又不够了解，只能胡乱搭配，造成"不满不汉"的情况也是有的，大家在看老照片的时候也请一定注意。

一年四季的随时穿衣

清代服饰除一些官方服饰有着冬夏款之分，又如端罩等有明显的穿着季节外，其袍、褂多为冬夏一款，而根据气候，分别使用单、夹、棉、裘、纱等质地，清代十分讲究"随时穿衣"。

一位清代官员留下过这样的笔记以记录"随时"的概念：

> 衣冠定制，寒暑更换，皆有次序。由隆冬貂衣起，凡黑风毛袍褂，如玄狐、海龙等，皆在期内应穿。由此换白风毛，如狐皮、猞猁、倭刀之类，再换羊灰鼠，再换灰鼠，再换银鼠，（银鼠真者色微黄，奇贵。有以灰鼠肚皮代者，次者兔皮也，然最白。）再换寒羊皮（即珍珠毛），皮衣至此而止。再换则棉者、夹者、单者。纱衣始于实地纱、芝麻地纱、亮纱、蓝葛纱、黄葛纱，时至三伏矣。穿葛纱，冠用万丝帽，是以细生葛组成者，色深黄；其余纱衣，冠以白罗纬帽。单衣之期，或用纬帽，或用暖帽，以视天气之冷暖。夹衣则用黑绒冠，棉衣则用黑呢冠，珠毛、银鼠期用纵线冠，（此种后来多不备，以其为期短且耗财也。）灰鼠、羊灰为中毛，冠用江獭皮，穿大毛衣服，冠用染貂，或染银鼠，至貂冠（五品以上始得用）而止。若海龙尾冠虽珍贵，不入正式也。[1]

朝廷方面，也有专门的人来负责服饰"随时"的调配，并且会通知朝廷官员，从某日起应该换什么质地的服饰，说起来也是十分贴心的。

---

[1] 出自崇彝《道咸以来朝野杂记》，括号内为原作者本注。